A BOLHA

UMA DIREITA ANTIPOPULISTA

Título original:
A Bolha: Uma Direita Antipopulista

Revisão: Joana Baudouin

Capa: Joana Carvalho

Depósito Legal n.º

Biblioteca Nacional de Portugal – Catalogação na Publicação

MARCHI, Riccardo, 1974-

A Bolha: Uma Direita Antipopulista. – (Extra-coleção)
ISBN 978-972-44-2550-4

CDU 329

Paginação:
João Jegundo

Impressão e acabamento:
?????
para
EDIÇÕES 70
Junho 2022

EDIÇÕES 70, uma chancela de Edições Almedina, S.A.
Avenida Emídio Navarro, 81, 3D
3000-151 Coimbra
e-mail: editoras@grupoalmedina.net

O autor escreve segundo o antigo Acordo Ortográfico.

A BOLHA

UMA DIREITA ANTIPOPULISTA

RICCARDO
MARCHI

70

Índice

Em jeito de introdução

No dia 10 de Novembro de 2020, a bolha mediático-internética das direitas portuguesas é sacudida por um daqueles pequenos terremotos seguidos por enxames sísmicos demorados. Meia centena de intelectuais, liberais e conservadores, lança, através das páginas do *Público*, o «Abaixo-assinado: A clareza que defendemos».[1] Nele, os signatários denunciam a «deriva nacionalista, identitária, tribal», crescente no Ocidente e a consequente amálgama das direitas moderadas — conservadoras, liberais, reformistas — com as direitas autoritárias. O alerta pretende esclarecer a direita democrática portuguesa para que reaja tempestivamente contra o abraço mortífero do nacional-populismo antidemocrático e iliberal. Pensado por ocasião das presidenciais norte-americanas de Novembro de 2020 e da ofensiva do Partido Popular espanhol contra o populista Vox, nas Cortes Gerais, em Outubro de 2020, o apelo tem o intuito de marcar a distância entre a tradição liberal-conservadora euro-americana e a direita radical populista. O abaixo-assinado coincide com o acordo escrito entre a coligação PSD-CDS-PPM e o partido Chega, assinado em Novembro de 2020, para garantir o apoio externo da direita populista ao governo de centro-direita, na região autónoma dos Açores. A concomitância dos

[1] Mesquita Nunes *et all*, *Público*, 10 de Novembro de 2020.

eventos torna o manifesto um apelo implícito contra qualquer entendimento da direita portuguesa com o nacional-populismo, mesmo que isso prejudique a alternativa de poder anti-socialista. Avançada para separar as águas no campo das direitas, traçando linhas vermelhas intransponíveis, a proposta aquece os ânimos nas direitas liberais e conservadoras antipopulistas, entre os irredutíveis do cordão sanitário e os possibilistas, mais sensíveis ao pragmatismo anti-socialista. Estes últimos, em particular, liquidam os promotores do apelo como *prime donne* dos *media* de regime e das redes sociais, empenhados em cilindrar as lideranças do centro-direita partidário e em reforçar as suas credenciais de respeitabilidade junto das esquerdas. Os primeiros, por sua vez, criticam os detractores por promoverem — nas palavras de Adolfo Mesquita Nunes[2] — um policiamento constante sobre os alegados colaboracionistas com o inimigo, com o intuito de os encostar ao canto da autocensura, sob pena de exclusão da tribo. Uma pressão que prejudica o campo moderado e é promovida — nas palavras de um dos subscritores do manifesto, emblemáticas do nível de tensão — por «protofascistas de serviço».[3] O grau de polarização gerado pelo manifesto dentro do campo intelectual e político liberal-conservador é exemplificado eficazmente pelas intervenções, nas frentes opostas, de dois elementos de ponta desta área cultural: Rui Ramos e Henrique Raposo, já mestre e discípulo nos anos de faculdade deste último. No *Observador*, Rui Ramos liquida o manifesto como a «lista negra ao contrário», feita por «denunciante[s] tímido[s]» que apontam, à esquerda, os fascistas que não assinaram.[4] Em resposta no *Expresso*, Henrique Raposo atribui ao artigo de Rui Ramos o mesmo tom persecutório da extrema-esquerda, contra correligionários que, longe de querer aplicar a *cancel culture* aos não signatários, sempre defenderam a liberdade de expressão dos heterodoxos, sejam eles de esquerda ou de direita.[5]

---

[2] Mesquita Nunes, *A Radical Moderação em Tempos de Polarização*, 17 de Janeiro de 2021.

[3] Samuel de Paiva Pires, *post* Facebook, 11 de Novembro de 2020.

[4] Rui Ramos, *Observador*, 13 de Novembro de 2020.

[5] Henrique Raposo, *Expresso*, 16 de Outubro de 2020.

A polémica despoletada pelo manifesto traça, assim, uma linha de falha, num meio político-intelectual — o liberal-conservador — caracterizado, desde sempre, por uma boa dose de sectarismo interno, mas bastante homogéneo, ao longo dos anos, quanto à sua alteridade face ao fenómeno a montante do radicalismo de direita. Se o abaixo-assinado tivesse surgido apenas um ano antes — a 10 de Novembro de 2019 — ou seja, passado apenas um mês das eleições legislativas de 6 de Outubro, provavelmente não teria surtido o efeito agora registado. Naquela altura, pois, a eleição, inédita, de um deputado da direita populista no parlamento nacional — André Ventura, líder do partido Chega — com pouco mais de 64 mil preferências e 1,3% do eleitorado, tinha ainda escassa relevância na análise dos intelectuais de direita sobre o fenómeno do populismo doméstico e nenhuma incidência nas geometrias partidárias nacionais. Ao longo das duas décadas anteriores, as cabeças pensantes do meio liberal e conservador português tinham traçado um percurso de afirmação da identidade de direita, salpicado por divergências, até importantes, no campo dos valores, mas caracterizado por uma convergência de fundo, reformista e modernizadora, em matérias económicas, políticas, culturais. O trabalho intelectual desenvolvido na primeira década do século XXI, enraizado nas reflexões das últimas duas décadas do século XX, consolidou esta convergência de intenções e traçou uma alteridade identitária face ao vendaval populista, na altura ainda sem expressão organizada relevante na Península Ibérica. A convergência começa a sofrer alguma tensão no *biennium horribilis* de 2016–2018, quando as direitas moderadas euro-americanas têm de engolir os sapos da vitória do «Sim» no referendo para a saída do Reino Unido da União Europeia (23 de Junho de 2016), da eleição de Donald Trump à presidência dos Estados Unidos da América (8 de Novembro de 2016), da passagem à segunda volta de Marine Le Pen nas eleições presidenciais francesas (23 de Abril de 2017) e da eleição de Jair Bolsonaro à Presidência da República do Brasil (28 de Outubro de 2018). A onda de choque do abaixo-assinado de 2020 revela as fendas que já se vinham abrindo, na direita intelectual, desde os anos conturbados do governo de Pedro Passos Coelho (2011–2015), à sombra da Troika e do programa de resgate económico. Fendas cada vez mais patentes, no caso específico do populismo, nos matizes das análises políticas de comentadores de primeira linha da comunicação social e das redes sociais. Não se trata, aqui, da distinção entre direita moderada e direita radical, mas da divergência, completamente interna à direita liberal-conservadora, entre a condenação unânime da essência do populismo e a pluralidade de posicionamentos face a temas sensíveis como o reconhecimento da legitimidade dos partidos anti-sistema e da dignidade do eleitorado populista, e como a abordagem correcta da área moderada em relação à sua concorrente radical. Uma divergência eficazmente — embora polemicamente — esquematizada por Rui Tavares com a dicotomia entre a direita «colaboracionista» e a direita «anticolaboracionista» com o autoritarismo iliberal, na senda da relação histórica entre direitas e fascismos, no período conturbado de entre guerras.[6]

Pessoalmente, a polémica gerada pelo abaixo-assinado de Novembro de 2020 surpreendeu-me bastante, porque, habituado a navegar nas águas das direitas radicais e até das extremas, sempre frequentei as crónicas dos intelectuais liberais e conservadores com o interesse do cultor das ideias políticas, mas sem a lupa do investigador académico, o que fez prevalecer em mim, até aí, a ideia da substancial homogeneidade desta área política em relação ao populismo de direita radical. Uma ideia que já tinha começado a questionar durante a escrita do meu livro *A Nova Direita Anti-Sistema. O Caso do Chega*, graças à maior atenção prestada aos comentadores da direita liberal-conservadora. A polémica de Novembro de 2020 alimentou, assim, o estímulo intelectual para dedicar algum tempo ao impacto da polarização política na direita moderada. A decisão, na verdade, é precedente ao manifesto do *Público* e prende-se com o estudo dos efeitos colaterais da circulação das ideias e das práticas da direita radical no Ocidente, objecto das minhas actuais investigações ao abrigo do projecto financiado pela Fundação para a Ciência e Tecnologia (FCT, PTDC/CPO-CPO/28748/2017). Este estímulo intelectual levou-me a ter uma conversa exploratória, em Outubro de 2020, na redacção do *Observador*, com João Miguel Tavares, sobre a relação entre os intelectuais das direitas mais expostos na comunicação social portuguesa

[6] Rui Tavares, *Público*, 20 de Novembro de 2020.

e o fenómeno populista. A conversa decorreu apenas um mês antes do polémico manifesto do *Público* e os dois acontecimentos casaram na perfeição, pois João Miguel Tavares alertou-me para as linhas de falha na aparente homogeneidade antipopulista por mim traçada. Como sempre acontece, a conversa exploratória ampliou o mapa da minha investigação. João Miguel Tavares alertou-me, também, para a perspectiva histórica do meu objecto de estudo: para compreender corretamente a postura actual da sua geração intelectual em relação ao populismo era preciso recuar à geração intelectual anterior. Esta formou-se nas páginas d'*O Independente*, desde o fim da década de 1980, entre a parábola cavaquista e a travessia no deserto pós-cavaquista, e protagonizou, no começo do século XXI, a experiência da revista *Atlântico*, imersa na revolução internáutica da blogosfera, berço dos jovens intelectuais de direita, posteriormente activos no passismo e na sucessiva crise da direita. De repente, a investigação sobre os últimos dez anos alargou-se às últimas quatro décadas. Para não me perder no *mare magnum* das vicissitudes da direita portuguesa neste longo compasso temporal e na multiplicidade de actores com intervenção pública de longo curso, decidi seleccionar dois conjuntos de intelectuais de direita: os da primeira geração, nascidos nas décadas de 1950 e 1960, e que fundarão a revista *Atlântico* em 2005; os da segunda geração, nascidos nas décadas de 1970 e 1980 e que, tendo crescido na blogosfera, virão a protagonizar o comentário político de direita nos jornais, nas televisões, nas redes sociais, na última década. Embora a investigação siga o envolvimento constante destas duas gerações na vida política das direitas portuguesas, o foco é a relação delas com o fenómeno populista. O objectivo é, por um lado, perceber porque, em Portugal, os «fazedores de opinião» de ponta da direita se demonstram bastante impermeáveis a este fenómeno crescente no Ocidente e, por outro lado, caracterizar os diferentes matizes desta impermeabilidade, fruto das respectivas formações intelectuais e escolhas de estratégia política. A recolha dos dados foi feita através da análise dos documentos escritos e através das entrevistas. No caso dos documentos escritos, foram privilegiados dois núcleos: a revista *Atlântico*, que representa a primeira experiência orgânica madura dos intelectuais assumidamente de direita, engajados com o combate cultural; os textos publicados na comunicação social pelos intelectuais da segunda geração sobre o fenómeno do populismo internacional e nacional, na última década. No que diz respeito às entrevistas, foram realizadas dez: quatro com protagonistas da primeira geração e seis com os da segunda. A presença constante destes intelectuais na comunicação social e na vida política faz com que estejam disponíveis, na Internet, muitas entrevistas pessoais, quer de história de vida, quer de análise política, inclusive do fenómeno populista, tornando, em muitos casos, redundantes novas entrevistas presenciais.

O ensaio fotografa uma direita intelectual bastante conhecida pelo seu mediatismo, mas pouco estudada na sua essência político-cultural. Eu próprio comecei a ter consciência dela só graças a dois livros recentes: *Da Direita à Esquerda*, de António Araújo e *A Blogosfera Portuguesa*, de Sérgio Barreto Costa. O presente ensaio avança algumas conclusões analíticas sobre o objecto investigado, mas, como sempre acontece em estudos pioneiros, a sua contribuição mais rica é, possivelmente, a abertura de várias pistas de investigação que poderão ser seguidas e aprofundadas por outros interessados nos trilhos das direitas.

Uma última nota acerca do título. Ao contrário do que possa parecer à primeira vista, a definição de «bolha» para indicar o objecto de análise não tem qualquer conotação valorativa depreciativa. Escolhi este termo não apenas porque se vulgarizou no vocabulário político dos últimos anos, mas também porque foi-me frequentemente referido, ao longo da investigação, nas entrevistas que ia realizando com as testemunhas directas e nas conversas informais que ia tendo com os chamados «informadores privilegiados». O termo «bolha» foi utilizado comigo tanto por protagonistas deste meio intelectual, quanto por observadores externos a ele. Os primeiros utilizavam-no com o intuito de, por um lado, refrear as minhas expectativas em relação ao impacto destes intelectuais na opinião pública portuguesa e de, por outro, troçar com uma certa pretensão de educadores do povo — ou, pelo menos, das direitas — latente neste meio intelectual. Os segundos utilizavam-no com o intuito de salientar as características comuns deste meio, numericamente limitado, urbano, corporativo, algo elitista. A convergência de tantos matizes numa única palavra convenceu-me a adoptá-la, acompanhada pelas duas especificações de «direita» e «antipopulista». Estes dois últimos termos, incluídos no subtítulo, são importantes para definir, já na capa, o objecto que pretendo apresentar. Ao longo do texto, este objecto será indicado com outras duas especificações: «intelectual» e «liberal-conservador». O primeiro valoriza a característica socioprofissional do objecto de estudo, limitando, implicitamente, o alcance dos dados extraídos da sua análise. O segundo qualifica a identidade política, sem diferenciação entre liberalismo e conservadorismo como variáveis explicativas autónomas do posicionamento face ao populismo. Esta aparente limitação será resolvida nas considerações finais. Pelo contrário, não fica resolvida a questão surgida ao longo da investigação e que, na verdade, não era suposto ser abordada: o impacto real destes intelectuais de primeira linha na opinião pública nacional, pelo menos das direitas, e, consequentemente, no populismo de direita em Portugal. Deixo-a, por enquanto, como mais uma pista para futuras investigações.

Capítulo 1

ENTRE O CAVAQUISMO E A REVOLUÇÃO *INDEPENDENTE*

Passado o vendaval da fase revolucionária da transição democrática e estabilizado o processo de normalização política, segundo o modelo liberal-democrático ocidental, as direitas portuguesas encontram abrigo, no princípio da década de 1980, no projecto de êxito da Aliança Democrática de Francisco Sá Carneiro, Diogo Freitas do Amaral e Gonçalo Ribeiro Telles. A grande casa dos portugueses não socialistas assume oficialmente uma identidade centrista e moderada, mas amplamente inclusiva também das bases conservadoras e nacionalistas, ao ponto de absorver quase todo o eleitorado potencial dos seus concorrentes mais à direita, reduzidos, nas eleições legislativas de 1980, a um insignificante 0,4% dos votos. No plano partidário, as altas expectativas iniciais de resgate das direitas em democracia são frustradas por acontecimentos trágicos ou pouco edificantes — a morte de Francisco Sá Carneiro e de Adelino Amaro da Costa em 1980, a crise do governo de Francisco Pinto Balsemão em 1983, o fracasso da linha nacional-liberal de Francisco Lucas Pires em 1986, entre outros — atenuados apenas pelos 48% conquistados por Diogo Freitas do Amaral nas presidenciais de 1986 e pela primeira maioria absoluta de Aníbal Cavaco Silva no ano seguinte. Mais promissora aparece, assim, a estação de renovação cultural, animada, dentro e fora dos partidos, por jovens intelectuais das direitas, vindos tanto da área nacionalista radical, como da área liberal-conservadora. As experiências da revista *Futuro Presente* de Jaime Nogueira Pinto, a partir de 1980, no primeiro caso, e do Grupo de Ofir de Francisco Lucas Pires, a partir de 1983, no segundo, são apenas os exemplos mais relevantes de uma mobilização intelectual generalizada nas direitas portuguesas da década de 1980. Com José Miguel Júdice, António Marques Bessa e Nuno Rogeiro, entre outros, a *Futuro Presente* pretende introduzir em Portugal as novidades das direitas europeias, vindas tanto do campo radical da *nouvelle droite* francesa como do liberal-conservador da *new right* anglo-saxónica. Com António Lobo Xavier, José Luís Nogueira de Brito, António Bagão Félix, José Adelino Maltez, Manuel Queiró, Paulo Portas e Manuel Cavaleiro Brandão, o Grupo de Ofir procura uma ponte entre liberalismo e doutrina social da Igreja para traçar, nas suas palavras, o caminho da sociedade aberta para o futuro de Portugal.

Neste clima, começam a cruzar-se percursos individuais, reveladores não propriamente de uma geração em marcha, mas de individualidades, interessadas no tema da modernização do novo Portugal democrático. Entre estas destacam-se alguns jovens unidos pela experiência de formação intelectual no estrangeiro. Seguindo o caminho tradicional das elites intelectuais portuguesas, estes jovens, nascidos na década de 1960, realizam, nas últimas duas décadas do século XX, parte da sua formação académica — licenciaturas e, principalmente, mestrados e doutoramentos — fora de Portugal, em universidades internacionais prestigiadas, principalmente nas áreas do direito, da história, da economia. A vivência no estrangeiro proporciona-lhes um conjunto de referências não apenas académicas, mas também culturais, algo distintas e separadas da realidade portuguesa da segunda metade dos anos 1980 e da década de 1990. Exemplos destes percursos são Rui Ramos, doutorado em História pela Universidade de Oxford (Reino Unido), Vasco Rato, doutorado em Ciências Políticas pela Universidade de Georgetown (Estados Unidos), após licenciatura e mestrado no Canadá, João Marques de Almeida, doutorado em Relações Internacionais e Ciência Política pela London School of Economics, após mestrado na Universidade de Kent (Reino Unido), ou Luciano Amaral, doutorado pelo European University Institute (Itália). Estes académicos tinham crescido, na década de 1970, nos liceus de Lisboa, sendo politicamente muito influenciados pela luta de Francisco Sá Carneiro contra a esquerda radical da transição, mas também contra o domínio do Partido Socialista. Nascidos para a política com o líder social-democrata e ideador da Aliança Democrática, estes jovens perdem prematuramente a sua principal referência no começo da década de 1980. Estes anos são determinantes também para os que, entre eles, provêm da esquerda. É o caso de Luciano Amaral, filho de uma operacional da LUAR, e que cresceu, até, numa comunidade *hippy*. No fim da década de 1970, Luciano Amaral começa a questionar a sua precoce orientação de esquerda, graças às discussões políticas com os colegas de liceu, inseridos no renovado activismo de direita dos jovens do ensino secundário do pós-PREC. Esta vivência faz com que ingresse no curso de História da Faculdade de Ciências Sociais e Humanas (FCSH) da Universidade Nova de Lisboa ainda como homem de esquerda, mas já com uma certa predisposição à revisão ideológica, amadurecida definitivamente quando acaba a licenciatura, em 1988. Sensível aos interesses — académicos mais que políticos — de muitos dos seus coetâneos, em desmontar a grelha interpretativa marxista, absorvida nas faculdades de História e Ciências Sociais, Luciano Amaral dedica, não por acaso, as suas teses de mestrado e de doutoramento ao Estado Novo, na senda dos estudos sobre os autoritarismos europeus de Raymond Aron.[7]

A década de 1980 é determinante também para os intelectuais mais novos, nascidos nos anos 1970 e que absorvem, ainda crianças, no seio familiar, o clima polarizado da transição. João Pereira Coutinho, por exemplo, aprende dos pais, ambos licenciados em História e sá-carneiristas da primeira hora, a distinção clara entre liberalismo económico e liberalismo político, este último de forte tendência antiautoritária, em relação tanto à direita como à esquerda. Um liberalismo fortemente enraizado na primazia do indivíduo, na defesa do governo limitado, na necessária abertura à iniciativa privada e na celebração da ideologia burguesa. Estas directrizes marcam as conversas em família, principalmente aquando da morte trágica e chocante do líder social-democrata.[8]

---

[7] Entrevista a Luciano Amaral, 2 de Abril de 2021.

[8] Entrevista a João Pereira Coutinho, 20 de Abril de 2021.

Miguel Morgado, por sua vez, começa a pensar politicamente na adolescência, na sua cidade natal de Setúbal. A centelha, ainda em forma pouco reflectida, é o anseio anticonformista face às ideias maioritárias, todas muito de esquerda entre os professores da escola e as famílias dos amigos, na Setúbal dos anos 1980. Nesta primeira fase, a revolta não é intelectual, mas apenas reactiva, contra o conformismo de esquerda que sempre o repugnou por o considerar, num instinto ainda algo primário, uma forma de organizar a irresponsabilidade. Numa terra socialista e comunista, o *modus pensandi* ortodoxo da esquerda parecia-lhe uma forma de preguiça intelectual, o fruto do ressentimento, a licença para a hipocrisia, sem sofrer o julgamento moral. Não se trata, contudo, de fascínio para o reaccionarismo. Miguel Morgado reconhece as contribuições dos movimentos de esquerda ao mundo contemporâneo e não sente grande afinidade com a história das direitas, que até rejeita nalgumas das suas expressões dos séculos XIX e XX, não apenas limitadas aos totalitarismos de entre guerras. Também as suas referências nacionais assentam na direita moderada, com destaque para Francisco Sá Carneiro, pela sua perspicácia em compreender, já em 1978, quando Mário Soares ainda andava atrás de improváveis terceiras vias, que o destino de Portugal era a democracia liberal, ocidental, de mercado. E teve a coragem, física e moral, de defender esta opção com sobriedade, carisma e racionalidade, para evitar que Portugal se tornasse uma experiência terceiro-mundista, à sombra das ideias socialistas e do hibridismo eanista. Na Universidade Católica Portuguesa esta rebelião instintiva, este distanciamento crítico, adquirem maturidade intelectual, num primeiro momento através dos estudos em economia e, a seguir, através dos estudos em filosofia política, atenuantes da sua insatisfação com o determinismo económico. É nos clássicos do pensamento político, abordados sem preconceitos e com abertura total, que Morgado constrói a sua identidade de intelectual conservador.[9]

O mote reactivo é comum também a Pedro Lomba. Nascido em 1977, recorda ter crescido no meio social e escolar da periferia de Lisboa, muito virado para esquerda, e de ter reagido contra essa uniformidade,

---

[9] Miguel Morgado, entrevista de Miguel Nabinho, 17 de Julho de 2020.

mas sem qualquer género de saudosismo: sempre racionalizou o 25 de Abril de 1974 como a origem do primeiro regime legítimo da história de Portugal, resgatado, no seu projecto democrático, pelo 25 de Novembro de 1975.[10]

No Norte, Alberto Gonçalves começa a interessar-se por política na Universidade do Porto, onde frequenta, em 1989, o primeiro ano do curso de sociologia, muito conotado com a esquerda radical da Política XXI, partido que concorrerá, posteriormente, à fundação do Bloco de Esquerda (BE). Graças à companhia dos colegas mais à direita, começa a conhecer autores como Edmund Burke e Alexis de Tocqueville, encontrando aí um mundo de ideias mais conforme à sua formação familiar, com o pai sá-carneirista, ligado aos primórdios do PPD/PSD, ainda em 1974. No começo da década de 1990, o interesse de Alberto Gonçalves é meramente intelectual, pois só aos 26 anos começa a votar no PSD, mas, até hoje, sem grande pujança, por nunca ter sentido muito entusiasmo em relação a nenhum partido de centro-direita, inclusive o mais recente Iniciativa Liberal, em que votou só em 2019.[11]

Longe das hostes radicais é também a aproximação à política de Adolfo Mesquita Nunes e de Francisco Mendes da Silva.

Nascido em 1977 em Lisboa, mas tendo crescido na Covilhã, numa família de industriais do sector têxtil, Adolfo Mesquita Nunes respira o clima familiar onde se cruzam identidades políticas do conservadorismo democrata-cristão, do socialismo, do radicalismo de esquerda dos anos da transição. Sem nunca desembocar em ódios, estes projectos de vidas distintos ensinaram-lhe o princípio da igualdade nas diferenças, aplicável na política, mas não só. Filiado no CDS em 1997, Mesquita Nunes evolui do catolicismo progressista do avô — inspirado em Emmanuel Mounier e na revista *O Tempo e o Modo* de António Alçada Baptista —, para o liberalismo, na senda do projecto europeísta e modernizador, para Portugal, de Francisco Lucas Pires e do No Caminho da Sociedade Aberta (Grupo do PPE, 1988).[12]

---

[10] Pedro Lomba, *Jornal i*, 4 de Abril de 2014.

[11] Entrevista a Alberto Gonçalves, 3 de Maio de 2021.

[12] Adolfo Mesquita Nunes, entrevista de Anabela Mota Ribeiro, 25 de Agosto de 2021.

Nascido em 1980 em Viseu, Francisco Mendes da Silva começa a identificar-se com a direita na adolescência, mas numa família não particularmente politizada: uma família típica da classe média da província das décadas de 1980 e 1990 — pai advogado e mãe professora secundária —, possivelmente próxima do cavaquismo dos primeiros anos, mas, na década de 1990, já votante do PS, em reacção à segunda maioria absoluta de Cavaco Silva. O clima que se respirava em casa, onde se falava pouco de política, é mais centrista, com laivos de esquerda, vindos ainda da experiência estudantil dos pais em Coimbra, na década de 1970. As primeiras memórias políticas de Francisco Mendes da Silva são do princípio dos anos 1990. Em 1989, com apenas nove anos, participa na campanha eleitoral do pai, candidato nas autárquicas de Viseu com o CDS, não por filiação partidária, mas por amizade pessoal com o presidente incumbente da câmara, Manuel Augusto Engrácia Carrilho (antigo governador civil de Viseu no Estado Novo e pai do futuro ministro socialista Manuel Maria Carrilho). No princípio da década de 1990, o jovem Mendes da Silva confronta-se com um certo anticavaquismo do meio familiar, quando as derrotas autárquicas do PSD começavam a ser saudadas positivamente como sinal de mudança de ciclo. O anticavaquismo familiar faz com que em casa comece a circular o semanário *O Independente*, crítico do primeiro-ministro e lido com assiduidade pelo jovem, já nos seus dez-onze anos de idade. No semanário, Francisco Mendes da Silva lê os textos de Agustina Bessa Luís, de Vasco Pulido Valente e, principalmente, de Paulo Portas e de Miguel Esteves Cardoso, intelectuais que segue também nas entrevistas televisivas, onde aprecia o estilo — nas suas palavras — muito «*rock-and-roll*», em comparação ao cinzentismo da comunicação social da altura. Uma frescura que só posteriormente identifica com a renovação anglo-saxónica dos temas e dos gostos, introduzida pelo semanário. A paixão pelo jornalismo como expressão da opinião, leva Francisco Mendes da Silva a seguir Paulo Portas na sua primeira candidatura parlamentar no CDS de Manuel Monteiro, filiando-se, em 1995, na Juventude Popular.

Estas vivências juvenis da década de 1990 desenrolam-se num clima político no qual o conceito de direita sofre ainda de uma certa indefinição política. Rodrigo Moita de Deus, por exemplo, recorda ter aprendido, no meio familiar, a clivagem portuguesa entre o campo socialista e o campo «não socialista». Na esquerda, havia o comunismo e o socialismo e, no lado oposto, havia um enorme espaço de «não socialismo». Neste último espaço ninguém se definia propriamente «de direita», não por excesso de pudor, mas porque o definidor político, inclusive por liberais e conservadores, era a pertença ou a não pertença ao campo socialista. O próprio utiliza esta gramática nas primeiras intervenções políticas, em eleições estudantis, quando adere à Juventude Centrista do CDS e, em 1996, ao PSD, no seguimento da eleição de Marcelo Rebelo de Sousa à presidência do partido. Monárquico assumido, Moita de Deus nunca aderiu ao Partido Popular Monárquico (PPM) por considerar a presença dos monárquicos em partidos de massa mais importante que a existência de um micropartido monárquico.[13]

Seguindo cada um o seu caminho, estes jovens testemunham aspectos similares nas direitas portuguesas. Em primeiro lugar, a construção da figura de Francisco Sá Carneiro como o líder pioneiro da normalização da direita em Portugal, após a derrocada do Estado Novo, mas não nos escombros da direita salazarista. Mesmo sem se assumir de direita e, aliás, liderando um partido cioso da sua denominação social-democrata — nome, naqueles anos, ainda de raiz marxista — Francisco Sá Carneiro é o político que legitima o discurso de direita, através da sua agenda de oposição franca ao socialismo, em nome da abertura à economia de mercado e à iniciativa privada. Uma figura que marca a fronteira com a esquerda, mas também que contribui para a clarificação, nos jovens intelectuais, da distinção entre a nova direita democrática e a direita tradicional, herdeira do salazarismo. Na década de 1980, esta distinção ressalta claramente, para estes jovens, nas vicissitudes do partido mais à direita do arco parlamentar — o CDS — com as sucessivas presidências de Francisco Lucas Pires (1983–1986) e de Adriano Moreira (1986–1988). Este último é visto como o resquício do salazarismo em democracia, o símbolo da direita que a esquerda adora e cultiva, para manter em xeque a direita moderna, liberal ou conservadora. Uma direita salazarista nada sedutora para os jovens

---

[13] Entrevista a Rodrigo Moita de Deus, 15 de Abril de 2021.

intelectuais já famintos de imprensa escrita livre, pluralista, janela, em Portugal, da informação arejada internacional. Lucas Pires, pelo contrário, goza de uma imagem jovem, dinâmica, potencialmente eficaz para projectar o pequeno partido de direita além dos 10%, se não tivesse sofrido o efeito eucalipto de Aníbal Cavaco Silva que frustra a esperada ascensão do líder centrista. Em qualquer dos casos, não é o CDS, mas o PSD que, na década de 1980, conquista os jovens intelectuais interessados na grande casa das direitas nacionais e populares.

A política partidária não é, contudo, o interesse principal destes intelectuais. Estão mais atraídos pela renovação cultural que pode ter impacto também na esfera política e, principalmente, na modernização de Portugal. A última década do século XX é uma época ainda não tocada pela aceleração da informação, proporcionada hoje pela Internet. A penetração de ideias novas, em Portugal, continua ainda bastante afunilada e os raros jovens, formados nestes anos no estrangeiro, funcionam como vectores das novidades vindas de fora. Isso vê-se muito, por exemplo, na Faculdade de Economia da Universidade Nova de Lisboa, que começa a ter um impacto importante no debate sobre liberalização da economia em Portugal. A queda do Muro de Berlim, em 1989, e o colapso da União Soviética, em 1991, agudizam o processo. Até àquela data, as direitas convergiam apenas num forte anticomunismo, sustentado na visão normativa do Comunismo — acentuada pela experiência do PREC, em 1974–1975 — como algo de substancialmente mau, que merecia ser combatido. Fora do anticomunismo primário, as direitas divergiam profundamente sobre o percurso a encetar para liberalizar a economia e para acompanhar as mudanças sociais nos valores.

A fractura segue, mais uma vez, a distinção indicada por António Araújo entre a direita tradicional e a direita pós-moderna: a primeira ainda muito conservadora e ligada ao magistério da Igreja e a segunda mais descomprometida, desejosa da aceleração económica e da aberta à mudança nos costumes.[14] A tensão vive-se também dentro dos dois maiores partidos do centro-direita — PSD e CDS — cujas bases mais conservadoras estavam disponíveis para seguir as elites à procura de

[14] António Araújo, *Da Direita à Esquerda*, p.32.

fórmulas modernizadoras nos temas económicos, mas mantinham-se algo impermeáveis às inovações em matérias ético-morais. Este impasse é quebrado não pelos protagonistas das direitas partidárias, mas pela direita cultural, com o aparecimento, em 1988, do semanário *O Independente*. O semanário surge com o propósito declarado de revolucionar a direita, dando voz às suas componentes não tradicionalistas, através de uma linguagem mais aguerrida, plural e contemporânea. Nas palavras de dois dos seus colaboradores, o jornal é «fermento de uma nova direita [...] conservador, patriota, liberal», contra-hegemónico face ao domínio social-democrata da área não socialista.[15] A vontade de reproduzir a pluralidade das direitas modernizadoras representa uma janela de oportunidade para muitos intelectuais, colaboradores e leitores do semanário, que, nas colunas d'*O Independente*, dão os seus primeiros passos de intervenção pública.

Ao longo da última década do século XX e da primeira do século XXI, *O Independente* atravessa diferentes fases, marcadas pelas mudanças de direcção — Paulo Portas, Constança Cunha e Sá, Isaías Gomes Teixeira, Inês Serra Lopes, Miguel Esteves Cardoso — sendo a fase inicial de Paulo Portas e Miguel Esteves Cardoso a mais marcante para os jovens intelectuais liberal-conservadores. Se Paulo Portas é o codificador da linha editorial aguerrida do semanário, Miguel Esteves Cardoso é o artífice da inovação na linguagem cultural. Uma aptidão já demonstrada na sua colaboração com o semanário *Expresso*, onde começa a falar dos Joy Division, das bandas de Manchester do pós-*punk* dos anos 1980, temas musicais que traz, agora, para o Caderno 3 d'*O Independente*. Esta renovação cultural na música, nos filmes, nos autores, é inédita para os leitores médios d'*O Independente*, mas representa uma bagagem já consolidada nos jovens académicos com vivência no estrangeiro, entusiastas da inovação linguística e visual introduzida pelo semanário na imprensa portuguesa. Esta geração vibra com as colunas de Paulo Portas e de Vasco Pulido Valente, cuja escrita é caracterizada por um estilo rápido, directo, claro, fácil de entender, muito diferente da prosa burocrática, carregada de floreados queirosianos e de narrativas redondas, repleta de pontuação, dominante na

---

[15] Filipe Santos Costa e Liliana Valente, *O Independente*, pp.17–18.

imprensa da altura, no *Expresso*, no *Diário de Notícias*, entre outros. Com dezoito anos na altura, Alberto Gonçalves recorda claramente a impressão que lhe fez *O Independente* quando comparado com o *Expresso*, que lia regularmente desde os seus treze anos. Naquela altura, Alberto Gonçalves folheava o novo semanário não como leitor de direita, mas como adolescente atraído pela influência anglo-saxónica dos textos de Miguel Esteves Cardoso e de Vasco Pulido Valente, bastante diferentes da cultura portuguesa clássica ainda muito afrancesada.

Cativante é também o grafismo dinâmico das capas d'*O Independente*, que passam a ideia de uma direita aguerrida, moderna, capaz de combinar, também nos valores, liberalismo com conservadorismo, em contraste com a imagem tradicional da direita, chata, beata, de «fato, gravata e cartola». Esta visão liberal-conservadora dos colunistas d'*O Independente* traz muito a marca da passagem por Oxford de Vasco Pulido Valente e de Miguel Esteves Cardoso — este último, até, britânico por costela materna — e da forte simpatia de Paulo Portas pela cultura *tory* britânica. Trata-se de referências ainda não muito comuns em Portugal, estimuladas principalmente por Miguel Esteves Cardoso, com o seu estilo culto, acutilante e brilhante. É ele, por exemplo, que traduz para português o texto *On Being Conservative*, de Michael Oakeshott, e que divulga a obra de Edmund Burke. Por trás desta actividade não existe um projecto político específico, apenas o gosto pela circulação das ideias. E isso vai ao encontro dos desejos dos leitores mais novos, que apreciam o exercício de ruptura do semanário com tudo o que se publicara até então em Portugal, principalmente no âmbito cultural. No fundo, *O Independente* dá corpo a uma maturação intelectual, mais que política, já em acto, latente, nas direitas portuguesas. Isso torna *O Independente* um jornal de referência, graças à forma como Esteves Cardoso faz troça do provincianismo estilístico até da direita portuguesa (as meias brancas de Aníbal Cavaco Silva são um dos alvos do semanário), mas, no testemunho de Rodrigo Moita de Deus, usando o cunho anglo-saxónico apenas como cenografia de fundo, sem querer impingir princípios políticos improváveis para a direita mediterrânica. João Pereira Coutinho recorda a história do primeiro encontro entre Paulo Portas e Miguel Esteves Cardoso, numa livraria, os dois procurando um livro de Michael Oakeshott: a história é provavelmente apócrifa, mas define bem esta geração, muito mais que qualquer teoria política, porque Oakeshott é um conservador *sui generis*, mesmo dentro da tradição anglo-saxónica. O seu conservadorismo — referência para os jovens portugueses de direita da década de 1990 — reconhece ao poder político a função de manter a ordem que permita a existência de direitos e deveres, sem, contudo, amarrar a sociedade a um rumo predeterminado. Ou seja, posta a ordem, os indivíduos devem ser livres de determinar a sua vida, de preferência sem intervenção do Estado. Estas sugestões culturais tornam *O Independente*, aos olhos dos jovens intelectuais, menos um baluarte das direitas e mais uma fonte de conteúdos inovadores, dentro da panóplia de imprensa nacional que devoram. O fascínio cultural mais que político é evidente no apreço por Vasco Pulido Valente, não propriamente um emblema da direita nacional: tendo crescido num meio familiar de esquerda republicana, forma-se na oposição anti-salazarista da revista *O Tempo e o Modo*, com a sua componente católica progressista. Nas páginas d'*O Independente*, Pulido Valente sobressai pelo estilo da escrita e pela qualidade da análise política, sempre com um trago de rigor académico, que conquista os jovens intelectuais. Pedro Lomba confirma esta atracção: tendo apenas dez anos quando *O Independente* aparece, em 1988, começa a lê-lo assiduamente só muito mais tarde, quando inicia a sua colaboração com o suplemento do *Diário de Notícias*, *DN Jovem*. Os seus colunistas de referência são Vasco Pulido Valente, Paulo Portas e João Bénard da Costa, pela liberdade de escrita e apuramento estilístico. Uma atracção puramente intelectual, pois o projecto político — a tal cultura da indignação — causava-lhe muitas reservas.[16] Diferente é, pelo contrário, a perspectiva de Henrique Raposo, nisso desalinhado da sua geração: aproxima-se aos intelectuais liberais mais novos no princípio do século XXI, por gostar da maneira como introduzem a perspectiva liberal e conservadora nas suas resenhas sobre livros, música, a vida do dia a dia, seguindo o estilo de Miguel Esteves Cardoso. Naquela altura, *O Independente* em si não lhe dizia muito: tendo vivido a adolescência num meio social onde aqueles semanários não costumavam circular, começa a lê-lo só muito tarde, para os ensaios

[16] António Sarmento e João Madeira, *Jornal Económico*, 3 de Fevereiro de 2017.

que ia escrevendo na sua actividade de jornalista, mas sem encontrar nele nada de empolgante. Aliás, em 2018, Henrique Raposo escreve, para o *Expresso*, um ensaio sobre Vasco Pulido Valente — que lhe valerá uma dura zanga com o visado —, no qual salienta a ausência de um pensamento estruturado neste intelectual. Para o autor do ensaio, a reverência da direita a um intelectual que, em qualquer país europeu, estaria no centro-esquerda, é sintomática da minoridade cultural desta área deserta de vozes conservadoras perante a maré intelectual de esquerda.[17]

A proximidade dessa geração com *O Independente* como vector de renovação cultural, mais que de combate político, é patente no testemunho de João Pereira Coutinho, estudante de História, nos anos 1990, na vertente de história da arte, na Universidade do Porto. Colaborador do semanário desde 1998, com apenas vinte e dois anos, João Pereira Coutinho não vive *O Independente* como o baluarte da direita no combate à dominação da esquerda. Na segunda metade da década de 1990, a direita já não é pintada como o bloco monolítico da reacção, demonizado nos anos do PREC. Persiste, nos partidos do espaço não-socialista, a prudência em evitar o rótulo de direita, mas o termo em si já não carrega a carga pejorativa do pós-25 de Abril. Os jovens nascidos na década de 1970, e que começam a intervir no espaço público na véspera do novo milénio, já não sofrem o assédio vivido pelos colegas mais velhos nas escolas secundárias e nas universidades dos últimos anos da transição. Quando se aproximam ao mundo das ideias e da cultura já têm à disposição uma pluralidade de fontes não-marxistas, tanto na imprensa — o *Expresso*, o *Semanário*, o próprio *O Independente* —, como na televisão — as recém-fundadas SIC e TVI —, o que torna um tanto bizarra a ideia do assédio cultural de extrema-esquerda. A diversificação de oportunidades é reforçada pela multiplicação de universidades privadas que começam a surgir em Portugal e oferecem, aos jovens intelectuais de direita, a possibilidade de leccionar e interagir com os alunos, criando redes de afinidade ideológica.

Esta percepção é comum também aos intelectuais mais velhos. Estudante de direito na Universidade Católica de Lisboa, Pedro Marques

[17] Entrevista a Henrique Raposo,15 de Abril de 2021.

Lopes reconhece a existência de uma conduta generalizada de esquerda, mais que de uma pressão propriamente dita, no Portugal das últimas duas décadas do século XX. Uma conduta contra a qual muitos reagem, sem terem bases ideológicas estruturadas por trás. O mote reactivo foi-se apurando, ao longo dos anos, graças à intervenção, no espaço público, de intelectuais não de esquerda e com interesses culturais diferentes do conservadorismo nos costumes, típico da direita tradicional portuguesa. Estas aberturas liberais influenciaram-no muito, tanto que nos anos da universidade já sentia algum desconforto em relação àquela direita conservadora, impermeável a qualquer progressismo.[18]

Tudo isso acontece fora do âmbito do Estado, entre imprensa, televisões e universidades privadas, e promove a sensação de pertença a uma comunidade empenhada na libertação da sociedade da presença dominante do poder público. Exemplo disso é o Instituto de Estudos Políticos (IEP) da Universidade Católica Portuguesa, fundado em 1997. Dirigido por João Carlos Espada — com um passado na esquerda radical e um presente na direita, graças também à vivência académica no estrangeiro: doutorado em Ciência Política na Universidade de Oxford (1990–1994) e docência nas universidades de Brown (1994–1996), Stanford (1996) e Georgetown (2000) — o IEP é um dos poucos centros, em Portugal, onde os estudantes têm, no princípio do século XXI, contacto profundo com autores liberais e conservadores do calibre de Michael Oakeshott, Roger Scruton, Isaiah Berlim, mas também Martin Heidegger e Carl Schmitt, geralmente marginalizados nas faculdades públicas de Ciências Sociais e Humanas, orientadas mais à esquerda. Nos cursos de pós-graduação do IEP formam-se intelectuais como Paulo Sande e Pedro Norton, João Pereira Coutinho, Miguel Morgado, André Azevedo Alves, Bruno Maçães, João Marques de Almeida, Lívia Franco e outros vindos de licenciaturas diferentes nas universidades públicas. O IEP é um projecto eminentemente académico, mas funciona como importante centro de confluência, conhecimento mútuo e formação cultural de jovens com um papel de relevo no *aggiornamento* da direita intelectual nas primeiras décadas do século XXI.

---

[18] Entrevista a Pedro Marques Lopes, 28 de Abril de 2021.

No lado público, a Nova School of Business and Economics (NSBE) — antiga Faculdade de Economia da Universidade Nova de Lisboa, fundada em 1978 — é outro centro importante, com intervenção de relevo de capitais privados, onde começam a ensinar e investigar, ainda muito novos, os professores formados no Estados Unidos da América, como Jorge Braga de Macedo e António Nogueira Leite ou, já em 1998, Luciano Amaral, que trazem uma visão muito internacionalizada, favorável à promoção do mercado e à colaboração entre academia e partidos de centro-direita, para a liberalização desenvolvimentista de Portugal. A oferta variada de fontes de informação, de formação e de emprego faz com que os jovens intelectuais da década de 1990 não tenham de todo a ideia de ir para as trincheiras para lutar contra o inimigo de esquerda. Os redutos culturais controlados pela esquerda marxista, nas artes, no teatro ou no cinema não exercem, assim, uma pressão na sociedade, nas escolas ou na universidade tão forte ou capaz de mobilizar os jovens intelectuais de direita. João Pereira Coutinho caracteriza esta sua «outra geração de 70»[19] como individualista, hedonista, narcisista, estruturalmente antiutópica e preocupada em satisfazer os interesses intelectuais pessoais, em procurar o que lhe dá prazer. Uma geração bem retratada nos filmes de Richard Linklater. Instrumentos como *O Independente* são, assim, pontos de combinação possível entre a dimensão liberal antiautoritária em política e a dimensão libertária nos costumes, relacionados com temas novos para as direitas, como os modelos alternativos de vida, o uso das drogas, o casamento entre pessoas do mesmo sexo. O conservadorismo dos costumes é, assim, desafiado pelo libertarianismo individual. Não se trata de projectos direccionados à reestruturação partidária das direitas, embora o Paulo Portas d'*O Independente* já mostrasse alguma tendência para influenciar o CDS, colocando em cima da mesa, por exemplo, o tema do eurocepticismo, como já tinha feito Miguel Esteves Cardoso na sua candidatura europeia pelo PPM, em 1987. O que apaixona os jovens intelectuais é a dimensão liberal e anárquica, parecida com o *tory anarchism*, de valorização da dimensão individual face à social e à política. Na primeira metade dos anos 1990, esta bagagem cultural

---

[19] João Pereira Coutinho, *Sábado*, 17 de Fevereiro de 2018.

muito presente n'*O Independente* tem um forte impacto nas direitas e chegará a fazer escola para a acção na imprensa actual.

Na dimensão política, o sucesso d'*O Independente* deve-se, em parte, à sua postura de confrontação com os governos social-democráticos da altura, liderados por Aníbal Cavaco Silva. O semanário expressa a irreverência de uma parte das direitas face ao *statu quo* da direita do poder. Capitaliza o snobismo da direita intelectual, horrorizada com as alegadas limitações culturais do primeiro-ministro e as suas repercussões na acção reformadora, causa de desilusão por muitos dos que tinham apostado nele. Os jovens intelectuais estrangeirados da altura têm hoje uma visão bastante mais condescendente com o cavaquismo. Vasco Rato, por exemplo, reconhece ter gostado da irreverência d'*O Independente* face às elites do poder, no país do respeitinho, embora não partilhasse dos excessos de anticavaquismo do semanário, por considerar o trabalho do primeiro-ministro substancialmente positivo, à luz dos condicionalismos da altura. Uma condescendência influenciada pela sua filiação no PSD já em 1988–1989: um compromisso partidário de longo curso, não muito habitual entre estes intelectuais, cujas colaborações com os partidos políticos do centro-direita foram pontuais, sendo as orgânicas muito recentes.[20] Para João Marques de Almeida, a sua geração tinha uma postura ambivalente em relação ao Cavaco Silva da altura, mas acabava por prevalecer o julgamento positivo, por considerarem aquelas maiorias governativas a continuação da luta de Francisco Sá Carneiro para a libertação de Portugal dos projectos das esquerdas.[21] Uma luta balizada pelo liberalismo na economia e pelo conservadorismo nos valores, inserida no clima da nova arrancada das direitas na cena internacional, na onda de Ronald Reagan nos Estados Unidos e de Margaret Thatcher no Reino Unido, ambas figuras de referências para esta geração. O presidente norte-americano representava o renovado empenho anticomunista na Segunda Guerra Fria. A dama de ferro, por seu lado, era olhada com interesse pela forma de lidar com a contestação laboral, numa situação de tensão similar à vivida em Portugal, inclusive ao longo dos anos 1990, com

---

[20] Entrevista a Vasco Rato, 17 de Março de 2021.

[21] Entrevista a João Marques de Almeida, 5 de Março de 2021.

as greves, os bloqueios, as universidades como palco da mobilização das esquerdas marxistas. A primeira-ministra britânica representava um modelo de abordagem da relação problemática Estado-Sociedade, muito forte no Reino Unido, como em Portugal: a resolução da crise dos mineiros em 1984-1985 e a privatização do parque habitacional público (*Council housing*) de 1986 são exemplos de batalhas presentes na agenda das direitas da década de 1980. Paulo Pinto Mascarenhas, aliás, recorda como, na esteira do reaganismo e do thatcherismo, se formaram os líderes da direita europeia dos anos 1990, perante a crise do comunismo ortodoxo, a crise da nova esquerda vinda dos anos 1960 e 1970, e também a crise da social-democracia, incapazes de codificar alternativas credíveis ao liberalismo. São estes os anos do *New Labour* de Tony Blair no Reino Unido e da presidência de Bill Clinton nos Estados Unidos da América, com as fórmulas da terceira via não radical, já amplamente comprometida com o neoliberalismo dos anos 1980. Os jovens intelectuais de direita consideram estes políticos da esquerda renovada pouco sérios e algo postiços face aos líderes emergentes das direitas liberais europeias. Uma perspectiva que continua na alvorada do século XXI, sempre dentro da esfera de influência de PSD e CDS, sem veleidades de criação de novos partidos liberais ou conservadores.

A primeira leva de intelectuais liberal-conservadores olha para Aníbal Cavaco Silva como a encarnação possível, em Portugal, desta nova direita ocidental. Já a partir da sua primeira maioria relativa de 1985, apreciam a capacidade de Cavaco de gerar estabilidade política logo nos primeiros anos de mandato e de conquistar, até, sectores moderados do centro-esquerda. É o caso do Partido Renovador Democrático (PRD), surgido à volta do pragmatismo do Presidente da República Ramalho Eanes, na tentativa de resolver a instabilidade política herdada ainda dos três governos técnicos de iniciativa presidencial do fim dos anos 1970. A operação PRD causa uma hemorragia importante de quadros e eleitores do PS que transitam para o cavaquismo uma vez extinto o fogo fátuo deste partido eanista. Até aí, o PSD nunca tinha alcançado 30% dos votos e, de repente, em 1987 e em 1991, Aníbal Cavaco Silva conquista duas maiorias absolutas. A atracção de parte do eleitorado de centro-esquerda e o esvaziamento do eleitorado do CDS explicam, assim, a percepção, por parte destes jovens intelectuais, do PSD como a grande casa das direitas em construção. Mas também justifica a insatisfação crescente com o primeiro-ministro — e aqui dá-se a identificação com a linha editorial d'*O Independente* —, por não materializar e liderar a desejada renovação liberal e cultural das direitas.

Na casa dos trinta anos no princípio da década de 1990, estes intelectuais têm a sua primeira oportunidade de intervenção pública quando, n'*O Independente*, João Amaral migra para o *Semanário* de José Miguel Júdice, em ruptura com Paulo Portas e Miguel Esteves Cardoso. Estes dois últimos abrem, assim, o jornal a colaboradores mais novos. É o caso, por exemplo, de Paulo Pinto Mascarenhas, trazido para *O Independente* por Vasco Rato, do qual tinha sido aluno de Relações Internacionais, na Universidade Lusíada. Também ele recorda a sua atracção por uma direita de cultura, representada por Miguel Esteves Cardoso, e, ao mesmo tempo, de crítica do poder, com as capas das sextas-feiras a desvendar alegados casos de corrupção.[22] No semanário, Mascarenhas chega a editor da página internacional, onde convida a colaborar gente da sua geração, como João Marques de Almeida e Rui Ramos. É a primeira vaga de jovens intelectuais de direita, à qual se seguirá, mais tarde, a dos mais novos, como Pedro Mexia e João Pereira Coutinho, este último sugerido à direcção do semanário por António Barreto. A partir das páginas d'*O Independente*, estes intelectuais pretendem oferecer uma contribuição arejada a um país ainda percepcionado como paroquiano e fechado na imagem de Portugal dos Pequenitos, do respeitinho. Pretendem oferecer uma fórmula de direita para a rebeldia, a reivindicação, a maior exigência, em contraposição à auto-satisfação e à autocomplacência. Na perspectiva deles, só uma cidadania mais exigente consigo mesma e com o Estado pode aspirar a um Portugal mais dinâmico, aberto, livre e concorrencial, corporizado por uma sociedade civil menos amorfa, hesitante e bloqueada por medos e receios. O anticavaquismo é, portanto, sinónimo de aposta no pluralismo interno à própria direita, em ruptura com a tradição de reverência face à autoridade. O estímulo intelectual é a procura da maneira mais eficaz de abanar os inibidores culturais dos

[22] Entrevista a Paulo Pinto Mascarenhas, 1 de Março de 2021.

portugueses, para promover o desenvolvimento do país, dentro do marco da União Europeia, recém-integrada em 1986. O consulado de Cavaco Silva não estava a responder a este estímulo intelectual, por ter apostado tudo na dimensão económica e ter desvalorizado por completo a dimensão cultural, ideológica e política, contribuindo, assim, para a cristalização dos inibidores na sociedade civil e na direita política.

Segundo Paulo Pinto Mascarenhas, a sua geração de jovens de direita rebelava-se contra o anacronismo de um país com uma esquerda radical assumida — o PCP desde 1974 e o BE a partir de 1999 —, mas sem uma direita igualmente assumida. Não tendo o mito marxista da História feita pelas massas, mas sim o fascínio pelos indivíduos forjadores da História —, são os anos de Ronald Reagan, de Margaret Thatcher e de João Paulo II que derrubam o Muro de Berlim — estes jovens sentem uma forte insatisfação com as hesitações dos protagonistas do espaço português não socialista: com a recusa de Aníbal Cavaco Silva em se assumir como líder de direita, com o centrismo irredutível de Diogo Freitas do Amaral, sempre pronto em rejeitar a direita, mas disponível às contorções ideológicas que o levarão até ao governo socialista de José Sócrates. A realidade da política partidária aparece, assim, totalmente desajustada face às experimentações extrapartidárias, como a d'*O Independente*, que, pelo contrário, demonstram a possibilidade e a receptividade para uma direita moderna, arejada, animada não por trogloditas, mas por apreciadores de livros, de música, de teatro, de cultura. Uma direita balizada pelo liberalismo e pelo conservadorismo, mas não atolada na tradição marialva do fado e das touradas, nem obcecada com a fundação de um partido liberal ortodoxo.

O reconhecimento do papel anti-socialista dos governos de Aníbal Cavaco Silva, mas também das suas limitações para uma renovação estrutural de longo curso, é ponto assente em praticamente todos os intelectuais da primeira e da segunda vaga. Luciano Amaral recorda ter começado a interessar-se pela direita em 1988, graças à leitura do livro de Raymond Aron, *The Committed Observer*. Naquela altura, não se considerava, ainda, um homem de direita, mas começa aí o seu percurso intelectual de abertura à crítica do comunismo — húmus cultural de tradição familiar —, na véspera da queda do Socialismo real. O turbilhão intelectual do princípio da década de 1990 ajuda-o a tomar consciência da sua insatisfação latente com a retórica catastrofista da esquerda em relação a Cavaco Silva, apresentado, no debate político, mediático e intelectual, como uma reencarnação de Salazar, prestes a amarrar Portugal num novo autoritarismo. Uma narrativa totalmente incompatível com a realidade das duas maiorias absolutas conquistadas em eleições legislativas livres, no respeito absoluto das regras do jogo democrático, que deveriam excluir qualquer tentativa de deslegitimação do adversário. Mais que simpatia por Cavaco Silva, trata-se da aceitação do rotativismo normal nas democracias, nas quais não pode haver espaço para ódios viscerais em relação aos adversários políticos. Um rotativismo que desperta, em Luciano Amaral, a curiosidade para os partidos de direita, exactamente por representarem «o outro», o diferente, em comparação à sua área de proveniência. Tendo crescido na esquerda, é sensível à contradição insanável entre a apologia dos autoritarismos socialistas e a aceitação sincera das regras do jogo democrático. Já próximo do liberalismo, o jovem historiador não compactua com o rótulo de fascista colado a Cavaco Silva, com a identificação da direita com o mal absoluto, com os dois pesos e duas medidas em relação aos autoritarismos bons e maus, entre ditaduras aceitáveis, quando de esquerda, e inaceitáveis, quando de outra matriz política qualquer. Esta postura de superioridade moral da esquerda atravessa toda a década de 1980 e a de1990, encontrando novo vigor no pós-comunista Bloco de Esquerda, mais libertário nos valores e menos puritano que o PCP, mas igualmente intransigente na demonização do adversário.

Também João Pereira Coutinho reconhece nunca ter alinhado com os ataques d'*O Independente* contra Aníbal Cavaco Silva, por nunca o ter considerado o arrivista de Boliqueime, caído de pára-quedas em Lisboa, para tomar conta do poder. Pelo contrário, via Cavaco Silva como uma Margaret Thatcher à medida de Portugal. Um político empenhado no aburguesamento da sociedade portuguesa e na modernização do país, aproveitando a integração na União Europeia. Apesar dos variadíssimos erros cometidos pelo caminho, Aníbal Cavaco Silva permanece uma figura ética, muito longe da personagem maquiavélica pintada pelo *Independente*.

Na mesma linha, Pedro Lomba recorda nunca ter compactuado com o anticavaquismo político d'*O Independente* que, nisso, não representava a voz daquele imenso povo português que, em 1975, reagiu contra o comunismo, em defesa das liberdades tradicionais. Revia-se neste povo e, por isso, integrará a comissão política da primeira eleição presidencial de Cavaco Silva, em 2006, reconhecendo a capacidade do antigo primeiro-ministro de conquistar eleitorado de forma transversal e em territórios onde nenhum partido de centro-direita alguma vez conseguira entrar.[23] Para Miguel Morgado, Aníbal Cavaco Silva é um dos três líderes mais marcantes do PSD, com Francisco Sá Carneiro e Pedro Passos Coelho.

Na análise de Pedro Marques Lopes, Aníbal Cavaco Silva simboliza a história bizarra da direita portuguesa, desde o 25 de Abril, que promoveu a ícone um político pouco ideologizado, desinteressado em interpretar a ortodoxia liberal e indisponível para se assumir como líder da direita. Cavaco é o estadista clássico da direita portuguesa: conservador nos valores, insensível ao cosmopolitismo — com quatro anos de doutoramento em York, sem nunca visitar os teatros de Londres, segundo os seus detractores —, atento à parcimónia financeira. Todos os tiques salazarentos que o tornaram o alvo perfeito para *O Independente*.

Estas análises retrospectivas retratam bem a postura dos jovens de direita da década de 1990. Os leitores mais novos compravam o pacote todo d'*O Independente*, inclusive o anticavaquismo como ingrediente da direita verdadeira, mas, na verdade, acolhiam Cavaco Silva como uma oportunidade importante para as pessoas começarem a viajar, a consumir, a frequentar a Universidade. O afã modernizador torna-se ainda mais premente após a queda da União Soviética, quando a vitória do liberal-conservadorismo ocidental parece já não ter barreiras a nível continental e global.

Alberto Gonçalves reflecte muito esta faceta da direita da altura, ao reconhecer que, na sua rede de amigos, as opiniões sobre Cavaco Silva eram bastante diferentes. O próprio nunca foi muito entusiasta de Cavaco Silva, possivelmente também por influência do semanário de Paulo Portas, que lia todas as semanas. Com o olhar

---

[23] António Sarmento e João Madeira, *Jornal Económico*, 3 de Fevereiro de 2017.

actual mais distanciado, relativiza as críticas ao primeiro-ministro por provincianismo e deslumbramento com a Europa, principalmente se o compararmos com os que lhe sucederam no governo da Nação. Reconhece, contudo, no cavaquismo, a origem da subserviência face à União Europeia, do mito do bom aluno lígio às instituições europeias, da ilusão de Portugal próspero e em desenvolvimento, à custa da dopagem artificial dos fundos externos.

O economicismo e o desenvolvimentismo cavaquista são, para Miguel Morgado, o erro mais grave das direitas do fim do século XX. Naqueles anos, as direitas desertaram do combate cultural e prescindiram de ser a força motriz da cultura portuguesa. Não estavam interessadas nisso porque deixaram de o achar importante. O cavaquismo ficou satisfeito com o sucesso estrondoso da sua década e pensou não ser preciso um investimento no combate das ideias. Entre os partidos, o CDS foi complacente nisso, pelo menos até à tentativa de modernização de Manuel Monteiro, suportado pelo *Independente* de Paulo Portas. Na altura com vinte e poucos anos, Miguel Morgado não se revia propriamente naquelas tentativas do CDS de rejuvenescimento do espaço da direita, nem nos muitos aspectos perniciosos da cultura d'*O Independente*.

O escasso entusiasmo em relação à viragem à direita do CDS promovida por Manuel Monteiro (1992–1998) é bastante difuso entre estes jovens intelectuais, por considerarem a crítica dura do líder centrista à União Europeia, desde o Tratado de Maastricht de 1993, uma forma embrionária e inaceitável de populismo antieuropeísta à portuguesa. Naquele princípio da década de 1990, o eurocepticismo de Manuel Monteiro consegue algum êxito eleitoral: perante a crise do «partido do táxi», o CDS segura, com 12% nas europeias de 1994, os três eurodeputados conquistados por Lucas Pires em 1989 (14%), prelúdio da recuperação nas legislativas de 1995 (9% dos votos). Os jovens intelectuais de direita, contudo, não alinham, na sua generalidade, com esta fatia do eleitorado. Consideram legítima e fundamentada a preocupação com o défice democrático da União Europeia, mas apontam fragilidades de análise ao eurocepticismo português, do qual estigmatizam a ambiguidade no que diz respeito à saída de Portugal da Europa: uma hipótese, para eles, impensável perante as criticidades do país e os compromissos internacionais. Além disso, não apreciam a estética do discurso de Manuel Monteiro, com a celebração da Pátria, dos costumes, dos valores, das fontes tradicionais da autoridade, num estilo desafinado em relação à vontade aberturista, desenvolvimentista e de autocrítica perante a falta de exigência e de melhoria do país.

Como é expectável, a crítica aparece menos contundente nos intelectuais mais próximos do partido. Paulo Pinto Mascarenhas, por exemplo, não descarta de todo a proposta de Manuel Monteiro. Na altura, ainda sem ligação ao CDS, Mascarenhas recorda ter apreciado a capacidade de Manuel Monteiro de desafiar o *statu quo* nos temas melindrosos como a integração europeia. Apesar de não coincidir plenamente com o *modus pensandi* do líder centrista, para o colunista d'*O Independente*, Manuel Monteiro representa, a partir de 1995, a oposição mais contundente ao governo socialista de António Guterres e à presidência da república de Jorge Sampaio, considerados pelos jovens intelectuais das direitas a versão portuguesa, plastificada, do blairismo britânico, sem grandes convicções, apesar dos proclamas. Ou seja, Monteiro representa um caminho possível para a direita portuguesa convergir com as congéneres europeias, na conjuntura favorável da véspera do novo milénio.

Para Morgado, contudo, feito o balanço da ausência de qualquer renovação assinalável, o PSD carrega as culpas mais graves, por ter abandonado por completo o campo de batalha da cultura. A convicção da eternização do PSD no poder à boleia do sucesso económico cavaquista dos anos 1980 demonstrou ser uma grande ilusão, paga com a sucessiva dominação socialista. A direita portuguesa suicidou-se, pura e simplesmente, ao desistir do seu papel de interlocutor central no debate cultural e intelectual, importantíssimo em qualquer democracia europeia de qualidade.

Insatisfeitos com os rumos políticos nacionais, os jovens intelectuais de direita procuram, nos anos da universidade na pátria ou das pós-graduações no estrangeiro, sinais de abertura de um novo ciclo histórico, de onde surja uma nova elite à altura do desafio da direita, perante os escombros das esquerdas na década de 1990. No geral, a cena política portuguesa deste período não é famosa. Na esquerda, o PS sofre contínuas mudanças de liderança, todas bastante fracas e incapazes, desde a presidência de Vítor Constâncio de 1986–1988, no que toca a corroer a imagem do PSD como grande partido nacional. Na direita, o PSD, embora avantajado, frustra as expectativas dos jovens intelectuais: a indefinição política de Cavaco Silva é ultrapassada, pela direita, por históricos do partido com projecção mediática — é o caso de Marcelo Rebelo de Sousa, director d'*O Semanário* no fim da década de 1980 —, e, pela esquerda, pela Juventude Social Democrata (JSD). A JSD, liderada desde 1990–1991 por Pedro Passo Coelho, destaca-se pela pressão exercida sobre o partido em matérias sensíveis, como as políticas de educação, o serviço militar obrigatório, a liberalização dos costumes, entre outros assuntos. Esta oposição interna é bastante incómoda para Aníbal Cavaco Silva, em razão do peso parlamentar da JSD, com uma patrulha de mais de uma dezena de deputados, integrada na bancada parlamentar do PSD, com autonomia e capacidade suficientes para influenciar a agenda legislativa e governativa.

A clivagem entre os jovens liberalizadores de Pedro Passos Coelho e os mais velhos institucionalistas à volta de Cavaco Silva — detentores das rédeas do partido desde 1974 — esmorece apenas com a saída do PSD do poder, em 1995. A partir daí, também o PSD sofre crises de liderança, com a sucessão de presidentes — Fernando Nogueira (1995–1996), Marcelo Rebelo de Sousa (1996–1999), José Manuel Durão Barroso (1999–2004) —, pouco ou nada apelativos para os jovens intelectuais de direita, na altura ainda distantes da intervenção política directa e mais concentrados na formação académica pessoal, e no começo das respectivas carreiras. Aos seus olhos, o maior partido do centro-direita aparece apenas como um replicador de fórmulas repetitivas, gastas, em nada inovadoras. Se Fernando Nogueira é considerado apenas uma opção de transição do pós-cavaquismo, o social-conservadorismo de Marcelo Rebelo de Sousa frustra as expectativas reformistas e liberalizantes dos mais novos, que vêem naquele estilo paternalista, mais que popular, uma sedimentação da retórica de aproximação aos coitadinhos, típica da elite do Estado Novo.

Na percepção de Vasco Rato, a área liberal-conservadora em meados dos anos 1990 não constituía propriamente um grupo organizado, encontrando-se muitos dos seus futuros dinamizadores ainda no estrangeiro. Rui Ramos, por exemplo, continuava no Reino Unido. Luciano

Amaral transfere-se, em 1995, para o European University Institute de Florença (Itália) — onde priva com o colega de doutoramento Miguel Poiares Maduro — e passa algumas temporadas em Londres como *visiting scholar*, aprofundando os estudos dos economistas e dos juristas liberais Friedrich Hayek, Ludwig von Mises, John Rawls, entre outros, com os quais acaba por se identificar.

Na alvorada do novo milénio, as expectativas reformistas são capitalizadas por Durão Barroso, que, já no congresso de 1995 no Coliseu de Lisboa, concorre e perde para Fernando Nogueira, mas conquista o apoio da JSD de Passos Coelho, em virtude do alegado projecto liberalizante para o partido. Apesar do favor relativo de que goza, Durão Barroso desperta muitas reservas entre os jovens académicos próximos do PSD, devido à questão europeia. Em 2001, alguns deles criam o heterogéneo movimento Pensar Portugal. O movimento é composto por pessoas próximas dos partidos de centro-direita, todas com orientação liberal-conservadora. Entre eles, Vasco Rato, Miguel Freitas da Costa, Teresa Leal Coelho, Luís Coimbra, Pedro Passos Coelho (regressado à política após o parêntese universitário a partir de 1996) e Paulo Teixeira Pinto (antigo secretário de estado de Cavaco Silva, com peso nas discussões internas nas direitas entre a saída de Cavaco e a entrada de Passos Coelho).

O Pensar Portugal — nome posteriormente assumido por Pedro Passos Coelho como *slogan* no congresso de conquista da liderança do PSD — intervém no espaço público através de conferências com críticos do *statu quo* — é o caso de Henrique Medina Carreira — e das páginas do *Diário Económico,* onde os seus animadores assinam, rotativamente, uma coluna de opinião. O cimento de Pensar Portugal é a questão da integração de Portugal na Europa, cuja aceleração nos anos 1990, antes do Tratado de Lisboa, decorria sem qualquer debate alargado no espaço público. O automatismo irreflectido do processo de integração preocupa os intelectuais do Pensar Portugal, que consideram importante a realização de um referendo sobre o tema, para consciencializar a opinião pública e fortalecer, assim, a democracia. Embora todos os promotores do Pensar Portugal fossem declaradamente antifederalistas, o debate público visava evitar os perigos de eventuais reacções antieuropeístas ou eurocépticas nas direitas e no país em geral, caso se verificasse alguma crise. Esta preocupação não é partilhada por Durão Barroso, presidente do PSD desde 1999, que, nisso, integra perfeitamente — na opinião destes intelectuais — a elite portuguesa, desinteressada do debate alargado e empenhada apenas em respeitar os ditames da União Europeia. Aqui, o presidente do PSD desilude a direita reformadora interna, crítica deste pragmatismo burocrático, insensível à promoção de uma cidadania madura em matéria europeia e mais propenso à exploração de Bruxelas como bode expiatório ou bóia de salvação, caso as coisas corram mal. Por isso, os intelectuais de direita vêem a nomeação de Durão Barroso a primeiro-ministro, em 2002, como fruto menos do mérito pessoal do líder social-democrata e mais da sorte pelo fracasso autárquico do PS, causa da queda do governo de António Guterres.

Capítulo 2

ENTRE A BLOGOSFERA E A TRINCHEIRA *ATLÂNTICO*

Na alvorada do século XXI, o desempenho dos partidos de centro-direita e das suas lideranças continua pouco entusiasmante para os jovens intelectuais de direita. O parêntese do governo PSD-CDS, liderado por Durão Barroso, ladeado por Paulo Portas, entre 2002 e 2004, e prosseguido por Pedro Santana Lopes em 2004–2005, é encarado como uma opção de direita aceitável, mas sem grande pujança, o que torna ainda mais indigesto o abandono abrupto do primeiro-ministro, em 2004, a meio da execução de um programa de austeridade bastante duro. A saída de Durão Barroso para a presidência da Comissão Europa representa, para alguns jovens intelectuais, a confirmação do oportunismo político do líder social-democrata. A desilusão não é contrariada pelas vicissitudes seguintes do partido social-democrata. O governo meteórico de Pedro Santana Lopes, em 2004–2005, não deixa marca nos jovens intelectuais de direita, mais surpreendidos, aliás, pela facilidade com que o socialista José Sócrates conseguiu promover, em campanha eleitoral, uma imagem muito mais reformista e moderna que qualquer político de direita. Os intelectuais liberais não vêem em Pedro Santana Lopes uma grande mais-valia. Por um lado, o indiscutível instinto e talento político do líder social-democrata não preenche as exigências de renovação ideológica e cultural dos jovens intelectuais; por outro,

Santana tinha já um longo historial, pelo menos desde o princípio da década de 1990, de intenções nunca concretizadas de encarnar a versão liberal de Francisco Sá Carneiro, sempre pronto a formar um novo partido social-liberal para renovar a direita. A chegada de Luís Marques Mendes à liderança do PSD, entre 2005 e 2007, não modifica as coisas. A participação de Vasco Rato na Comissão Política do PSD, por exemplo, dura apenas poucos meses, pois apercebe-se logo de que o novo presidente do partido não tem uma estratégia inovadora para a direita nacional. Um impasse confirmado pela curta passagem de Luís Filipe Menezes no PSD (2007–2008), mas também pela de José Ribeiro e Castro no CDS (2005–2007), antes do regresso de Paulo Portas para o longo período de 2007–2016.

Estas desilusões, contudo, não se traduzem, nunca, em interesse por projectos alternativos de direita mais vincada, inaugurados nestes anos na área conservadora — o Partido da Nova Democracia (PND) é fundado, em 2003, por Manuel Monteiro —, ou até na área radical tradicional — o Partido Nacional Renovador (PNR), fundado em 1999.

Francisco Mendes da Silva, aliás, recorda como vários elementos da sua geração participaram no governo Barroso-Portas, encontrando aí uma oportunidade de crescimento e profissionalização: Diogo Belford Henriques e Paulo Pinto Mascarenhas são assessores de Paulo Portas, João Vacas é assessor de José Ribeiro e Castro, Pedro Lomba é assessor jurídico da Presidência do Conselho de Ministros, Rodrigo Moita de Deus é assessor de Maria Leonor Beleza, vice-presidente da Assembleia da República pelo PSD, João Marques de Almeida é director do Instituto de Defesa Nacional (IDN) entre 2004 e 2006, por convite do ministro da Defesa Paulo Portas, antes de seguir Durão Barroso, em Bruxelas, como assessor político entre 2006 e 2012.

O parêntese governativo contribui para esclarecer, junto destes intelectuais, a capacidade de inovação política de Paulo Portas que, apesar de tudo, tinha marcado esta geração com *O Independente*. Quando, em 1998, Portas assume a presidência do CDS, os jovens estrangeirados dos anos 1980 e 1990 demonstram um interesse menor do que lhe tinham dedicado na sua actividade jornalística suprapartidária. Isso deve-se muito à mudança contínua de estratégia comunicacional por parte do Paulo Portas político. O fundador d'*O Independente* já tinha contrariado as suas reiteradas declarações de desprezo pela política partidária com a eleição a deputado em 1995. A conquista da liderança do CDS, em 1998, não surpreende ninguém, visto o notório trabalho de bastidores de Manuel Monteiro na época, mas já a sucessiva evolução da estratégia inicial populista para a de estadista altivo, passando pela de político popular à «Paulinho das feiras», resulta demasiado flutuante e algo caricata aos olhos de vários dos jovens intelectuais.

Entre estes últimos, as opiniões em relação a Paulo Portas têm matizes bastante diferentes.

Para Alberto Gonçalves, por exemplo, o papel inovador de Paulo Portas no jornalismo não teve o mesmo alcance na política. Para um intelectual como ele, laico, ateu sem ser anticlerical e em nada conservador, o CDS continuava a ser o partido muito ligado ao mundo católico e a escalada de Paulo Portas apenas um maquiavelismo para a conquista do poder, em contradição até com o seu proclamado «antipolíticos» do princípio dos anos 1990. Por isso, no começo dos anos 2000, o actual comentador político do *Observador* continuava a considerar o PSD a alternativa ao socialismo, embora sem particular interesse pela figura de Durão Barroso.

Como militante partidário desde 1995, Francisco Mendes da Silva recorda Paulo Portas como o melhor intérprete da altura do apego dos jovens centristas aos valores da liberdade, mais que aos apelos conservadores da direita tradicional nos hábitos e nos costumes pátrios. Em todas as sedes da Juventude Popular encontrava-se, na década de 1990, a memorabília de Margaret Thatcher, Ronald Reagan e material propagandístico dos conservadores britânicos. Paulo Portas oferecia uma combinação atractiva para os mais novos, entre o liberalismo modernista e os temas duros do eurocepticismo e da crítica à subsidiodependência. Por um lado, a contribuição do CDS portista à lei do Rendimento Social de Inserção demonstrava a eficácia da direita na imposição do rigor no acesso e na averiguação dos benefícios sociais, contra o paternalismo das esquerdas. Por outro lado, o eurocepticismo portista oferecia um matiz diferente ao antifederalismo comum a todos os intelectuais de direita. Para Francisco Mendes da Silva, por exemplo, a direita liberal portuguesa devia ser, ainda hoje, mais crítica em relação ao projecto utópico do Super-Estado europeu, desprovido daquele sentimento comunitário, típico das diferentes nações. Numa perspectiva democrática, o problema não é o gostar ou desgostar da União Europeia, mas questionar a sua funcionalidade: um parlamento com centenas de deputados que não falam a mesma língua é problemático para a qualidade da democracia; uma democracia não alicerçada por um sentimento enraizado de pertença e de devir histórico é frágil. Uma crítica bastante comum entre os intelectuais conservadores: para Pedro Lomba, por exemplo, o federalismo europeu é inexequível e o Estado Nação, embora tenha caído em desgraça nas últimas décadas, continua a ser extremamente importante. É possível europeizar os povos, mas eliminar rapidamente os espanhóis, os portugueses e as demais nacionalidades já não vai ser tão exequível. O desaparecimento de entidades político-territoriais faz parte da história da Europa, mas também o enraizamento identitário demonstrou a sua persistência.[24]

A combinação portista entre liberalismo e conservadorismo representa, aos olhos dos jovens intelectuais próximos do CDS, a consolidação, também em Portugal, do processo de liberalização da direita, acelerado no Ocidente do pós-Segunda Guerra Mundial, com a assunção da centralidade da «ordem espontânea» como articulação entre a ideia de ordem e a ideia de liberdade. A fórmula é apreciada pela sua eficácia no contraste à imagem do CDS associada ainda a uma direita pouco dinâmica, imbuída de machismo marialva, avessa às mudanças sociais liberais e reformistas e, por isso, em desvantagem face ao PSD, mais permeável às experimentações aberturistas da área liberal-conservadora.

No geral, o desempenho de Paulo Portas no governo Barroso de 2002–2004 não evita a postura crítica dos intelectuais de ponta desta geração mais nova. João Pereira Coutinho mantém, na análise política, a atitude existencial anarca, sempre crítica do poder. Pedro Mexia, já próximo do CDS antes da presidência Portas, não poupa críticas ao líder centrista, a partir de uma posição democrata-cristã, mesmo quando colaborará como conselheiro de Assunção Cristas. Rodrigo Moita de Deus insere a liderança de Paulo Portas no panorama pouco entusiasmante dos vértices das direitas dos primeiros anos de 2000 e atribui

[24] Pedro Lomba, entrevista de José Maria Pimentel, 10 de Outubro de 2019.

a estratégia de cooptação de quadros mais novos no CDS, promovida pelo líder centrista, à necessidade de preencher o vazio causado pela saída dos quadros de Manuel Monteiro que, por sua vez, já tinha sofrido a defecção dos mais velhos da época de Adriano Moreira.

Em qualquer dos casos, no meio intelectual liberal-conservador, Paulo Portas ganha pontos a Durão Barroso por encarnar, pelo menos, um projecto dinâmico de afirmação partidária, ao encontro de uma base de apoio alargada e diversificada entre as direitas. Uma vantagem de Portas sobre Durão Barroso deve-se também, nas palavras de Pedro Marques Lopes, ao ar de intelectual cosmopolita do líder do CDS.

O experimentalismo portista para uma nova direita remonta já aos anos 1990, quando *O Independente* seguia com interesse as novas direitas estrangeiras em ascensão, nomeadamente a evolução do neo-fascista Movimento Sociale Italiano (MSI) ao pós-fascista Alleanza Nazionale, liderada por Gianfranco Fini. Na altura, Portas considerava Itália um laboratório político da Europa, principalmente para a direita. Na presidência do CDS, este interesse é traduzido na assunção de temas comuns também aos populistas, como a corrupção, a reforma da justiça, a defesa dos antigos combatentes da Guerra de África, a crítica à subsidiodependência. Uma postura afirmativa mais interessante para a direita, na opinião de João Marques de Almeida, em comparação ao cavaquismo e ao monteirismo dos anos 1990, mas, segundo Rodrigo Moita de Deus — seguido nisso por muitos da sua geração —, atraiçoada ao longo do tempo. Como no caso de Miguel Esteves Cardoso e da candidatura europeia de 1986, e do lançamento d'*O Independente*, também Paulo Portas deu a ideia de poder ser o intérprete de uma direita moderna e inovadora, mas, quando teve a oportunidade de actuar em política, frustrou as expectativas. Tinha talento, tinha instinto, mas preferiu, alegadamente, os interesses pessoais, numa atitude até pior do que aquela que o próprio tinha apontado a Francisco Lucas Pires, ou seja, de ter engordado quando todos esperavam que crescesse. Em comparação, Durão Barroso não desiludiu ninguém, porque ninguém esperava nada dele, mesmo tendo evitado a maioria absoluta de Guterres quando foi líder da oposição social-democrata.

No começo do novo milénio, portanto, o catalisador para os jovens intelectuais de direita não é representado pelo meio partidário nacional, nem pelo meio jornalístico — *O Independente* já não aquece como na década de 1990 —, mas por um efeito colateral da revolução digital: o surgimento da blogosfera.

No seu estudo sobre a blogosfera portuguesa, Sérgio Barreto Costa estima que dois terços dos actuais comentadores políticos e fazedores de opinião pertençam à geração dos blogues do princípio do século.[25] Na direita, os pioneiros desta revolução são Pedro Mexia, Pedro Lomba e João Pereira Coutinho, que, a 15 de Outubro de 2002, lançam o blogue A Coluna Infame. Os três vinham já da imprensa escrita: os dois Pedros vinham dos suplementos do *Diário de Notícias*, o DN Jovem e o DNA. João Pereira Coutinho colaborava com *O Independente* desde 1998. Em Portugal, aliás, a blogosfera de direita antecipa a de esquerda, cuja proliferação sucessiva vai muito no sentido de contrabalançar a rápida circulação das ideias desta nova direita liberal-conservadora na economia, na cultura, na política nacional e internacional.

Inspirado pelo *blogger* inglês, sitiado nos Estados Unidos, Andrew Sullivan, A Coluna Infame caracteriza-se pela paixão pela cultura, contra o filistinismo e o carreirismo político típico das jotas partidárias, e pretende desafiar, no plano dialéctico, a hegemonia cultural da esquerda, a partir do conservadorismo moderno, alheio à direita tradicionalista das touradas, do fado, das praxes. A experiência de A Coluna Infame é relativamente curta: em Junho de 2003 o blogue fecha, por causa da saída de João Pereira Coutinho após a dura polémica com Daniel Oliveira, que o tinha apelidado de extremista de direita. Contudo, a marca da sua passagem fica gravada, tanto que o seu fim merece o editorial do director do *Público*, José Manuel Fernandes.

Na esteira de A Coluna Infame, a blogosfera de direita alastra com várias iniciativas de sucesso: Pedro Mexia e Pedro Lomba migram para o Fora do Mundo, Carla Quevedo lança o Bomba Inteligente, Maria João Marques escreve para o Insurgente, o Farmácia Central e o Atlântico. Carlos do Carmo Carapinha anima o Contra a Corrente (inspirado na colectânea de 1979, Against the Current, de Isaiah Berlin), o maradona o A Causa Foi Modificada, João Villalobos o Debaixo do Vulcão, Carlos Guimarães Pinto o Tautau, Francisco Mendes da

[25] Sérgio Barreto Costa, *A Blogosfera Portuguesa.*

Silva o No Quinto dos Impérios, Alberto Gonçalves o Homem a Dias, Adolfo Mesquita Nunes o Arte da Fuga (onde colabora António Costa Amaral), André Azevedo Alves o Insurgente e o Atlântico, com André Abrantes Amaral e Afonso Azevedo Nunes, respectivamente. As interações entre *bloggers* levam também a projectos comuns, principalmente na área liberal. É o caso do Blasfémias, onde convergem João Miranda (Liberdade de Expressão), Rui Albuquerque (Catalaxia), Gabriel Silva (Cidadão Livre), João Caetano Dias (Joaquinzinhos), Carlos Abreu Amorim, Carlos Loureiro e Luís Rocha (Mata-Mouros); do A Destreza das Dúvidas, com Sandra Maximiano, Nuno Garoupa, Fernando Alexandre e o liberal de esquerda Luís Aguiar-Contraria; do 31 d'Armada, frequentado por inúmeros *bloggers*, entre os quais se destacam Rodrigo Moita de Deus, Nuno Miguel Guedes e Henrique Burnay. Outros projectos com impacto permanecem anónimos, como o Camara Corporativa, lançado em 2005 para confrontar o governo de José Sócrates e mantido até à queda do segundo governo de Passos Coelho em 2015, suspeitando-se, pela qualidade dos textos, do envolvimento de intelectuais orgânicos a esta experiência governativa de direita.

Acerca deste meio internético, Sérgio Barroso Costa destaca dois aspectos interessantes. Por um lado, a qualidade da blogosfera de direita destes primeiros anos 2000, entre discussões densas sobre conservadorismo, liberalismo, democracia cristã, na senda dos grandes debates já amadurecidos fora de Portugal, mas também a irreverência sarcástica, sem grandes pruridos, sobre temas sensíveis como as questões feministas, homossexuais, étnicas (nas quais se destaca o maradona, a partir da postagem nos subúrbios da Margem Sul). Por outro lado, a importância da militância blogosférica na difusão, em Portugal, do pensamento liberal e conservador anglo-americano, cujas matrizes das revoluções inglesa de 1688 e americana de 1776 se encontram também na divulgação académica do IEP da Universidade Católica e, posteriormente, na difusão jornalística do *Observador*. Os *bloggers* liberais — os «filhos de Arroja», nas palavras de Carlos Guimarães Pinto — são influenciados pelo economista Pedro Arroja, famoso, já nas décadas de 1980 e de 1990, pelos alertas face à adesão apressada e irreflectida de Portugal à moeda única europeia. Uma influência que se perderá com o tempo, principalmente quando o economista, já crítico do liberalismo puro para Portugal, se aproximará do populismo de direita, sendo substituído, nas hostes liberais, pelo filho, Ricardo Arroja (cabeça de lista da Iniciativa Liberal nas europeias de 2019).

A blogosfera activa individualidades e pequenos círculos de direita, torna mais densas as redes entre os jovens intelectuais ingressados na imprensa no final da década de 1990 e multiplica os convívios entre estes e a geração imediatamente precedente, com que já se relacionava desde o final da década de 1980. Vasco Rato, por exemplo, tinha sido professor de Paulo Pinto Mascarenhas e de João Marques de Almeida na Universidade Lusíada, e tinha-os trazido, no princípio da década de 1990, para *O Independente*, onde escrevia desde 1988–1989 uma crónica semanal sobre política internacional. Um dos pontos de encontro mais frequentados por este círculo é o restaurante 31 d'Armada, em Alcântara, onde reúnem, com frequência, Vasco Rato, João Marques de Almeida, João Pereira Coutinho, Paulo Pinto Mascarenhas, Rui Ramos e Miguel Monjardim. O nome do restaurante está na origem do homónimo blogue colectivo, no qual ganhará visibilidade Rodrigo Moita de Deus que, ainda muito novo, se tinha estreado no comentário televisivo, num programa de Carlos Cruz. A este respeito, Rodrigo Moita de Deus fornece um testemunho interessante da sua geração: a razão principal da adesão dos seus coetâneos à blogosfera prende-se menos com a vontade de renovar à direita e mais com a vontade de projecção pessoal pública. Como vários colegas, Rodrigo Moita de Deus tinha começado a colaborar em jornais como o *Euronotícias* e o *Semanário*, mas deu-se imediatamente conta das potencialidades do comentário político na blogosfera como forma de intervenção alternativa, tanto aos partidos, reservados a poucos eleitos para a carreira, quanto aos jornais *mainstream*, ainda ocupados pelos analistas da geração do 25 de Abril — como Maria Filomena Mónica ou Maria João Avillez, entre outros — e, por isso, interditos aos mais novos. Os blogues são o instrumento de acesso fácil e eficaz para contornar as dificuldades de intervenção no espaço público. A experiência é comum também a Francisco Mendes da Silva, para quem a revolução tecnológica dos blogues é o trampolim da sua geração intelectual, na casa dos vinte e dos trinta anos, porque a imprensa da altura estava toda capturada pela geração do 25 de Abril, muito imbuída do preconceito da esquerda culta, inteligente, brilhante, oposta a uma direita burra, em que *O Independente* e seus colaboradores de ponta são as excepções que confirmam a regra. Através dos blogues, os mais novos contornam o filtro da imprensa oficial e intervêm directamente, através de textos internáuticos inspirados em Paulo Portas, Miguel Esteves Cardoso, Vasco Pulido Valente, só para citar os nacionais. Grande parte dos *bloggers* mais activos da altura — Carla Quevedo, Carlos do Carmo Carapinha, o maradona — conhecem-se no fórum do site Pastilhas, criado por Miguel Esteves Cardoso em 2000–2001. Cruzam-se aí nomes de pessoas que ainda não existem no espaço público, todos jovens, liberais à anglo-saxónica, ocidentalistas, pró-americanos, pró-Israel. Embora não participasse no Pastilhas, Mendes da Silva lia diariamente o site e toma conhecimento da existência do blogue A Coluna Infame, graças à apresentação de Paulo Pinto Mascarenhas no *Independente*. Com apenas vinte e dois anos, o então estudante de direito em Coimbra já lia Pedro Mexia e João Pereira Coutinho no *Diário de Notícias* e no *Independente*, respectivamente. No A Coluna Infame, começa a publicar os primeiros textos, enviados directamente para Pedro Mexia. Em particular, aprecia o interesse do blogue pela cultura musical inglesa, numa onda diferente da conversa habitual das direitas, do fado e touradas. Mendes da Silva sublinha a sensação imediata de interagir com gente brilhante e avessa à massa de instalados nos *media* da altura, chatos e pesporrentes. Uma geração nova, culta, pronta a dar cabo do conceito de intelectual português afrancesado e disponível para encarnar uma direita até aí desconhecida. O fenómeno é tão relevante que os próprios *media* tradicionais lhe dão espaço: em 2003, o *Público* apresenta a reportagem da jornalista Maria José Oliveira sobre o fenómeno da blogosfera, onde aparece também o No Quinto dos Impérios, animado pelos jovens militantes centristas Francisco Mendes da Silva, Diogo Belford Henriques, João Vacas e Martim Borges de Freitas.

A passagem pela blogosfera é bastante generalizada entre estes jovens, mas não exclusiva. João Miguel Tavares e Henrique Raposo, por exemplo, não participam da Primavera dos blogues. Já empenhado no jornalismo desde 1998, a partir de 2003 — um mês após o fim de A Coluna Infame —, João Miguel Tavares anima a página «Geração de 70», do *Diário de Notícias*. Acabada a licenciatura, em 2002, Henrique

Raposo decide frequentar o mestrado de relações internacionais do Instituto de Ciências Sociais da Universidade de Lisboa (ICS-UL) para poder trabalhar com o professor Rui Ramos, sua referência como historiador e analista político. Imerso no estudo da história de Portugal, das relações internacionais, da filosofia política, Raposo começa também a carreira de cronista desportivo no jornal *Doze*, entre 2003 e 2005, fugindo dos convites dos amigos para se juntar à blogosfera. Para ele, a escrita jornalística é mais entusiasmante que a da Internet, por ser mais exigente em termos de escolha cirúrgica das palavras para expressar uma ideia em apenas três a cinco mil caracteres. Por isso, o fenómeno da blogosfera de direita passa-lhe um pouco ao lado, embora leia assiduamente, na imprensa tradicional, os textos dos intelectuais liberal-conservadores *a la* Rui Ramos, João Marques de Almeida, Luciano Amaral, inclusive dos mais novos, Pedro Mexia, Pedro Lomba, João Pereira Coutinho, em ascensão nos jornais. Neles encontra a sua direita, europeísta, mas não federalista, liberal, ocidentalista, pró-americana, anglo-saxónica e em nada salazarista.

Os debates teóricos não fogem, todavia, da polarização política, que se agudiza, nestes anos entre o 11 de Setembro de 2001 e o eclodir da Segunda Guerra do Golfo, no seguimento da cimeira das Lajes de 16 de Março de 2003. O ataque terrorista às Torres Gémeas de Nova Iorque, a 11 de Setembro de 2001, tem um impacto assinalável em vários dos intelectuais de direita: o evento obriga a aderir, consciente ou inconscientemente, à perspectiva schmittiana do amigo-inimigo, do «nós contra eles». A polarização sobressai na recordação de Luciano Amaral: na alvorada do século XXI, participava num fórum internet fechado, que funcionava como grupo de reflexão, na véspera do aparecimento da blogosfera. O fórum é composto por cerca de três dezenas de académicos de renome, afectos principalmente à esquerda. Embora a sua identidade já liberal fosse em contra-tendência, as discussões académicas, intelectuais, políticas decorreram sempre na maior normalidade, até ao 11 de Setembro. A partir deste evento, Luciano Amaral começa a sentir repulsa pelo teor dos comentários aos ataques terroristas, pejados de uma certa alegria, nas entrelinhas ou até expressa abertamente. A repulsa é comum aos *bloggers* de direita que, naquele mesmo período, começam a surgir na Internet, em vários casos como consequência do próprio 11 de Setembro. A reacção é uma convergência alargada contra o antiamericanismo, ainda difuso na esquerda portuguesa e veiculado, principalmente, pelo recém-criado Bloco de Esquerda, muito activo na blogosfera e nos *media*.

O alinhamento pró-americano e ocidentalista facilita o cruzamento entre pessoas que, até aí, não se conheciam pessoalmente e que começam a expressar as suas tomadas de posição nos jornais e na Internet, e a organizar convívios presenciais, tecendo uma rede embrionária, rapidamente alargada a amigos e novos convidados, até gerar uma massa crítica com alguma dimensão. A rede é animada por várias pessoas, na casa dos vinte e dos trinta anos, posicionadas na defesa irredutível do Ocidente como sinónimo de democracia, de liberdade, contra a barbárie do fanatismo religioso, do terrorismo, do ódio ao eixo Estados Unidos-Europa-Israel. Este ocidentalismo é contraposto ao que consideram a ambiguidade da esquerda nacional, não só da área radical, acusada de conivência com o islamismo, mas também do então primeiro-ministro socialista, António Guterres, demasiado prudente no tema do choque de civilizações.

Esta geração mais nova é bem representada por João Miguel Tavares que, com vinte e oito anos e já três de jornalismo, testemunha o 11 de Setembro de 2001 a partir da redacção do *Diário de Notícias*, onde trabalha na secção cultural. Recorda o próprio ter ficado incomodado com quantos reconheciam o horror dos ataques, mas culpavam, no fundo, o imperialismo americano pelo sucedido. Nas suas memórias, o «sim, mas...», tão frequente nas esferas político-intelectuais, polariza muita gente nova e origina o mote de formação de uma nova direita portuguesa, ideologicamente combativa, embora fraca do ponto de vista organizativo e partidário. Por ocasião do segundo aniversário do 11 de Setembro, Tavares escreve o artigo «O Segundo parágrafo», no qual revela ter descoberto o seu posicionamento na direita graças àquele evento. A descoberta foi facilitada pela avalanche de comentários de esquerda ao 11 de Setembro, que abriam sempre o segundo parágrafo com um «mas...», quando não celebrava abertamente o ataque terrorista, como fez o compositor Karlheinz Stockhausen, que o definiu como a maior obra de arte da história. Até àquele momento, João Miguel Tavares sentia-se apenas parte de um mar de gente politicamente neutra ou indiferente, ainda anestesiada pelo crescimento económico dos anos 1980 e 1990 e pela ideologia do fim da História, dominante a seguir à queda do Muro de Berlim.[26]

Um sentimento compartilhado também por Francisco Mendes da Silva, cuja entrada na política, seis anos antes, não foi determinada por uma polarização política: o socialismo de António Guterres era um blairismo com forte marca católica, o PCP já contava pouco e o Bloco de Esquerda ainda não existia. O clima era muito diferente do vivido pela geração, liberal e conservadora, dos anos 1970 e 1980, pois em meados da década de 1990, as direitas sentiam-se ganhadoras por terem deitado o radicalismo de esquerda no caixote do lixo da História. Para esta geração de direita, na véspera dos anos 2000, a crispação é incomparável àquela que se seguirá. Para Pedro Lomba, o 11 de Setembro politizou novamente o mundo, após o interregno da terceira via da década de 1990, de Tony Blair, Bill Clinton e, em Portugal, de António Guterres, que escondia clivagens ideológicas latentes.[27] O ataque terrorista foi determinante também para Henrique Raposo, que decide abandonar os seus projectos de formação em história da arte e do cinema para se dedicar ao estudo da política e das relações internacionais. Naquela fase, ainda não tinha uma identidade política vincada. Tinha noção de estar posicionado na direita, mas sem grandes preocupações de afirmação doutrinária: o facto de se declarar monárquico — sem filiação em organizações à causa, nem interesse pelos partidos de centro-direita PSD e CDS —, devia-se mais ao prazer de contrariar o meio, maioritariamente de esquerda, do curso de história que frequentara no ISCTE entre 1998 e 2002. O monarquismo como forma de afirmar o valor da preservação — apreendida no meio operário de origem —, em oposição à visão utópico-revolucionária dos «amanhãs que cantam». O 11 de Setembro acentua ainda mais o seu pendor contestatário, por encontrar-se quase sozinho na barricada pró-americana durante as discussões políticas, num meio estudantil maioritariamente antiamericano.

---

[26] João Miguel Tavares, *Público*, 11 de Setembro de 2021.

[27] António Sarmento e João Madeira, *Jornal Económico*, 3 de Fevereiro de 2017.

O impacto do ataque às Torres Gémeas não é igual para todos estes intelectuais. Alberto Gonçalves, por exemplo, reconhece a sua importância na polarização de uma nova direita pró-Israel e pró-americana, na qual o próprio se sentia mais à vontade, mas a sua intervenção pública na blogosfera, a partir de 2003, foi determinada mais pelo desejo de promover o seu perfil de cronista de opinião no *Correio da Manhã*, desde 1999, e na *Sábado*, a partir de 2004. Numa perspectiva bastante comum aos seus coetâneos, Alberto Gonçalves recorda que a experiência na blogosfera foi um percurso eminentemente pessoal, sem qualquer propósito de integrar um projecto geracional, nunca se tendo sentido, aliás, elemento de uma geração em particular. Tinha, sim, a percepção da ligação com gente da mesma idade, mas sem querer criar um projecto colectivo. Os almoços organizados, a meio caminho entre Lisboa e Porto, pela rede de amigos da blogosfera e dos jornais, limitavam-se apenas às trocas intelectuais.

Em qualquer dos casos, com o 11 de Setembro, estes jovens tomam partido e traçam uma fronteira clara entre os defensores, sem rodeios, do chamado mundo livre e da sociedade aberta, e os tíbios ou os desconfiados. No geral, todas as direitas — com excepção das radicais extraparlamentares — convergem na defesa do modelo ocidental, da liberal-democracia, da sociedade aberta e pluralista e no alinhamento militar com os Estados Unidos da América. Com maior ou menor ênfase na dimensão religiosa ou étnica, a dimensão cultural é central, não tanto no sentido huntingtoniano do choque de civilizações, quanto no sentido da existência de uma ameaça externa, representada pelo islamismo, pelo jiadismo e não pelo Islão como religião monoteísta. Uma ameaça externa com tentáculos internos, representados, por um lado, pelos terroristas potenciais, nascidos em território europeu e, por outro, pelos apoiantes ocidentais dos terroristas islamistas, celebrados como guerrilheiros anti-imperialistas.

As direitas começam a considerar as esquerdas como aliados objectivos do jiadismo, mesmo na ausência de uma ameaça interna evidente. A nova direita portuguesa não debate a guerra ao terrorismo em relação ao improvável perigo para Portugal, mas em relação aos valores essenciais do Ocidente e da democracia, em jogo neste confronto. E, neste debate, é perfeitamente impermeável à problematização das esquerdas acerca das causas explicativas do 11 de Setembro: a pobreza induzida, a exploração económica, o imperialismo, as responsabilidades ocidentais na criação da Al-Qaeda. Qualquer problematização da esquerda é liquidada como uma estratégia oportunista para voltar a atacar o modelo liberal-capitalista ocidental, com novo fôlego após o decénio de recuo devido à queda do Comunismo. A polarização radicaliza-se ainda mais em 2003 com a segunda Guerra do Golfo, muito mais significativa que a primeira Guerra do Golfo, em 1990. A primeira guerra, aliás, tinha sido bastante mais consensual, devido à iniciativa da ONU em defesa do Kuwait, contra a invasão iraquiana. A segunda guerra, pelo contrário, aglutina as direitas, não tanto pelo aspecto técnico da participação militar, quanto pelo aspecto político de afirmação da solidariedade com os Estados Unidos da América. Uma solidariedade abertamente reivindicada no livro *Impasses*, de 2003, da autoria de Fernando Gil, Paulo Tunhas e Danièle Cohn. Esta obra marca uma fronteira entre as direitas intelectuais ainda inorgânicas, mas combativas, e as figuras de proa do panorama político — Diogo Freitas do Amaral, Mário Soares, Francisco Louçã, Fernando Rosas — unidos pelo «sim, mas...». Uma transversalidade entre esquerda e direita em problematizar a defesa do Ocidente muito presente — para estes intelectuais — também na comunicação social portuguesa e, por isso, elemento de diferenciação identitária da nova direita, muito mais que as querelas sobre as armas de destruição de massa e o regime de Saddam Hussein. Para Vasco Rato, os intelectuais próximos do PSD demonstram-se muito mais disponíveis, em comparação aos do CDS, para confrontar os vértices do regime nestas matérias. O partido centrista continuava muito prudente com as expressões anti-regime, como demonstra o percurso de Diogo Freitas do Amaral. O antigo líder democrata-cristão e futuro ministro dos Negócios Estrangeiros do governo Sócrates, aliás, é particularmente visado — como lembra João Pereira Coutinho — por esta nova direita, nas páginas d'*O Independente*, no biénio 2001–2003.

Pedro Marques Lopes apresenta uma perspectiva algo diferente sobre a polarização dos blogues. Começa a escrever no blogue Acidental a convite de Paulo Pinto Mascarenhas, ao qual tinha sido apresentado pelo amigo comum João Marques de Almeida. Para o comentador residente do programa da SIC, O Eixo do Mal, a blogosfera era frequentada por pessoas já politizadas nos partidos, mas também por muitos indivíduos de direita sem particular interesse no PSD ou no CDS. O que os movia era mais o gosto pela discussão de ideias e para a troca de opiniões acerca das clivagens políticas e sociais da actualidade. Este interesse intelectual facilita as pontes entre pessoas de esquerda e de direita, permitindo até convergências à volta de temas improváveis: recorda, por exemplo, o blogue criado por ocasião do referendo de 2007 sobre a despenalização do aborto, no qual convergem pessoas de direita, como Vasco Rato, e de esquerda, como Daniel Oliveira. Estas convergências eram puramente intelectuais, fora da esfera dos partidos políticos. A própria invasão do Iraque de 2003 polariza, mas de forma transversal, com socialistas favoráveis à guerra e figuras históricas da direita, como Diogo Freitas do Amaral, em oposição. Por isso, Pedro Marques Lopes considera injusto o tratamento reservado, pela direita da altura, a Diogo Freitas do Amaral, que preza por ter sido o artífice da institucionalização da direita portuguesa em democracia e do seu afastamento do salazarismo, diverso do que aconteceu em Espanha com o Partido Popular de Adolfo Suárez, sempre ligado umbilicalmente ao franquismo, apesar de ter aceitado a legalização do Partido Comunista de España (PCE).

O comprometimento da nova direita intelectual com a ideia de Ocidente não a impede de reconhecer que a Guerra do Iraque pode não ser o ideal-tipo de «guerra justa» e nem sequer de guerra justificada, mas representa, em qualquer dos casos, o confronto entre as democracias liberais ocidentais e um regime autoritário árabe, apoiado por vários inimigos do Ocidente. Uma situação na qual não é permitido vacilar, mas é obrigatório tomar posição. Já aqui se torna evidente, para estes intelectuais, a aliança objectiva entre a esquerda radical e os movimentos islamistas. A clivagem contemporânea do *islamo-gauchisme* francês começa, de facto, no 11 de Setembro, quando a esquerda apresenta o ataque terrorista como uma operação de guerrilheiros islâmicos contra o Império do Mal norte-americano. Esta leitura é muito presente, em Portugal, no BE e no PCP, mas transparece também no PS, liderado pelo «esquerdista» Eduardo Ferro Rodrigues desde 2002, que protagoniza uma campanha dura contra a Guerra do Iraque, identificando Durão Barroso como o primeiro-ministro da guerra. Neste contexto, Vasco Rato e João Marques de Almeida publicam, em 2004, o livro *A Encruzilhada*, cuja tese do reforço da Aliança Atlântica como protecção necessária para a Europa, também contra os nacionalismos reemergentes, circula muito na blogosfera, formando politicamente a geração mais nova.

Os convívios presenciais e a interacção internáutica fortalecem a identidade de direita destas redes de intelectuais face a outros meios internos e externos aos partidos não socialistas, porque os seus protagonistas reivindicam, de forma mais intransigente e interventiva, a aliança de Portugal e da Europa com os Estados Unidos, o atlantismo, o ocidentalismo.

Nesta batalha destaca-se, em particular, o blogue Acidental de Paulo Pinto Mascarenhas, nesta altura já transitado d'*O Independente* para adjunto do ministro da Defesa Paulo Portas, no governo de Durão Barroso. O fundador do blogue confirma esta concomitância entre o fenómeno da blogosfera e o governo de Durão Barroso. Vindo do mundo da comunicação, com quinze anos de experiência no *Independente*, em 2003–2004 dá-se conta das potencialidades da blogosfera para o confronto entre direita e esquerda. Mascarenhas já seguia com interesse este fenómeno na sua coluna sobre sociedade no *Independente* e até tinha convidado o *blogger* Luciano Amaral para escrever pequenos textos, género *post*, para o semanário, sendo o primeiro significativamente sobre o 11 de Setembro. Com o Acidental, Mascarenhas pretende integrar a direita empenhada no combate cultural através da Internet, paralelamente à sua actividade governativa. Por isso, convida para o blogue intelectuais da sua rede pessoal, nomeadamente Inês Pereira (jornalista d'*O Independente* e militante do CDS), José Bourbon Ribeiro (chefe de gabinete do ministro Paulo Portas), Vasco Rato, João Marques de Almeida e Luciano Amaral. Naquele meio, Paulo Pinto Mascarenhas é conhecido também pela capacidade de identificar e cooptar talentos mais jovens como Bernardo Pires de Lima, Henrique Raposo, Rodrigo Moita de Deus, Francisco Mendes da Silva, Adolfo Mesquita Nunes, João Pereira Coutinho. Como outros blogues de intelectuais ligados aos partidos, o Acidental suporta as políticas do governo, mas a iniciativa é pessoal, autónoma, desligada da estratégia política de Paulo Portas, embora o líder do CDS gostasse de ver pessoas do seu círculo participar na blogosfera como precioso instrumento de comunicação.

Os planos político e cultural sobrepõem-se. Luciano Amaral, por exemplo, entende o convite de Mascarenhas como uma forma de cooptar pessoas úteis para criar um ambiente intelectual favorável ao partido de direita, numa perspectiva governativa. A operação funciona. O fundador do Acidental recorda o impulso que a Internet deu, naqueles anos, ao activismo das direitas, devido também ao facto de os mais novos já não se reverem, por dinamismo, nos meios de comunicação tradicionais. Com excepção d'*O Independente* — já sem grande pujança até ao fecho definitivo em 2006, com a direcção de Inês Serra Lopes —, nenhum jornal é considerado propriamente de direita: o *Público* é tido por esquerdista, o *Diário de Notícias* é considerado a voz de quem estiver no poder.

Embora alguns elementos de ponta da rede já trabalhassem na comunicação social, muitos dos jovens intelectuais não encontram uma casa confortável para a sua intervenção. Uma falta sentida cada vez mais ao longo do processo de densificação da rede, com pessoas intelectualmente válidas, ideias bem estruturadas, óptima capacidade de escrita, mas escassas oportunidades de expressão, devido à hermeticidade do microcosmo dos analistas políticos já instalados.

A rede consolidada pelo Acidental permanece um património para a direita intelectual: quando o blogue fecha, a rede de colaboradores é aproveitada por Rodrigo Moita de Deus para o blogue 31 d'Armada que continua a linha editorial atlantista e ocidentalista. O 31 d'Armada é uma espécie de albergue espanhol de gente ligada ao CDS, ao PSD, e muitos também sem filiação partidária a não ser o facto de pertencerem à área não socialista. O intuito é intervir no espaço público da forma mais abrangente possível, sem ortodoxia ideológica e à procura constante da inovação, da produção de conteúdos áudio e vídeo divertidos, «fora da caixa», também nas coberturas dos congressos partidários. O empenho em produzir um jornal digital tem efeito, tanto que Rodrigo Moita de Deus é convidado para comentador residente no programa da TVI24, Combate de Blogues, em 2011–2012.

Pelo Acidental e pelo 31 d'Armada passa também Pedro Marques Lopes, embora de forma meteórica neste último, que abandona quando

Rodrigo Moita de Deus hasteia a bandeira monárquica nos Paços do Concelho de Lisboa, no verão de 2009, numa golpada de sabor futurista como a de 2007 com a bandeira portuguesa em Olivença e a de 25 de Novembro de 2009 com a estátua de Jaime Neves erguida no Campo Pequeno. Pedro Marques Lopes recorda o Acidental — para onde é levado pelo amigo João Marques de Almeida — e o 31 d'Armada como espaços de total liberdade de escrita, no qual não se procurava qualquer ortodoxia ideológica. Os muitos colaboradores dos blogues tinham matizes bastante diferentes entre si, tanto que Marques Lopes já na altura era considerado mais à esquerda da generalidade dos colegas, o que o leva a lançar o blogue União de Facto, com Bernardo Pires de Lima, activo entre 2009 e 2013. Pensado com o único intuito de veicular as suas análise e ideias, Pedro Marques Lopes considera, retrospectivamente, o União de Facto um projecto já de afastamento, embora ainda inconsciente, da blogosfera de direita.

A densificação da rede dos intelectuais de direita é confirmada por Luciano Amaral que recorda o prazer da altura em contactar, com facilidade, correligionários da sua geração, mas também os mais novos: uma massa crítica entre os vinte e os quarenta anos, que começa a interagir na rede e pessoalmente, revelando uma direita intelectualmente muito articulada, culturalmente sofisticada, capaz de escrever textos densos de conteúdos. Pessoas com ideias completamente diferentes das que se podiam encontrar no *Público*, no *Expresso* e nos outros jornais *mainstream*, onde pontificavam os intelectuais clássicos, com a retórica do costume. Nos blogues, pelo contrário, é possível encontrar gente mais nova, com ideias mais arejadas, adeptos de uma direita liberal já não limitada ao percurso de um punhado de isolados, mas aberta a uma área em expansão de jovens intelectuais, ainda desconhecida do grande público. Luciano Amaral, em particular, estreia-se na blogosfera devido ao convite feito pelo antigo colega no European University Institute, Miguel Poiares Maduro, que o alerta para a nova geração de intelectuais de direita activos na Internet. Nesta fase, Miguel Poiares Maduro já está envolvido com o PSD, também por tradição familiar, e em contacto com os animadores de A Coluna Infame, em particular com Pedro Lomba. O desafio é aceite e Luciano Amaral lança o blogue Comprometido Espectador, em homenagem ao livro de Raymond

Aron, *The Committed Observer*, que o tinha aproximado às ideias liberais. A intervenção pública conota-o de imediato como *blogger* de direita, embora Luciano Amaral não se identificasse como tal, mas apenas como académico próximo do liberalismo político e económico. Os debates da blogosfera contribuem para a definição do seu posicionamento, em reacção ao ódio visceral expresso pela esquerda — a sua área de proveniência e onde continuava a ter muitos amigos — em relação à direita, traduzido numa constante superioridade moral e antropológica.

A blogosfera revela, assim, um conjunto de pessoas com intervenções bastante originais face ao *mainstream* e que rapidamente passam dos contactos na Internet aos presenciais em almoços, jantares, convívios para discutir ideias, sem um projecto orgânico de intervenção junto dos partidos políticos. Para Francisco Mendes da Silva, a importância da Internet foi muito maior que a polarização do 11 de Setembro para a entrada em jogo desta geração, que cresceu à sombra d'*O Independente*. Para Pereira Coutinho, não houve uma chamada às armas em defesa do Ocidente, mas a convergências de interesses culturais na literatura, no cinema, nas artes, com a política num plano secundário. Diferentemente dos jovens militantes dos anos 1960 e 1970 obcecados com o *politique d'abord*, os jovens nascidos na década de 1970 não têm a política como referência principal e, mesmo na direita, não estão minimamente interessados nos pais fundadores do nacionalismo português e europeu: os integralistas lusitanos, os teóricos da *Action Française*, etc. Para João Pereira Coutinho, as preocupações da sua geração são principalmente hedonistas. Os leitores de A Coluna Infame partilham esta dimensão hedonista, lúdica de intervenção, não motivada pela urgência da crise do Império dos anos 1960 ou da ofensiva comunista nos anos 1970. A ausência de emergências nacionais explica a deserção destes jovens da primeira linha política. O próprio 11 de Setembro marca-os todos, mas com *nuances* diferentes. Henrique Raposo vive-o como um ponto de viragem na atitude perante o Ocidente, atacado pelo terrorismo islamista e atraiçoado pelas suas elites progressistas. João Pereira Coutinho encara-o menos como um ponto de não regresso e mais como um acontecimento histórico entre muitos, uma das várias ameaças à democracia liberal, que já comentava nas suas colunas de análise política. No geral, a esmagadora maioria dos jovens intelectuais que começam a intervir no debate público não tem militância partidária.

Entre os que integram os partidos, Francisco Mendes da Silva testemunha a estratégia de Paulo Portas para cooptar estes jovens intelectuais liberais no CDS, agora mais aberto a esta corrente política. Mendes da Silva, por exemplo, é convidado a integrar a direcção do CDS em 2007, quando Paulo Portas regressa à presidência do partido. Já nos anos do governo Barroso-Portas, o presidente do CDS tinha abandonado a estratégia populista dos primeiros anos de liderança, em temas-chave como a imigração e a subsidiodependência, mantendo, contudo, o objectivo de tornar o CDS a casa de todas as direitas portuguesas. Um objectivo cuja origem remonta à longa travessia no deserto desde o fim da década de 1980, quando o «partido do táxi», reduzido pelo PSD a quatro deputados, tenta maximizar a imagem de único partido de direita na oposição com identidade conservadora democrata-cristã e agenda eurocéptica, e de rigor orçamental, inclusive nas políticas sociais. Paulo Portas tenta concretizar o objectivo com estratégias variáveis: na oposição, radicaliza o discurso para maximizar os votos; no poder, modera o discurso para institucionalizar o partido.

Ao longo da primeira década de 2000, o paradigma liberal torna-se o prisma através do qual jovens intelectuais, activos na blogosfera e na comunicação social, analisam a realidade. Este liberal-conservadorismo não é tanto uma reivindicação identitária para diferenciar, de forma schmittiana, o amigo e o inimigo. Nestes primeiros anos de 2000 prevalece a curiosidade de criar pontes com os coetâneos de esquerda, também empenhados no combate de ideias na blogosfera e na comunicação social. Protagonistas de ponta como Pedro Mexia, Francisco Mendes da Silva, Adolfo Mesquita Nunes e Pedro Marques Lopes convergem nesta memória. A ideia não é blindar a direita e permanecer dentro do quadrado, para não trair o combate contra a esquerda, mas, pelo contrário, abrir-se ao diálogo, com a impertinência de enfileirar na chamada nova direita jovem do novo milénio. A construção de pontes entre direita e esquerda vê-se nos hábitos de lazer destes jovens intelectuais, cujas festas no Frágil do Bairro Alto e no Lux são frequentadas também pelos *bloggers* de esquerda. As festas, muito concorridas, cimentam amizades e contribuem para fazer prevalecer o gosto pelo convívio mundano sobre o choque ideológico direita--esquerda. O convívio gera também algumas tensões, principalmente com os intelectuais da primeira geração: Paulo Pinto Mascarenhas, por exemplo, recorda ter criticado os colegas do 31 d'Armada pela abertura excessiva aos *bloggers* de esquerda, por levantar suspeitas de passagem de informações sensíveis. Suspeitas justificadas pela sua posição no governo e que o leva a migrar do blogue de Rodrigo Moita de Deus para o de Miguel Morgado, o Cachimbo de Maigret.

Neste aspecto, Pedro Marques Lopes tem saudades do clima de hibridação da primeira blogosfera, onde, no mesmo carro, podiam viajar ele, Adolfo Mesquita Nunes, Vasco Rato, Daniel Oliveira e Fernanda Câncio, a caminho do programa da RTP Prós e Contras, para apoiar as mesmas posições sobre a despenalização do aborto, no referendo de 2007. Na sua opinião, foi uma pena a degradação desta amálgama de interacções dos blogues, das festas, das amizades pessoais, principalmente por quem, como o próprio, não consegue seleccionar as amizades em razão da cor política, sempre que não se trata de radicalismos inaceitáveis, racistas, xenófobos, homofóbicos. De facto, Carlos Guimarães Pinto testemunha o resvalar das discussões políticas, tidas ao longo de mais de uma década na blogosfera e redes sociais sucessivas, para «ressentimentos pessoais», algo perigosos porque vindos de pessoas hoje com cargos políticos importantes nos partidos do poder e da esquerda radical.[28]

O clima de convívio é testemunhado pelo percurso, daqueles anos, de Francisco Mendes da Silva. Recorda ter acabado o curso de direito em Coimbra e, em 2003, ter-se mudado para Lisboa, para estagiar na firma de advogados PLMJ, onde conhece o colega de escritório Eduardo Nogueira Pinto, também *blogger* de direita. Em Lisboa, em poucos meses, conhece pessoalmente toda a gente da blogosfera nas tertúlias e nas festas. Conhece os pioneiros Pedro Mexia e Pedro Lomba no clube Maxime, por ocasião do lançamento do livro do blogue o Meu Pipi, de Ricardo Araújo Pereira. Também Mendes da Silva confirma a grande mistura de gente de esquerda e de direita nestes eventos, todos activos na blogosfera e acomunados pela sensação de pertencerem à

---

[28] Carlos Guimarães Pinto, *A Força das Ideias*, p.51.

mesma barricada geracional, independentemente das divergências políticas. Um destes eventos, por exemplo, é o «É a cultura, estúpido», organizado pelas Produções Fictícias, no jardim de inverno do teatro São Luís, onde *bloggers* de direita e de esquerda são convidados para debates, apresentações de livros, comentários de filmes, com o *stand-up* final de Ricardo Araújo Pereira. No fim, seguem-se os jantares e as festas, onde todos convivem. Naqueles anos, por exemplo, Francisco Mendes da Silva anima o blogue Quase Famosos, sobre música, com Eduardo Nogueira Pinto, o escritor Nuno Costa Santos e Pedro Adão e Silva, na altura chefe de gabinete do líder socialista Eduardo Ferro Rodrigues. Os coetâneos progressistas vinham principalmente da ala esquerda do PS, sendo Daniel Oliveira uma excepção, pois, naquela altura, os bloquistas eram ainda bastante radicais e pouco propensos a misturas com pessoas de direita. Nestas festas, são tiradas as fotografias que, anos mais tarde, circularão nas redes sociais para denunciar a promiscuidade da bolha intelectual urbana, frequentada pelas direitas «vendidas» às esquerdas.

O cruzamento de memórias desenha um panorama em evolução na primeira década do século XXI. Por um lado, um ambiente intelectual algo descontraído, no qual a revolução da blogosfera acelera o debate entre esquerda e direita, com picos raros de zangas irremediáveis. Por outro lado, uma progressiva polarização e crispação, determinada pelas contingências internacionais e pelo consequente posicionamento da nova direita intelectual, prestes a fazer o salto da blogosfera para a imprensa *mainstream*. Este panorama serve de pano de fundo a uma das iniciativas mais maduras desta área político-cultural: a revista *Atlântico*, cujo primeiro número sai em Março de 2005.

O grupo fundador da *Atlântico* é composto por Vasco Rato, Rui Ramos, João Marques de Almeida e Luciano Amaral. A ideia é publicar uma revista diferente que preencha o vazio deixado, na editoria de direita, pela lenta agonia d'*O Independente*. O nome *Atlântico* não vem, como se chegou a pensar, da revista norte-americana *The Atlantic* — posicionada, aliás, no centro-esquerda —, mas da vontade de ancoragem ao espaço geopolítico transatlântico, no novo cenário internacional aberto pelo 11 de Setembro. A defesa intransigente da aliança Europa-EUA é central, tanto que surgiu a hipótese de intitular a revista O Ocidente, se já não tivesse existido o blogue O Ocidental.

Em termos estéticos e de conteúdo, os fundadores inspiram-se na revista de referência do meio intelectual de direita: a britânica *Spectator*, com o seu modelo de artigos de opinião e muita cultura (filmes, livros, música, gastronomia). A iniciativa surge por ocasião de um ciclo de tertúlias, organizado pelo Grupo Melo, nomeadamente por José Morais Cabral, para juntar intelectuais mais velhos da área não socialista, como Manuel de Lucena, Luís Salgado de Matos, João Bénard da Costa, António Barreto, Maria de Fátima Bonifácio, com intelectuais mais novos, como João Marques de Almeida, Vasco Rato, Rui Ramos, Helena Matos, Luciano Amaral. Através destes convívios entre ideologia, cultura e política, José Manuel de Mello pretendia promover a perspectiva liberal-conservadora em Portugal, numa versão bastante próxima do republicanismo GOP norte-americano e do conservadorismo *tory* britânico. Queria, no fundo, forjar uma elite intelectual com influência na opinião pública e nos partidos. Os financiamentos do grupo Mello permitem, assim, projectos editoriais como o livro *A Encruzilhada*, cujo objectivo era também apostar na centralidade geoestratégica de Portugal, no eixo UE-EUA, na sua qualidade de membro da União Europeia e da Aliança Atlântica.

Na senda deste ciclo de tertúlias, os participantes mais novos apresentam o projecto *Atlântico* aos financiadores do Grupo Mello, a Paulo Teixeira Pinto do banco BCP e a Jaime Lacerda do Fórum para a Competitividade, ligado à Confederação da Indústria Portuguesa (CIP). A procura de capitais privados — necessários para colmatar as previsíveis fracas entradas de publicidade e subscrições — é algo arrojado, tendo em conta a dependência do mundo empresarial português do Estado e a sua prudência crónica face a qualquer iniciativa político-cultural que possa resultar na confrontação do poder instalado. São estes os anos do governo socialista de maioria absoluta de José Sócrates, perante o qual o mundo empresarial assume uma dupla postura. Por um lado, os que não querem de todo ostracizar o governo, só por fazer um favor aos políticos ou aos intelectuais de direita. Por outro, os que procuram uma iniciativa editorial crítica do modelo socialista de Estado pesado e de política externa não estritamente ocidentalista.

Esta última componente representa uma janela de oportunidade para o êxito da procura de financiadores. O primeiro número da *Atlântico* sai a 31 de Março de 2005, poucos dias após a tomada de posse de José Sócrates como primeiro-ministro, e com o meio da direita ainda desnorteado pelo abandono repentino do cargo por Durão Barroso e pelo afundamento do governo Santana Lopes por intervenção do Presidente da República Jorge Sampaio.

Nas primeiras reuniões do Conselho Directivo da revista — alargadas a João Bénard da Costa, António Barreto e Manuel de Lucena — surge a hipótese de este último ser o primeiro director da revista. A escolha final, todavia, recai sobre a jornalista Helena Matos, não orgânica ao grupo fundacional, mas apreciada pela sua escrita heterodoxa, embora ainda não tão conotada com a direita como hoje nas páginas do *Observador*.

A *Atlântico* surge como projecto de direita, mas abre o seu leque de colaboradores a intelectuais de proveniência mais ampla, externos à esquerda socialista, interessados numa alternativa cultural de liberalização de Portugal ou conhecidos pela veia provocadora, como Maria Filomena Mónica e Maria de Fátima Bonifácio. Atenção particular é dada aos intelectuais mais novos, emergentes da blogosfera, em particular aos com posições fortes pró-Ocidente e pró-Israel. Aliás, a defesa incondicional do Estado de Israel como baluarte do mundo livre no bloco árabe serve de fronteira não só em relação à esquerda radical, mas também à direita radical, ainda marginal em Portugal, mas tradicionalmente anti-sionista, ou seja, segundo a direita liberal-conservadora, anti-semita encapotada.

No grupo redaccional as sensibilidades são diferentes. Vasco Rato é mais atraído pela perspectiva geopolítica de uma revista ocidentalista, ao passo que Luciano Amaral — próximo de Rui Ramos desde o fim dos anos 1990 pela frequência comum das conferências académicas da área da História — está mais interessado no aspecto cultural de uma revista assumidamente liberal, na senda das folhas internacionais de referência como a *Spectator* e a *National Review*. No fundo, trata-se de reproduzir, em Portugal, aquele filão editorial de divulgação, intelectual mas não académico, à moda anglo-saxónica, que todos eles liam com regularidade, para formar os mais novos e, ao mesmo tempo, influenciar os partidos de centro-direita. Esta orientação é assumida, em particular, pelo sucessor de Helena Matos na direcção da revista, Paulo Pinto Mascarenhas, que aceita o convite de Rui Ramos e Victor Cunha — com o qual compartilha hoje actividade numa importante consultora de comunicação — para montar um projecto eficaz de combate cultural, de combate de ideias, estimulante também para os partidos políticos, independentemente das respectivas agendas.

Com a direcção Mascarenhas, o conselho editorial da revista continua nas mãos de Rui Ramos, Luciano Amaral e Helena Matos, os mais velhos afastam-se e o novo director investe decididamente na promoção da geração dos blogues, graças à rede montada com O Acidental. Com ele, por exemplo, Bernardo Pires de Lima e Henrique Raposo passam das recensões de livros para a coluna de opinião e entram na *Atlântico* também Adolfo Mesquita Nunes, Rodrigo Moita de Deus, Maria João Marques, Pedro Marques Lopes, Miguel Morgado, Eduardo Nogueira Pinto, Alexandre Homem Cristo e Pedro Lomba.

Para muitos deles, a revista é chamativa pela linha ideológica, mas principalmente pela oportunidade de projecção pública, passando a escrever sobre livros, cinema, música, cultura em geral. Os mais novos tinham sido alunos dos fundadores da *Atlântico* ou seus colaboradores. Henrique Raposo, por exemplo, tinha estagiado no IDN durante a presidência de João Marques de Almeida, destacando-se pela irreverência da escrita. Nestes anos, Henrique Raposo centra a carreira académica na área das relações internacionais, interessando-se pela crise geopolítica da Europa, perante a deslocação do centro ocidental norte-americano para o Pacífico. Este será o tema da tese de mestrado, orientada por Rui Ramos e defendida, em 2008, perante um júri presidido pelo próprio Marques de Almeida. Durante o estágio no IDN, Henrique Raposo começa a conhecer pessoalmente os intelectuais de direita da blogosfera: os seus textos publicados no Acidental circulam na Internet aumentando a sua notoriedade, até ser convidado, por Rui Ramos e João Marques de Almeida, a integrar a *Atlântico*, graças às suas posições muito firmes na celebração do Ocidente e na denúncia do relativismo cultural, do politicamente correcto, do antiamericanismo e do anti-israelismo.

Diferentemente da estratégia portista com *O Independente*, Paulo Pinto Mascarenhas não tenciona utilizar a *Atlântico* para preparar o terreno para colonizar um partido. Não há um projecto, montado com os mais jovens, para influenciar de forma orgânica os partidos de centro-direita ou até para criar algum novo. O intuito é consolidar a direita, através de uma rede de pessoas activas nos eixos cultural e ideológico, para contrariar as acusações das esquerdas de falta de densidade intelectual. Para Henrique Raposo, o intuito era produzir uma revista que, na senda da *Spectator*, desenvolvesse um olhar permanente sobre as coisas, uma presença cultural constante.

O projecto editorial tenta também diversificar-se: em Maio de 2006 inicia uma colaboração com a Rádio Europa Lx (90.4) com a transmissão de «Descubra as Diferenças» e promove a nova agenda da direita liberal-conservadora através dos ciclos de debates «Compromisso Portugal», «Noites à Direita. Projecto Liberal» e «Atlântico ao Vivo». O «Compromisso Portugal» é um grupo de reflexão animado por Rui Ramos e António Carrapatoso que promove eventos — por exemplo, um encontro sobre as direitas, coordenado pelo empresário Pedro Ferraz da Costa —, com o intuito de formar uma sociedade pronta para se libertar do «paternalismo» do Estado. As palavras de ordem do «Compromisso Portugal» são a flexibilização da economia e das leis laborais, a liberalização da sociedade civil, na saúde, na educação e em todos os domínios onde não é preciso o monopólio do Estado (únicas excepções: a soberania, a segurança e defesa e a política internacional). O «Compromisso Portugal» funciona em forma de convenção, de assembleia, não tendo Portugal a tradição dos *think tanks* anglo-saxónicos que produzem estudos para os partidos políticos.[29] O «Noites à Direita. Projecto Liberal», por seu lado, é um ciclo de tertúlias com políticos de renome como António Borges, António Pires de Lima, Daniel Bessa, intelectuais como Vicente Jorge Silva, António Mega Ferreira, Pedro Mexia, e académicos como Luciano Amaral, Rui Ramos, Pedro Lomba.[30]

O novo impulso da revista alcança resultados satisfatórios: com cerca de 4000 exemplares vendidos por cada número, os temas tratados pela *Atlântico* conquistam alguma atenção por parte da restante comunicação social.

---

[29] Rui Ramos e António Carrapatoso, *Atlântico*, Setembro de 2006.

[30] Paulo Pinto Mascarenhas, *Atlântico*, Setembro de 2006.

A função da *Atlântico* como folha de combate de direita para os jovens do século XXI é clara desde as primeiras intervenções dos colaboradores mais novos. José Pedro Zúquete, na altura doutorando na Universidade de Bath (Estados Unidos), por exemplo, estigmatiza os complexos da direita portuguesa, sempre receosa de ser rotulada de salazarista e por isso perdedora, desde o 25 de Abril, por ter desertado o combate cultural e deixado a hegemonia à esquerda, com prejuízo para a democracia portuguesa. Para o jovem autor, a menoridade da direita no campo das ideias repercute-se também no campo partidário, em que os partidos históricos e até os mais recentes — é o caso do Partido da Nova Democracia (PND) de Manuel Monteiro — tudo fizeram para incluir a palavra «democracia» no nome. A consequência é ter deixado que a esquerda — derrotada no plano político, com a queda do comunismo e o avançar do neoliberalismo —, ganhasse no plano cultural, com a ocupação dos *media* e do ensino público. Assim, na direita nacional do começo do século XXI não existe nada parecido com a pujança de um Bloco de Esquerda (BE). Não há uma rede organizada. Quando muito, existem vozes desorganizadas, mais ou menos carrancudas, mas sem aquele carácter orgânico que permita falar de um projecto para a geração do pós-25 de Abril à procura de uma proposta anticonformista e rebelde, contra a nova ortodoxia dominante pós-marxista do politicamente correcto.[31]

A revolta destes jovens de direita contra a correcção política no princípio do século XXI não é uma chamada à radicalização ideológica. Muito pelo contrário, os colaboradores da *Atlântico* alertam contra o perigo de aproveitamento, por parte do populismo de direita, de temáticas deixadas sem resposta pelos liberais e pelos conservadores. Henrique Raposo, por exemplo, encontra a quintessência da correcção política no mito do multiculturalismo, negação do verdadeiro cosmopolitismo. O politicamente correcto impede, hoje, de se falar dos problemas da imigração, para não se correr o risco de ser rotulado de racista, de neocolonialista, de extremista de direita. Através da chantagem moral, a esquerda ocupa o espaço do debate público e impõe a figura do migrante não como um cidadão igual aos demais, nos direitos

---

[31] José Pedro Zúquete, *Atlântico*, 28 de Julho de 2005.

e nos deveres, mas como um refugiado titular de um estatuto especial, destinatário de subsídios. Esta dominação cultural das esquerdas é co-responsável pela realidade social deixada medrar nalgumas periferias da área metropolitana de Lisboa, onde — à semelhança do que se passa em França — as segundas e terceiras gerações de cidadãos nascidos em Portugal de pais estrangeiros não se integram culturalmente, nem sequer na aprendizagem da língua portuguesa, porque a assimilação é apontada como uma forma de etnocídio cultural supremacista. A esquerda é, assim, responsável pelos guetos multiculturais onde cresce o repúdio do Ocidente entre jovens desenraizados tanto do lugar de origem dos progenitores, quanto do lugar físico de nascença. Se é verdade que ninguém é obrigado a gostar e respeitar a cultura e a comunidade do país onde nasceu, também é verdade que o multiculturalismo impõe uma obrigação moral: aos ocidentais, a obrigação de ter vergonha de si e do seu legado histórico; aos não-ocidentais, a obrigação de preservar o orgulho das culturas de origem. Henrique Raposo define esta cultura pós-moderna de «comunitarismo reaccionário», no qual é possível encontrar todos os ingredientes do romantismo do século XIX de um Johann Herder, de um Ferdinand Tönnies, de um Johann Fichte: o culto do Eu, a primazia da comunidade e da cultura, a crítica da razão iluminista, a recusa da ciência universal e da civilização mecânica anglo-saxónica. Nas directrizes da *Kultur* e do *Volke* convergem, hoje, a velha direita e a nova esquerda, portadoras de um nacionalismo identitário agressivo.

A partir de Maio de 1968, parte da esquerda recupera o conceito de etnicidade que se pensava sepultado sob os escombros do nacionalismo fascista. Com a queda do Comunismo, em 1989, esta esquerda substituiu Karl Marx com Jean-Jacques Rousseau e a economia com a cultura: o novo sujeito antagonista contra o Ocidente é, hoje, o bom selvagem que deve ser protegido da assimilação corruptora imposta pelo dominador. O relativismo moral, promovido pela esquerda para se servir dos indivíduos em função antiocidental, é profundamente paternalista por tratar os imigrantes não como sujeitos autónomos, capazes de determinar a sua vida, mas como crianças indefesas, coagidas pelo Ocidente. Por sua vez, o Ocidente, demonstra ser vulnerável a este relativismo, tolerando, por exemplo, a vigência da lei da Sharia nalgumas comunidades muçulmanas em terras europeias, para evitar a acusação de racismo. Portugal não é imune a este fenómeno. Neste sentido, Henrique Raposo aponta a intervenção da esquerda — em particular da Associação para o Planeamento da Família — aquando da discussão da lei contra a mutilação genital feminina, no sentido de não estigmatizar a complexidade cultural das comunidades africanas. Na opinião do autor, esta postura paternalista discrimina as meninas com base na origem étnica, negando-lhes a protecção por parte do Estado de direito. Para Henrique Raposo, o relativismo epistemológico no processo de conhecimento do outro não pode implicar o relativismo moral: a dignidade humana é o chão comum e não pode ser sacrificado face a qualquer valor cultural. O direito natural deve prevalecer sobre qualquer direito romântico multiculturalista. A liberdade individual tem supremacia sobre a moral do comunitarismo multiculturalista. O Estado, com a sua constituição iluminista, não deve deixar espaços vazios no território nacional para o florescimento de moralidades diferentes, ancoradas em particularismos identitários. O princípio bio-étnico-comunitário deve ser rejeitado, venha ele da direita radical clássica ou da nova esquerda pós-materialista. A constituição iluminista igualitária, e não a origem étnico-racial diferencialista, determina os direitos. O direito à diversidade não pode ser sinónimo de diversidade de direitos.

Neste sentido, o multiculturalismo da esquerda pós-materialista faz o jogo da extrema-direita de sempre, reaccionária, romântica, anti-iluminista, antiuniversalista, pois o identitarismo das minorias provoca a reacção identitária das maiorias, cavalgadas pelos populismos de extrema-direita. O populismo de direita de um Pim Fortuyn (líder holandês anti-islâmico), estigmatizado até ao seu assassinato em 2002, é hoje celebrado porque encarnado pelo cineasta Theo van Gogh, assassinado em 2004 por um radical islâmico. Por isso, segundo Henrique Raposo, os moderados do centro político têm de incorporar na sua agenda o tema das migrações, para o retirar aos extremistas que aproveitam o vazio deixado por liberais e conservadores amedrontados.[32]

Para o futuro colunista do *Expresso*, entre a crítica ao relativismo cultural e ao multiculturalismo, e o apoio ao discurso nacionalista,

---

[32] Henrique Raposo, *Atlântico*, 24 de Novembro de 2005.

existe o patriotismo constitucional liberal, no qual o próprio se reconhece, avesso a qualquer tipo de generalização comunitária das minorias étnicas. Não existem os ciganos ou os muçulmanos, mas, apenas, indivíduos com direitos e deveres iguais. Reconhecer e resolver os problemas ligados à presença muçulmana na Europa, fugindo ao politicamente correcto, não significa liquidar os indivíduos. O problema islâmico na Europa é um problema de integração nos valores ocidentais. O erro da esquerda é a inconsequência entre, por um lado, a defesa dos direitos dos homossexuais e das mulheres e, por outro lado, o sonegar, politicamente correcto, o machismo e a homofobia presentes na cultura islâmica. Esta constatação não tem nada a ver com o populismo de direita de uma Marine Le Pen, por exemplo, cujo humanismo é só para os franceses, ou seja, excludente do ponto de vista étnico, por estigmatizar um grupo inteiro de indivíduos em razão da sua pertença étnica. A abordagem certa é, pelo contrário, a resolução dos problemas concretos, específicos, vividos nos bairros e não a identificação do problema com todo um grupo humano. Isso significa rejeitar a ideia de que o Islão tenha de ficar fora da Europa. O Islão deve entrar na Europa, porque a Europa deve ser um *melting pot* como os Estados Unidos da América e também porque a Europa precisa da imigração, integrada nos mesmos direitos e deveres dos autóctones. A presença islâmica na Europa, portanto, vai ao encontro dos valores e dos interesses da Europa liberal.

Na mesma linha, quinze anos mais tarde, Maria João Marques insistirá sobre o tema sensível das mulheres muçulmanas na Europa e sobre a hipocrisia do combate ao machismo da extrema-direita, mas não ao machismo nas comunidades islâmicas. Para a colunista do *Público*, a luta contra o machismo deve visar tanto a extrema-direita islamófoba e xenófoba, quanto a opressão da mulher muçulmana na Europa, na senda da crítica feminista ao relativismo cultural.[33]

Neste sentido, fechar a janela de oportunidade aos populistas de direita não significa escamotear os termos do debate. O multiculturalismo radical é um ingrediente do marxismo cultural, goste-se ou não deste conceito. Ao apresentar o livro de Anthony Browne de 2006

---

[33] Maria João Marques, *Público*, 25 de Agosto de 2021.

sobre o politicamente correto, Henrique Raposo aponta-o como a arma da «esquerda caviar» e do marxismo cultural, para pintar o ocidental sempre e só como o mau da fita, silenciando até evidências empíricas como o crescente anti-semitismo na Europa, alimentado por jovens islâmicos e não por neofascistas. O antigo insulto de «fascista» é hoje substituído pelo de «racista», embora seja a própria correcção política o vector mais eficaz de racialização dos cidadãos, constantemente catalogados em minorias étnicas antagónicas.[34] João Pedro Teixeira Fernandes sublinha a diferença que intercorre entre a realidade das metrópoles modernas, habitadas por cidadãos de diferentes culturas e etnias, e o multiculturalismo prescritivo e normativo, que molda políticas públicas ao sabor dos direitos particulares vinculados às identidades étnico-culturais.

Este multiculturalismo tem origem nos chamados «estudos culturais», desenvolvidos nas trincheiras académicas da esquerda para a conquista gramsciana da hegemonia cultural. É o caso da Escola de Birmingham (Stuart Hall, Richard Hoggart, Raymond Williams) dos anos 1950 no Reino Unido e da Escola de Frankfurt (Max Horkheimer, Theodor Adorno, Herbert Marcuse, Walter Benjamin) na Alemanha. As ideias da inexistência da neutralidade do Estado liberal perante as diferenças étnico-raciais e da consequente opressão estrutural, a ideia da não hierarquização e da incomensurabilidade entre as culturas como base do relativismo cultural, ainda não penetraram a fundo no Portugal do princípio do século XXI. Paradoxalmente, a ausência de debate pode facilitar a permeabilidade das políticas públicas a estas ideias, manuseadas por um punhado de intelectuais e políticos de esquerda, desejosos de implantar, também em Portugal, o modelo multicultural estrangeiro, indiferentes ao facto de que alguns Estados, já imbuídos desta ideologia, estão a tentar reverter o caminho (Estados Unidos, Áustria, Holanda).[35]

O tema do relativismo cultural como arma antiocidental da esquerda é um dos cavalos de batalha da revista *Atlântico*, desde os primeiros números. O fundador da revista, Vasco Rato, reconhece a consciência

---

[34] Henrique Raposo, *Atlântico*, Julho de 2006.

[35] José Pedro Teixeira Fernandes, *Atlântico*, 29 de Dezembro de 2005.

da área liberal-conservadora acerca da importância da batalha cultural contra o identitarismo de esquerda, mas, também, da inconsistência do etno-nacionalismo de direita, num país como Portugal, onde o mito da nação multirracial, multirreligiosa, universalista, continuava firme, até nos meios nacionalistas.

No número treze da revista, João Pereira Coutinho apresenta o livro *Impasses*, de 2003, da autoria de Fernando Gil, Paulo Tunhas e Daniel Cohn, como uma chamada aos ocidentais para cessarem as lamúrias decadentistas e encararem com vigor a ameaça terrorista e o derrotismo interno. Para o jovem intelectual conservador, desde 2001 que o Ocidente está surdo e mudo perante o que se passa à sua volta com o radicalismo islâmico. A doença afunda raízes ainda na revolução iraniana de 1979, que inaugurou o projecto totalitário do *Ayatollah* Khomeini, para expulsar o Ocidente das terras de Alá e expandir mundialmente o Islão. O integralismo islâmico representa, hoje, a pior ameaça ao Ocidente após o comunismo e o nazismo. E, contudo, o silêncio do Ocidente face ao islamismo contemporâneo não é comparável ao silêncio perante o nazismo dos anos 1920 e 1930. Nas primeiras décadas do século XX, a chacina da Primeira Guerra Mundial e o anticomunismo de Adolf Hitler tornavam a prudência ocidental algo racional, ao passo que, neste princípio de século XXI, não existe qualquer justificação para vacilar perante os terroristas. Deixar o inimigo avançar sem reacção é pura irracionalidade, é puro suicídio. Perante os pregões claros dos islamistas de quererem conquistar e submeter o Ocidente, os ocidentais perdem-se na autoflagelação pelas suas culpas, pelas culpas de Israel, pelas responsabilidades nas injustiças no mundo. Este clima de recuo, de cobardia, de rendição é o ideal para a agressividade dos inimigos do Ocidente.[36]

A ofensiva anti-islamista da revista *Atlântico* faz com que alguns dos seus colaboradores olhem com atenção às realidades emergentes no mundo muçulmano, aparentemente avessas ao fanatismo. Significativas são, a este propósito, as aberturas em relação ao primeiro-ministro da Turquia, Recep Tayyip Erdoğan, eleito em 2003 e considerado, hoje, um dos emblemas das «democraturas» iliberais. Em 2007, por exemplo,

[36] João Pereira Coutinho, *Atlântico*, Setembro de 2006.

Vasco Rato sossegava as direitas preocupadas com o islamismo do partido de Erdoğan (o AKP, Partido da Justiça e Desenvolvimento) e apresentava o primeiro-ministro turco como um político realista, protagonista da democratização do país, graças à sua acção de limitação da ingerência dos militares kemalistas na vida política e civil. A constante ameaça golpista dos militares é o verdadeiro anacronismo da Turquia, explicado pela defesa não da laicidade, mas dos privilégios da casta castrense. Para o fundador da *Atlântico*, aliás, a elite militar turca representa o maior impedimento à adesão da Turquia à União Europeia, devido ao seu nacionalismo soberanista, incompatível com as imposições de Bruxelas. O primeiro-ministro Erdoğan, pelo contrário, aparenta estar muito mais disponível à adaptação do aparato legislativo turco ao europeu comunitário. Posição até apreciada em Bruxelas, como evidenciado pela condenação imediata, por parte da UE, do golpe militar de 27 de Abril de 2007. Para Vasco Rato, os perigos da integração turca — principalmente o demográfico, com o impacto de milhões de muçulmanos na identidade civilizacional europeia, e o económico, com os atrasos turcos em muitas áreas dependentes das futuras ajudas dos parceiros europeus — são contrabalançados por vantagens importantes: a aceleração da democratização turca é estratégica para o Ocidente, porque afasta o país das ditaduras autocráticas do Médio Oriente e fortalece o conúbio entre democracia e Islão. Estes processos reforçam sensivelmente a defesa da fronteira meridional da Europa e representam uma alternativa válida ao nacionalismo chauvinista dos militares e aos fundamentalistas islamistas.[37]

Na mesma linha de Vasco Rato, Henrique Raposo considera a Turquia já Ocidente desde 1952, quando se tornou membro da NATO. O jovem colaborador da *Atlântico*, contudo, não se limita às considerações de *realpolitik*: a importância geoestratégica da Turquia para a Europa, o seu papel de possível aliado dos parceiros menores da UE como Portugal, a sua função de ponte para a importação de recursos energéticos do Cáucaso e da Ásia central, contornando a Rússia. Raposo aponta a contribuição da integração turca para fortalecer a concepção cívica e liberal do projecto europeu. A Turquia cabe na

---

[37] Vasco Rato, *Atlântico*, Junho de 2007.

União Europeia porque a UE deve ser uma aliança de democracias liberais e não uma unidade federal ou civilizacional. Deve ser um espaço de partilha de regras legislativas e constitucionais e não uma casa comum do homem branco, cristão, identitário. A UE deve ser, hoje, vector de democratização do Islão, assim como o foi ontem em relação às ditaduras de direita da Europa do Sul e às de esquerda da Europa de Leste. O projecto europeu não deve ser identitário e confessional, mas laico e político, integrando a Turquia, assim como fez o Império Romano.[38] O posicionamento de Vasco Rato e Henrique Raposo expresso na *Atlântico* não é património comum de todos os colaboradores. Muitos deles mantêm fortes reticências em relação a Erdoğan: já na sua primeira eleição, em 2003, a direita portuguesa considerava o nacionalismo laico kemalista dos militares menos suspeito que o confessionalismo dos civis. Na revista, esta linha é defendida por Bernardo Pires de Lima, convicto opositor da integração da Turquia na UE. Para o futuro conselheiro político do Presidente da República Marcelo Rebelo de Sousa, a potência demográfica da Turquia representa, dentro da UE, uma subversão completa não só dos equilíbrios culturais, mas também dos institucionais, quando Ancara for membro dominante nos organismos europeus. Além disso, a adesão da Turquia representa um precedente para as futuras adesões de Israel, Marrocos, Tunísia e Argélia, com impacto definitivo na identidade europeia, geográfica, religiosa e cultural. A prioridade da Europa deve ser consolidar o que já uniu e alargar-se aos países balcânicos, abandonando qualquer perigoso idealismo extraeuropeu.[39] Entre os colaboradores da *Atlântico*, é, sem dúvida, mais comum a salvaguarda da identidade euro-ocidental, na senda da análise de Paulo Tunhas, para o qual esta identidade, feita de arte, de filosofia, de religião, de música, com todas as suas contradições, compõe o substrato harmónico da democracia actual. O cristianismo é parte deste magma comum, negado hoje só pelo cientismo, seja ele marxista (e suas derivações) ou liberal (de cunho hayekiano).Na esfera religiosa, o integralismo islâmico é o «outro» inassimilável, pela violência declarada que reserva aos inimigos de

---

[38] Henrique Raposo, *Atlântico*, Julho de 2007.

[39] Bernardo Pires de Lima, *Atlântico*, Julho de 2007.

carne e osso: os judeus e os infiéis ocidentais.[40] Em Julho e Agosto de 2007, aliás, a *Atlântico* publica uma longa entrevista com a intelectual israelita Bat Ye'Or, autora do famoso livro *Eurábia,* e uma análise do director Paulo Pinto Mascarenhas sobre Israel como única democracia do Médio Oriente, tantas vezes incompreendida e maltratada no mundo ocidental.De facto, muitos colaboradores da *Atlântico* consideram o laicismo agressivo um tiro de pólvora seca contra o islamismo.

André Azevedo Alves, na altura doutorando na London School of Economics, analisa a idiossincrasia da cultura britânica contra os políticos que falam publicamente de Deus e estigmatiza o secularismo como indicador do falhanço do multiculturalismo. Para o jovem correspondente de Londres, uma parte consistente das elites europeias considera o secularismo progressista como ideologia de Estado a resposta mais eficaz à expansão do radicalismo islâmico na Europa, num contexto continental de migrações extra-europeias de massa, de declínio demográfico e de falência do Estado social. A realidade empírica demonstra exactamente o oposto: os Estados mais empenhados no ataque à identidade cristã da Europa e na laicização das sociedades são os que mostram maiores problemas de integração das comunidades muçulmanas, até mais graves nas gerações mais novas, já nascidas em território europeu. A blindagem do debate público — na senda dos ensinamentos de John Rawls —, através da normatividade laica, racionalista, progressista e da relegação das orientações religiosas e tradicionais apenas no espaço privado, adquiriu um cariz cada vez mais intolerante e ineficaz face aos problemas que pretende evitar.[41]

A crítica ao multiculturalismo e à autoflagelação do Ocidente por parte dos colaboradores mais novos da *Atlântico* inscreve-se na linha dos colegas mais velhos, cujo tom, aliás, costuma ser até mais cáustico. É o caso dos textos de Maria de Fátima Bonifácio, que, nas páginas da revista, aborda o tema da mudança demográfica testemunhada ao vivo, desde as suas primeiras viagens a Londres — onde cidadãos negros e indianos eram excepções numa sociedade maioritariamente branca, com costumes brancos — até às actuais, onde os bairros com

---

[40] Paulo Tunhas, *Atlântico*, Julho de 2007.

[41] André Azevedo Alves, *Atlântico*, Agosto de 2007.

minorias brancas se tornaram realidades. A historiadora reconhece que a transferência populacional do Terceiro Mundo para o Primeiro Mundo satisfaz os interesses materiais da Europa, cujo envelhecimento demográfico acelerado impacta o seu modelo de segurança social. Este pragmatismo é patente no mantra da integração que caracteriza as políticas públicas europeias das últimas décadas. O voluntarismo europeu, contudo, esbate-se com a realidade das comunidades imigrantes que, pelo contrário, tendem a resistir à integração, contribuindo para a criação de guetos identitários permeáveis, entre outras coisas, à radicalização islâmica.

Em Portugal, a resistência à integração interessa principalmente às comunidades autóctones ciganas, que procuram o apoio do Estado em termos de subsídios e de habitação, mas rejeitam a assimilação plena dos valores de cidadania, nomeadamente no que diz respeito à escolaridade obrigatória dos menores e aos direitos das mulheres. A fragilidade do multiculturalismo reside, exactamente, na convicção dos seus arautos de que os imigrantes querem não apenas ganhar dinheiro, mas também assumir a cultura europeia. Pelo contrário, os imigrantes estão muito bem enraizados nas respectivas culturas — que consideram até preferíveis à ocidental —, pois o humanismo e o relativismo europeus não despertam neles qualquer interesse. E aqui emerge toda a hipocrisia da elite intelectual e política portuguesa que apregoa a miscigenação social, comodamente instalada nos seus apartamentos da Lapa, do Bairro Azul, do Príncipe Real. Para Maria de Fátima Bonifácio, a Europa já não será a mesma quando a população extraeuropeia for a maioria e, contudo, este suicídio civilizacional é inexorável e sem solução perante as necessidades do declínio demográfico.[42]

De facto, a linha editorial da *Atlântico* afasta-se do radicalismo exactamente por balançar a sua crítica firme à ideologia multiculturalista com o reconhecimento realista das mudanças sociais intercorrentes na Europa. João Marques de Almeida, por exemplo, diferencia o nacionalismo político do nacionalismo cultural. Já há muitos anos, Portugal abriu-se aos novos e aos velhos imigrantes, criando, assim, uma divergência entre os portugueses de origem e os cidadãos

---

[42] Maria de Fátima Bonifácio, *Atlântico*, Julho de 2006.

integrados na democracia nacional. Hoje, Portugal é culturalmente mais heterogéneo e os cidadãos de culturas diferentes, perfeitamente integrados na sociedade, devem ser considerados membros da Nação política. Enquanto Nação política, Portugal é hoje cosmopolita. Por isso precisa de um nacionalismo que não se esgote na nação cultural. A identidade cultural portuguesa já não é suficiente para definir a identidade política portuguesa. A direita liberal, portanto, deve saber formular um «nacionalismo internacionalista», baseado nos valores universais inscritos nas constituições do Ocidente.[43] A distância sideral face ao anti-imigracionismo radical é patente também na veiculação de análises típicas das forças centristas e até de esquerda.

Para Pedro Lomba, por exemplo, o aumento da imigração em Portugal, vinda da Europa de Leste, do Brasil, de África deve-se ao facto de os portugueses, mesmo quando desempregados, já não quererem fazer certos trabalhos, como gasolineiros, empregados da restauração ou hotelaria, ou empregados domésticos. Os portugueses consideram-se já demasiado qualificados e aptos apenas para trabalhos mais especializados e bem remunerados. Por isso, os imigrantes são a solução para a falta de mão-de-obra e para a crise demográfica. As situações de ilegalidade e irregularidade são causadas principalmente pela rigidez das leis do trabalho, cuja liberalização é indispensável para o crescimento económico e para o combate ao populismo de extrema-direita, em crescimento na Europa.[44] Entre os países berço do populismo de direita, Lomba inclui, em 2007, a Polónia dos gémeos Jarosław e Lech Kaczyński, fundadores do partido Lei e Justiça (PiS). Nestes anos, contudo, ainda não estamos no auge da polémica entre União Europeia e os seus membros do Grupo de Visegrado, devido ao modelo de democracia iliberal, pelo que a *Atlântico* não toma uma posição unívoca.

Bernardo Pires de Lima, por exemplo, ao criticar o «populismo raivoso» dos irmãos Kaczynskis nas negociações entre Varsóvia e Bruxelas — a vitimização dos polacos por alegadas culpas europeias na desgraça do país, desde 1945 —, alerta para a preocupante

---

[43] João Marques de Almeida, *Atlântico*, Julho de 2006.

[44] Pedro Lomba, *Atlântico*, Julho de 2006.

e crescente hostilidade dos novos parceiros da Europa de Leste com o modelo democrático europeu, apesar do anseio destes em aderir à UE e à NATO.[45] Por outro lado, Henrique Raposo também censura o «populismo desonesto» do primeiro ministro Jaroslaw Kaczynski, mas reconhece as razões históricas desta desconfiança polaca em «salsa» populista, face ao eixo Russo-Alemão (Berlim e Moscovo tinham acordado a construção de um gasoduto externo ao território polaco).[46] Nestes anos, a *Atlântico* mostra, assim, maior atenção à emergência de novos líderes das direitas europeias que não ao perigo populista que possa espreitar atrás das suas costas.

Em várias ocasiões, os jovens intelectuais da revista denunciam o rótulo de «populista» apenas como um abuso da esquerda para estigmatizar os líderes bem-sucedidos das direitas. É o caso de Silvio Berlusconi, considerado, por Bernardo Pires de Lima, menos um caso de populismo de direita radical e mais o de um empresário dedicado à política, consciente das potencialidades dos *media*, assim como o foi Ross Perot nos Estados Unidos, na primeira metade dos anos 1990. Paradoxalmente, no Ocidente, o conceito de populismo, aplicado à esquerda, é sinónimo de inovação, modernidade, democracia, ao passo que, colado à direita, é sinónimo de ameaça para a democracia, mesmo quando se trata apenas de respostas inovadoras às falhas dos sistemas políticos, através da utilização das novas ferramentas mediáticas, comunicacionais e de estratégia política.[47]

Saber analisar correctamente os novos actores políticos de direita, rejeitando o maniqueísmo da esquerda, é fundamental para seleccionar as mais-valias para a direita liberal europeia. Deste ponto de vista, a *Atlântico* saúda — nas palavras de Henrique Burnay — o possível eixo Paris-Berlim-Londres, entre Nicolas Sarkozy, Angela Merkel e David Cameron, suportado por Durão Barroso em Bruxelas, como frente liberal, garante da viragem à direita, com a modernização das leis laborais e da economia, mas também com a salvaguarda do Estado social.[48]

---

[45] Bernardo Pires de Lima, *Atlântico*, Agosto de 2007.

[46] Henrique Raposo, *Atlântico*, Agosto de 2007.

[47] Bernardo Pires de Lima, *Atlântico*, 24 de Novembro de 2005.

[48] Henrique Burnay, *Atlântico*, 29 de Dezembro de 2005.

A selecção dos referentes políticos europeus da direita liberal e conservadora não procura, contudo, um modelo único para ser reproduzido em Portugal. Cada país europeu possui características próprias — os conservadores britânicos não são os conservadores polacos —, mas as experiências estrangeiras podem dar lições para o combate nacional.

Bernardo Pires de Lima, por exemplo, considera David Cameron um actor interessante da chamada nova direita britânica, neste começo do século XXI, que pode ensinar à direita portuguesa como conquistar o centro, combinando os pilares da agenda conservadora com certas reivindicações dos movimentos sociais das minorias e das mulheres. A fórmula é o *modern compassionate conservatism*: a combinação entre os princípios conservadores e as políticas liberais nas áreas da saúde e da educação, herdadas do governo de Tony Blair. Uma fórmula que, curiosamente, uma década mais tarde, Miguel Morgado descartará como antítese do seu conservadorismo do futuro, alternativo ao conservadorismo dos últimos dois séculos.

Para Morgado, há um conservadorismo histórico, tradicionalista, fruto da reacção à Revolução Francesa e que não quer mexer no passado. E há um conservadorismo do presente, fruto da reacção ao comunismo e que almeja apenas salvaguardar o que nos é familiar agora. Os dois são caducos, fracos, inúteis para uma época de mudanças rápidas, em que práticas imemoriais e preconceitos atávicos já não são protegidos pela dinâmica social lenta do passado.[49]

Uma perspectiva diferente da de Pedro Lomba que reconhece a sua predisposição para o tradicionalismo, mais que para o conservadorismo, no sentido da preservação não das hierarquias e das injustiças sociais, mas das tradições da sociedade, que permeiam a cultura e as instituições. Um elogio da tradição num sentido comunitarista, como preservação de algo valioso que nos foi legado pela geração anterior e que vale a pena entregar à geração vindoura. Uma perspectiva crítica do individualismo liberal, preocupado mais com os direitos do indivíduo, aqui e agora. O conservadorismo do futuro de Miguel Morgado, pelo contrário, não recupera uma fórmula já batida, mas renova-se a cada

---

[49] Miguel Morgado, *O Conservadorismo do Futuro e Outros Ensaios.*

momento, salvaguardando os elementos bons herdados do passado e os que o futuro nos trará a nós ou aos nossos filhos.

Em 2005, contudo, Pires de Lima vê no *modern compassionate conservatism* o instrumento melhor para liquidar, de vez, a direita tradicional lusitana. Este é o desejo da sua geração, já expresso claramente por Adolfo Mesquita Nunes no artigo «Geração órfã» publicado no *Independente*. Uma geração sedenta de representatividade política, para modernizar a direita portuguesa e dar cabo do centrão já indigesto.[50]

Entre os novos protagonistas europeus de direita, Francisco Mendes da Silva salienta o recém-eleito Presidente da República de França, Nicolas Sarkozy. O antigo ministro do Interior francês — polémico, em 2005, por ter apelidado de *racailles* (escumalha) os contestatários das *banlieues* — é apreciado pela ousadia de assumir, na campanha presidencial de 2007, um discurso de ruptura face à hegemonia cultural da esquerda, com os seus ingredientes de progressismo, igualitarismo, paternalismo estatal, ressentimento de classe, maniqueísmo contra os ricos e mito rousseauniano do bom selvagem. O jovem colaborador da *Atlântico* não alinha com as críticas de certa direita contra Sarkozy — errático, calculista, incoerente, autoritário, desbocado, dúbio no seu liberalismo —, pois aprecia nele o pragmatismo em prol da estabilidade, através da flexibilidade e da capacidade de adaptação às circunstâncias, típico dos grandes estadistas como Winston Churchill. O discurso de Sarkozy, vocacionado para um eleitorado abrangente, pode sofrer de incoerências e contradições, mas resulta mais natural e funcional que as fórmulas mágicas perfeitamente coerentes de ressurgimento nacional. O seu aspecto mais controverso — o aceso securitarismo — deve inspirar a direita portuguesa para perceber que não há temas proibidos, mas sim soluções que se coadunam ou não com os princípios da democracia, do humanismo, do liberalismo. Nicolas Sarkozy rompe a convergência centrista do politicamente correcto, através de um discurso de direita liberal-democrática franco, ganhador e, principalmente, eficaz em secar o terreno da direita dura de Jean Marie Le Pen, reconquistando o eleitorado perdido para o populismo de direita.[51]

---

[50] Bernardo Pires de Lima, *Atlântico*, 29 de Dezembro de 2005.

[51] Francisco Mendes da Silva, *Atlântico*, Julho de 2007.

A direita dura — seja ela populista, ou, em Portugal, tradicionalista — é o alvo comum de todos os colaboradores de ponta da *Atlântico*. Pedro Lomba reconhece nunca ter tido simpatia para com esta família política, sinónimo, em Portugal, de preservação dos privilégios e das hierarquias herdadas. Uma direita ancorada à imagem de os de cima contra os de baixo, inversa à do classismo marxista. O *status*, a classe, a polarização social, nunca foram, para Lomba, motores de identificação política, o que o levou a apreciar, muito cedo, a aposta liberal no indivíduo, patente no discurso e na prática política de Margaret Thatcher, nos anos 1980: uma mulher da classe média-baixa, bem-sucedida na política graças ao esforço pessoal.[52] Uma política esclarecida que não aproveita a onda contemporânea do «homem populista» atraído pelo messianismo, pela polarização irresponsável, pelo exotismo inconsequente: todos ingredientes na base da possível vitória de Barack Obama nas presidenciais americanas de 2008.[53]

Na análise do director da *Atlântico*, Mascarenhas, esta direita inspiradora não existe no Portugal do princípio dos anos 2000, onde a direita doméstica continua atolada nas lideranças políticas frágeis e na ausência do debate de ideias alternativas e inovadoras. Na área não socialista, o PSD de Durão Barroso e de Santana Lopes não apresenta um reformismo galvanizante e o CDS persiste na tradição centrista de Freitas do Amaral, avessa à consolidação de uma identidade de direita laica e liberal.[54] Esta crise da direita não é conjuntural, mas estrutural, desde a fundação da democracia portuguesa.

Os animadores da *Atlântico* convergem na análise de João Marques de Almeida, segundo o qual a raiz da crise afunda nos anos da transição democrática, nos quais se digladiaram apenas as esquerdas: a não-democrática e a democrática, tendo o 25 de Novembro de 1975 determinado quem ficaria excluído do arco da governação. Naquele período fundacional, as direitas ficaram a olhar, encostando-se apenas ao mais forte na conjuntura, ou seja, ao Partido Socialista. As últimas duas décadas de presidência de Mário Soares e de Jorge Sampaio

---

[52] Pedro Lomba, *Atlântico*, Fevereiro de 2006.

[53] Pedro Lomba, *Diário de Notícias*, 30 de Outubro de 2008.

[54] Paulo Pinto Mascarenhas, *Atlântico*, Maio de 2006.

ainda mantiveram a direita calada, porque vulnerável à acusação de «fascista», por não possuir a dupla legitimidade revolucionária: a da luta antifascista antes do 25 de Abril e a da luta anticomunista no PREC. Para Marques de Almeida, a direita portuguesa deve deixar de se sujeitar a esta legitimidade transicional, já obsoleta na nova fase democrática do século XXI. Hoje, os socialistas são apenas os herdeiros do republicanismo histórico e as direitas não podem continuar confinadas no centrismo social-democrata e democrata-cristão. A coabitação do governo de José Sócrates com a presidência da República de Cavaco Silva mudou o paradigma. José Sócrates pretende ser o protagonista de um PS reformista, na senda da social-democracia europeia e não de um PS vetero-revolucionário à portuguesa. Aníbal Cavaco Silva, por seu lado, comprova a possibilidade da conquista dos vértices das Instituições, mesmo sem os pergaminhos de antifascismo militante.

Neste contexto, a direita liberal pode assumir-se sem reticências e independentemente dos receios do PSD e do CDS.[55] Na análise de Nuno Garoupa, estes dois partidos não conseguem, nem vão conseguir, protagonizar a renovação desejada da direita porque a sua essência nunca foi liberal, mas, na senda da tradição francesa, corporativa, favorável ao Estado intervencionista, atraída mais pelo *big-business* que pelo mercado livre concorrencial. O próprio europeísmo assumido resulta apenas da ganância de fundos da União Europeia. O conservadorismo católico, entranhado na direita portuguesa, torna-a pouco dada à organização liberal da sociedade, o que explica o atraso nos temas fracturantes do direito ao divórcio, dos direitos das mulheres e das minorias étnicas e sexuais, entre outros, deixando campo livre às esquerdas.[56]

O desejo de Estado por parte das elites portuguesas não é conjuntural da democracia, mas tem um historial de pelo menos dois séculos. Esta crítica não é populista, pois o próprio povo está imbuído desta cultura iliberal que o levou a seguir sempre as elites, mesmo como eleitores em democracia. A demagogia das elites democráticas ressalta na celebração constante da Constituição de 1976, já anacrónica, passados

---

[55] João Marques de Almeida, *Atlântico*, Maio de 2006.

[56] Nuno Garoupa, *Atlântico*, Maio de 2006.

trinta anos da sua promulgação, à luz do implante terceiro-mundista, felizmente nunca cumprido à letra. A disfuncionalidade da tão celebrada carta constitucional — periodicamente sujeita a revisões — não é a culpada pelo atraso estrutural de Portugal. Culpadas são as políticas paternalistas da elite governativa das últimas duas décadas do século XX, assaz diferentes do reformismo espanhol, implementado apesar de uma constituição não muito distinta da portuguesa.[57]

O *j'accuse* de Nuno Garoupa contra a demagogia populista das elites portuguesas é partilhado por Pedro Norton que a vê, principalmente, na celebração da democracia directa, da intervenção do povo em temas que deveriam ser, pelo contrário, objecto de análise ponderada e de decisão iluminada. Estas tentações populistas estão presentes no BE de Francisco Louçã, mas também no CDS de Paulo Portas e no PSD de Pedro Santana Lopes e de Alberto João Jardim. Todos eles pedem mais democracia directa, mais *referendum*, mais inquéritos e sondagens à opinião pública para orientar a governação, chegando até a criticar um certo pendor tecnocrático do sistema. Para o colaborador da *Atlântico*, a titularidade do poder reside, sem dúvida, no povo, mas o seu exercício não deve ser prerrogativa do povo. Perder esta noção de base é meio caminho andado para o plebiscitarismo em todas as áreas. A moda referendária é uma cedência clara ao populismo, um veneno para a democracia representativa, que funciona quando a *vox populi*, entre uma eleição e a outra, não goza de qualquer privilégio particular.[58]

Esta linha de raciocínio é suportada também por Henrique Raposo, segundo o qual certo populismo presente no discurso de políticos de direita como Pedro Santana Lopes é amplamente superado pelo populismo de esquerda de um Manuel Alegre ou de um Francisco Louçã: um populismo à medida da esquerda caviar que aliciam como salvadores da pátria, castigadores dos donos do regime, mas sem apresentar soluções minimamente credíveis.[59] Um populismo demagógico e mentiroso, respaldado por sectores da comunicação social, assim como acontece em outros países europeus com partidos congéneres como o Podemos

---

[57] Nuno Garoupa, *Atlântico*, Julho de 2006.

[58] Pedro Norton, *Atlântico*, Agosto 2007.

[59] Henrique Raposo, *Expresso*, 9 de Junho de 2008.

em Espanha e o Syriza na Grécia.[60] Passada uma década, Raposo insistirá ainda na crítica à democracia directa, como fonte primária do populismo na Europa e nos Estados Unidos da América, e como antítese da democracia liberal, filtrada por instituições fortes: para salvaguardar a verdadeira liberdade, pois, é preciso evitar o excesso de democracia e suportar a função dos partidos políticos como filtros das pulsões populares, para desactivar os políticos vedetas, dispostos a tudo para conquistarem a popularidade e o poder. A tarefa é difícil: os partidos perderam a rede de conexões tradicionais com a sociedade civil que permitia temperar as franjas radicais e ativistas internas às estruturas partidárias. Hoje, estas franjas ativistas, potenciadas pela cultura da Internet, têm mais facilidade em controlar a vida interna dos partidos, determinando o sucesso interno de líderes populistas.[61]

A escassa autonomia da sociedade civil face ao Estado como causa de uma cultura política de prevalência autoritária e iliberal, inclusive na direita portuguesa, é a tese avançada também por Adolfo Mesquita Nunes. O jovem dirigente do CDS, em particular, critica o papel histórico desempenhado pelos católicos na direita portuguesa, por terem sempre tentado apoderar-se do Estado para o identificar com as suas preferências éticas e ideológicas. Ao fazer isso, monopolizaram a direita, subjugando-a à ditadura salazarista e a todos os partidos disponíveis para implementarem a agenda confessional no pós-25 de Abril. António de Oliveira Salazar aproveitou-se disso, garantindo uma posição privilegiada aos católicos que, no fundo, foram perseguidos apenas na Primeira República. Os católicos antisalazaristas foram sempre uma excepção minoritária, assim como os liberais que, no marcelismo, preferiram o compromisso à ruptura total com o regime. Na democracia, os católicos integraram os partidos do poder, em virtude também da indisponibilidade da Igreja para suportar um partido católico, preferindo a acção dos católicos em todos os partidos não comunistas (Nota pastoral de 4 de Maio de 1974 e Carta pastoral de 16 de Julho de 1974). Os católicos filiados no PSD e no CDS nunca

---

[60] Henrique Raposo, *Expresso*, 2 de Março de 2017.

[61] Henrique Raposo, *Expresso*, 27 de Abril de 2016.

se diferenciaram muito dos socialistas no que diz respeito ao Estado paternalista e protector.

A ocupação dos partidos para conseguir a ocupação do Estado fez com que o panorama político português — da esquerda à direita — continuasse composto apenas por actores focados na centralidade do Estado. Na direita isso é evidente na pobreza do debate intelectual, em que impera o conservadorismo nacionalista, em caldo social-democrata ou democrata-cristão. As reacções à lei do aborto derivam deste pavor em relação à laicização do Estado e à transformação da pessoa humana em indivíduo atomizado, totalmente livre no seu pensamento e nas suas escolhas. A direita hoje deve perceber que a laicização do Estado e da sociedade civil é um processo rápido e irreversível. A religião já conta muito pouco e os católicos já não podem pretender um Estado identificado com as suas posições, mas sim um Estado que garanta a sua liberdade de viverem como católicos. Os católicos devem aceitar a orientação liberal pluralista da sociedade e do Estado que permite a todos os cidadãos viverem segundo as suas orientações. A direita precisa de católicos liberais, que lutem para que a iniciativa privada entre em muitas áreas monopolizadas pelo Estado, como a saúde e a educação, e em que os próprios católicos poderão encontrar a oferta mais cônsona ao seu estilo de vida. O mercado, e não o Estado, será o bastião do estilo de vida católico. Só assim os católicos terão um papel relevante na direita liberal, única e verdadeira alternativa ao socialismo.[62]

A fórmula da direita liberal-conservadora, preocupada com a libertação da sociedade civil e dos seus cidadãos individuais do abraço asfixiante do Estado, está na base da recusa dos colaboradores da *Atlântico* de qualquer forma de populismo, seja ele de direita ou de esquerda. Nas páginas da revista, Pedro Norton salienta as raízes do populismo na ideia rousseauniana — o indivíduo livre, mas integrado numa comunidade com «vontade geral» própria — e nas ideias dos teóricos americanos Thomas Jefferson e Thomas Paine: a representação fiel da vontade do povo, através da democracia participativa, moldada no protótipo ateniense. Do lado oposto das teses populistas estão as

---

[62] Adolfo Mesquita Nunes e André Abrantes Amaral, *Atlântico*, Maio de 2007.

concepções elitistas de matriz platónica: uma república guiada por uma elite superior, reflexo da Verdade única e da ideia pura de Bem. O modelo contemporâneo de democracia liberal e representativa é a terceira via entre o basismo rousseauniano-jeffersoniano e o elitismo antidemocrático platónico. É uma engenharia inteligente, alimentada pelos Estados Unidos, para, ao mesmo tempo, respeitar a soberania popular e defender as instituições, o pluralismo e as minorias dos desvarios das multidões. Uma preocupação já presente nos alertas de Edmund Burke aos políticos para não cederem à vontade contingente do povo, mas governarem segundo a ponderação.[63]

O populismo basista, pelo contrário, encontra-se hoje já enraizado na América Latina, na sua vertente neoliberal dos anos 1990 ou socialista do princípio dos anos 2000. A América Latina é paradigmática desta evolução dos populismos. Nos anos 1980, o continente assistiu à progressiva liquidação das ditaduras militares das décadas de 1960 e de 1970, em prol de democracias liberais, abertas ao livre comércio e à economia global. As novas instituições democráticas, contudo, revelaram toda a sua fragilidade, com défice de desempenho em termos de *governance*, corrupção, nepotismo, clientelismo. A onda neoliberal, entre final do século XX e princípio do século XXI, longe de ter resolvido estes problemas, desacreditou ainda mais o chamado Consenso de Washington e as instituições democráticas, abrindo o caminho para ofertas políticas alternativas como as de Lula da Silva no Brasil, de Evo Morales na Bolívia, de Michelle Bachelet no Chile. O descontentamento com a democracia liberal foi, assim, cavalgado por duas esquerdas diferentes. Por um lado, a esquerda tradicional de um Lula da Silva, que procura um entendimento entre a justiça social e o mercado livre. Por outro, a esquerda populista de um Evo Morales ou de um Hugo Chávez, herdeira das experiências de Juan Domingos Perón (Argentina), de Lázaro Cárdenas (México), de Getúlio Vargas (Brasil), de José Maria Velasco Ibarra (Equador), de Víctor Raúl Haya de la Torre (Peru), de Víctor Paz Estenssoro (Bolívia). Esta esquerda populista lê a realidade política através da lógica dicotómica do Bem contra o Mal, do povo contra as elites, nacionais ou internacionais.

[63] Pedro Norton, *Atlântico*, Agosto de 2007.

Quando chegam ao poder, os populistas justificam os seus fracassos de governação recorrendo sempre ao complô do inimigo interno e externo, hábil em dividir o povo homogéneo através das instituições independentes e dos partidos políticos pluralistas, que, por isso, os populistas desprezam. O populismo de esquerda contemporâneo utiliza um neonacionalismo, sempre dirigido contra o imperialismo americano e as elites económico-financeiras apátridas, que actuam através das elites nacionais traidoras do povo. A estratégia do populismo de esquerda é a mobilização permanente do povo, através de uma retórica de cariz revolucionário. Os regimes populistas contemporâneos souberam adaptar-se aos tempos, que já não toleram ditaduras totalitárias ou militares à maneira de Augusto Pinochet no Chile.

Em 1998, por exemplo, Hugo Chávez manteve um simulacro de democracia pluralista menos perigoso perante a comunidade internacional e a forte oposição interna. A conservação do poder pelos populistas assenta na redistribuição dos lucros provenientes dos recursos naturais junto das massas populares: uma estratégia comum aos autocratas como Muammar Kadhafi na Líbia, Saddam Hussein no Iraque e os aiatolas no Irão. Em 2005, Evo Morales utilizou um discurso étnico-racial indigenista contra a elite crioula detentora do poder político-económico e segurou a fidelidade das camadas populares, garantindo-lhes o direito de livre utilização dos recursos naturais, nomeadamente a coca.

A rejeição radical do populismo pela *Atlântico* é espectável em relação aos actores de esquerda, mas não é menos determinada em relação aos de direita. A revista reconhece a permeabilidade da Europa aos populismos de direita e a inevitabilidade do seu crescimento. Em vários países (Itália, França, Holanda, Polónia), os líderes populistas demonstram grande habilidade em utilizar a lógica do sistema mediático, faminto de polarização geradora de audiências, surfando a insatisfação dos eleitores com as elites político-económicas, com as instituições nacionais e europeias, com o modelo social europeu constantemente em crise, com as migrações em massa de África e da Ásia, com os modelos multiculturais implementados pelas forças progressistas, com as crises económicas cíclicas.[64]

---

[64] Vasco Rato, *Atlântico*, 31 de Janeiro de 2006.

A rejeição do populismo enquadra-se na rejeição mais ampla dos extremismos políticos por parte dos intelectuais da *Atlântico*. Já Rodrigo Moita de Deus alertava, num *post* do Acidental, a 24 de Novembro de 2004, para o facto de a ausência de conteúdos doutrinários, de ideias estruturadas, na vida política, provocar um vazio preenchido pelos radicalismos de esquerda e de direita: o que é evidente no Portugal de começo do século XXI com a ascensão do Bloco de Esquerda.[65]

Para João Marques de Almeida, extrema-esquerda e extrema-direita convergem, no fundo, na oposição à globalização, aos Estados Unidos, à União Europeia e à sua moeda única, aos bancos e às multinacionais. A extrema-direita difere apenas por assentar as suas raízes no fascismo histórico e na agenda racista e nacionalista. A direita liberal tem o imperativo de resgatar o nacionalismo do monopólio de franjas extremistas e restaurar a sua centralidade na cultura política portuguesa como sentimento nobre e positivo, expurgado de qualquer laivo chauvinista. Só assim o patriotismo nacionalista pode servir a democracia moderna, integrada na União Europeia e na Aliança Atlântica, evitando o risco de que, perante as crises que se adivinham, passe, na sua vertente tóxica, das franjas marginais para as massas.[66]

A convergência entre extremismos de direita e de esquerda é ainda mais perigosa nesta nova época de terrorismo, por serem, aqueles dois extremismos, aliados objectivos do radicalismo islâmico. Exemplos disso são a condenação proferida por extremistas de direita e de esquerda — também em Portugal — contra os ataques de Israel aos Hezbollah no Líbano e a denúncia constante do apoio dos Estados Unidos e da Europa ao sionismo. Trata-se da versão mais recente da aliança histórica entre islâmicos e extremistas ocidentais: nos anos 1930 do século XX, o nacionalismo árabe olhou com interesse o fascismo e o nacional-socialismo e, após 1945, virou-se para Moscovo, no novo contexto geopolítico da Guerra Fria. Desde aí, os apelos à paz e aos direitos humanos vindos da extrema-esquerda sempre foram um instrumento para atacar as potências aliadas do Ocidente e

---

[65] Paulo Pinto Mascarenhas, *O Acidental*, p. 38.

[66] João Marques de Almeida, *Atlântico*, Julho de 2006.

nunca os seus inimigos. Radicais de esquerda e islamistas continuam, hoje, a convergir no ódio ao Ocidente, na ideologia revolucionária do oprimido em luta contra o opressor e do resistente árabe contra os sionistas. Sintomáticas são as reacções da extrema-esquerda aquando dos ataques terroristas de 11 de Setembro de 2001 em Nova Iorque, de 11 de Março de 2004 em Madrid e de 7 de Julho de 2005 em Londres: a extrema-esquerda condenou a violência, mas culpou o imperialismo ocidental por ser a causa da retaliação terrorista.

Perante esta convergência de radicais de esquerda e de direita no antiamericanismo, e anti-israelismo, é necessária uma contra--convergência dos democratas de direita e de esquerda à volta de pontos irrenunciáveis de política internacional.[67] A convergência entre forças democráticas na política internacional não significa renunciar à identidade clara de direita. Em matéria europeia, por exemplo, a *Atlântico* apoia o aprofundamento da integração de Portugal na UE, mas rejeita o Tratado Constitucional Europeu e o projecto federal como contrapoder aos Estados Unidos. A Europa deve ser uma associação de Estados soberanos, cuja cooperação por interesse mútuo nunca deve prejudicar a soberania nacional em áreas sensíveis como a política externa e a justiça. Portugal deve, assim, abandonar o complexo pós-colonial que o subalterniza a Bruxelas e deve tornar-se protagonista, por um lado, de uma construção europeia integrada no projecto global, liderado pelos Estados Unidos (a NATO global) e, por outro lado, de uma rede de relações bilaterais com parceiros estratégicos para Portugal.[68] Europeísmo antifederalista e atlantismo irredutível são os ingredientes de política internacional para salvaguardar a democracia liberal contra os seus inimigos extremistas.

Quando, em 2006, Fidel Castro delega os poderes ao irmão Raúl Castro, por exemplo, Luciano Amaral alerta para o facto de a democracia ser uma conquista ainda bastante recente e frágil, montada no Ocidente do pós-1945 graças à intervenção norte-americana. O modelo demoliberal funciona só quando os intervenientes aceitam e respeitam as regras consensuais de base. Esta aceitação do consenso demoliberal

---

[67] João Marques de Almeida, *Atlântico*, Setembro de 2006.

[68] Redacção, *Atlântico*, Março de 2007.

foi uma conquista na própria direita, na qual líderes potencialmente autoritários, como Charles De Gaulle, aceitaram o compromisso com o adversário, conscientes do superior interesse da Nação. Por isso, todos os críticos dos parâmetros demoliberais não são interlocutores, mas sabotadores potenciais do sistema todo.[69]

Nos primeiros anos de 2000, Portugal continua, ainda, bastante impermeável à onda do populismo de direita organizado, embora nestes anos o nacionalismo radical tradicional consiga estruturar-se novamente em projecto político, após duas décadas de travessia no deserto. Ainda que incipiente, o fenómeno não deixa indiferente a *Atlântico*. O impulso dado ao Partido Nacional Renovador (PNR) pelo novo líder José Pinto Coelho — eleito em 2005 para a presidência do partido, criado, por sua vez, em 1999 — merece destaque nas páginas da revista da direita liberal-conservadora. Vasco Rato não tem meio termo para definir os militantes do PNR os «filhos de Rolão Preto», o líder do fascismo português dos anos 1930. O fundador da *Atlântico* acusa o partido nacionalista de xenofobia e racismo, devido ao discurso securitário e legalista, sempre dirigido, à semelhança dos congéneres europeus, contra as minorias étnicas e religiosas (afrodescendentes, árabes, muçulmanas). Vasco Rato condena, em particular, o estilo violento do partido — a referência é à intervenção do dirigente do PNR, Mário Machado, armado de *shotgun* numa reportagem da RTP de 2006 —, que revela uma vontade de guerra racial para Portugal. Vasco Rato estigmatiza os apelos do partido à liberdade de expressão e a sua vitimização pela repressão sofrida por serem as estratégias habituais da extrema-direita europeia, mas considera um erro a eventual ilegalização do PNR por inconstitucionalidade. O radicalismo de direita, pois, deve ser combatido através do debate público, aberto e amplo, tendo sempre a noção clara da responsabilidade dos *media* e da esquerda na amplificação de um fenómeno eleitoralmente marginal em Portugal.

A esquerda, em particular, utiliza o PNR para descredibilizar toda a direita nacional, pondo todos no mesmo saco do extremismo de direita, como aliás demonstra a frequente definição de partido de extrema-direita, dirigida ao CDS. A distorção da realidade causada pelo PCP

[69] Luciano Amaral, *Atlântico*, Setembro de 2006.

e pelo BE impede a direita democrática de falar abertamente de temas importantes como a imigração, pois qualquer abordagem restritiva baseada nas necessidades económicas do país e da sua capacidade de integração é imediatamente rotulada de extremista. Para Vasco Rato, pelo contrário, o radicalismo de esquerda é mais próximo do de direita, pois ambos compartilham temas alheios à cultura política da direita moderada, entre os quais o anticapitalismo, o antieuropeísmo, o estatismo. Por isso, a direita liberal deve clarificar as suas posições, principalmente nas clivagens sociopolíticas, para evitar as confusões. Nestes temas, a direita liberal não tem nada a ver nem com o PNR, nem com a direita ultraconservadora, que cavalgam preconceitos presentes e crescentes na sociedade portuguesa.[70]

Na *Atlântico*, o historiador Rui Ramos encarrega-se, com frequência, de clarificar a identidade da direita liberal: em Portugal, esta área política deve enfrentar a dupla ofensiva da esquerda radical, que a apelida de fascista, e da direita dura, que a critica por não ser fascista, por ser mole, ou seja, não de direita e subjugada à esquerda, em virtude da sua defesa da democracia pluralista e da economia de mercado. Para Rui Ramos, pelo contrário, a direita dura é funcional à esquerda, por considerar esquerdismo tudo o que não seja Deus, Pátria e Família. O fundador da *Atlântico* não demonstra qualquer interesse pela «direita dura» portuguesa: exceptuando os poucos talentos intelectuais, a grande massa é constituída — nas suas palavras — por ineptos políticos, que nunca conseguiram desafiar a hegemonia cultural das esquerdas nos temas-chave ao longo do século XX. Em Portugal, a direita dura surgiu como reacção ao jacobinismo da Primeira República, mas tentou alcançar o mesmo objectivo da esquerda: moldar o homem novo através do poder político, desconfiando das interacções livres entre indivíduos. Já os intelectuais do Integralismo Lusitano, por exemplo, criticavam frequentemente o rei D. Manuel II e a Igreja por não pugnarem suficientemente para o regresso dos verdadeiros valores pátrios; valores tão longínquos no tempo que só uma revolução violenta de estilo leninista poderia utopicamente restaurar.

---

[70] Vasco Rato, *Atlântico*, Julho de 2006.

Esse ímpeto revolucionário da direita dura não é de estranhar: António Sardinha vinha do republicanismo e Benito Mussolini do socialismo. Além disso, a direita dura, inclusive o tão citado Integralismo Lusitano, sempre foi minoritária e incapaz de conquistar o poder. Quem conquistou o poder foi António de Oliveira Salazar, que manteve a direita dura nas margens e foi sempre hostilizado por uma parte dela. É o caso, por exemplo, da componente anti-salazarista do nacional-sindicalismo, encabeçada pelo seu líder, Rolão Preto, que preferiu juntar-se à esquerda, regressando ao campo nacional só na década de 1960, aquando da crise do Império, curiosamente na companhia de alguns republicanos anti-salazaristas pró-Ultramar.

Mesmo nas décadas de 1960 e de 1970, as direitas duras não conseguiram elaborar soluções viáveis, realistas, para os grandes problemas da política portuguesa do século XX. Não o conseguiram durante a guerra de África, em relação à dimensão pluricontinental de Portugal, criada pelos republicanos. Não o conseguiram durante o Marcelismo, que contrastaram, recuperando um neo-salazarismo já anacrónico. Não o conseguiram durante a transição democrática, em relação ao jacobinismo de esquerda, na sua variante comunista, favorecido pelo autoritarismo retrógrado do Estado Novo. Com base nesta análise, para Rui Ramos as direitas duras não foram derrotadas no 25 de Abril, mas apenas postas de lado. E nem sequer levantaram um dedo para ripostar. Pura e simplesmente sumiram, não apareceram, não elaboraram nada de minimamente apelativo e eficaz em termos de ideias e de estratégias. Por isso, as direitas duras não têm qualquer legitimidade, hoje como ontem, para acusar ninguém de moleza, tendo sido, aliás, a «direita mole» de Francisco Sá Carneiro e de Diogo Freitas do Amaral a derrubar o comunismo na transição, nas ruas e nas urnas. Hoje como ontem, a direita dura é apenas funcional à esquerda, por alimentar o estereótipo da irrelevância, da aridez ideológica, da reprodução constante de fórmulas recauchutadas. A direita liberal partilha com a iliberal apenas o termo «direita», com a diferença que os duros são iliberais por imitarem a extrema-esquerda, ao passo que os liberais estão na direita precisamente por não quererem nada com a esquerda.[71]

---

[71] Rui Ramos, *Atlântico*, Setembro de 2006.

A pedagogia histórica de Rui Ramos não critica apenas a direita dura, mas também a direita moderada, pela sua vitimização constante em relação ao enviesamento à esquerda do 25 de Abril, suposta causa do desaparecimento da direita. Para o historiador, esta causalidade é falsa: a Junta de Salvação Nacional surgiu como organismo de tendência conservadora, tutelado por um Presidente da República — António de Spínola — não de esquerda e tendo Francisco Sá Carneiro e Diogo Freitas do Amaral integrados no governo do republicano nacionalista Adelino da Palma Carlos. Mesmo durante o período revolucionário de 1975 os comunistas não tiveram vida fácil a norte de Rio Maior, onde aliás foram duramente perseguidos. Nas três décadas sucessivas, o PSD esteve no governo por dezassete anos, com três maiorias absolutas (1979, 1987, 1991) contra uma do PS. O partido parlamentar mais à direita — o CDS — sempre integrou o arco da governação, diferentemente da *conventio ad excludendum* reservada ao PCP. A direita sempre teve nas suas mãos muitas autarquias locais e chegou a eleger um Presidente da República. O problema reside no facto de a direita nunca ter tido a coragem, desde 1974, de assumir a batalha para a hegemonia cultural. No princípio da transição, a direita — inclusive Francisco Sá Carneiro e Diogo Freitas do Amaral — ainda padecia do complexo do marcelismo acerca das responsabilidades históricas para com as populações do Ultramar, o que a impediu de fazer como o general Charles De Gaulle na Argélia: abandonar pura e simplesmente o campo colonial. Esta prudência favoreceu grandemente as esquerdas, cujo plano de abandono imediato do Ultramar ia muito mais ao encontro dos desejos dos militares do Movimento das Forças Armadas (MFA) que, por isso, levaram o PCP ao colo, o que lhe permitiu uma certa supremacia durante o PREC.

Os comunistas, na verdade, temiam a revolução, porque conheciam a potencialidade do imenso povo católico e anticomunista de Portugal. A estratégia do PCP mirava mais a acção sindical na nova democracia, mas a inépcia das direitas empurrou-o para a linha da frente. Após a maioria absoluta de 1979, a direita continuou numa menoridade psicológica por teimar nos erros do salazarismo: o ditador do Estado Novo negava a dicotomia direita-esquerda por ser de origem democrático-parlamentar, contrária ao organicismo da Nação.

De forma parecida, em democracia, as direitas preferiram sempre o «consensualismo» à sombra de Bruxelas e sempre fugiram à polarização saudável do sistema político português entre direita e esquerda. A direita sempre quis aceder ao poder com o consentimento do PS, o grande partido anticomunista do PREC. O CDS foi o primeiro a subjugar-se a esse princípio, com o governo PS-CDS de 1978. Ou seja, a direita procurou sempre a mão dos socialistas. O chumbo de 70% das propostas reformistas de Aníbal Cavaco Silva pelo PS nunca levou o primeiro-ministro a marcar uma fronteira dicotómica com a esquerda. A direita utilizou sempre as fórmulas híbridas da democracia-cristã e da social-democracia, que nunca ninguém percebeu bem o que eram. Também a hegemonia cultural das esquerdas tem muito que lhe se diga: não foi o 25 de Abril a determiná-la, pois a esquerda já dominava a cultura desde os últimos anos do salazarismo, e graças ao imobilismo das direitas.[72]

Neste sentido, a *Atlântico* pretende contrariar o imobilismo cultural das direitas e disputar a hegemonia das esquerdas. Paulo Pinto Mascarenhas fala de uma operação parecida com aquela proposta pela revista *Futuro Presente* de Jaime Nogueira Pinto, no princípio da década de 1980, mas apostando numa direita totalmente diferente, alheia ao nacionalismo estado-novista, à ligação sentimental ao Ultramar, ao interesse pelo radicalismo europeu de direita. A geração *Atlântico* não participa da cultura política originária de Jaime Nogueira Pinto ou de José Miguel Júdice, cujo envolvimento na política, quando estudantes, esteve muito ligado às vicissitudes do Império e do PREC. Os fundadores da *Atlântico* pertencem a uma geração mais nova, que vivenciou a queda do Império e o processo revolucionário da transição como factos consumados, nos quais não participaram directamente. Luciano Amaral, por exemplo, recorda ter chegado muito tardiamente à leitura da *Futuro Presente*, quando a sua formação liberal já estava bem estruturada e teve a noção clara de que aquela cultura política não pegava na sua geração. Aliás, a *Futuro Presente*, ainda publicada no princípio dos anos 2000, com a direcção de Miguel Freitas da Costa, acaba por não formar uma geração mais nova, assim como tinha

---

[72] Rui Ramos, *Atlântico*, Abril de 2007.

formado a dos jovens intelectuais nacionalistas dos anos 1970 e 1980, como Nuno Rogeiro ou António Maria Pinheiro Torres. Curiosamente, Miguel Freitas da Costa é, nos anos da *Atlântico*, também gerente do café restaurante do teatro São Luís, onde se reúnem os *bloggers* de direita e de esquerda — e com os quais priva — após os eventos «É a cultura, estúpido!» das Produções Fictícias.

Pedro Marques Lopes reconhece a coerência intelectual de Jaime Nogueira Pinto e a craveira intelectual de José Miguel Júdice, mas também a incidência nula da *Futuro Presente* na nova geração de intelectuais, crescidos no deserto cultural da direita portuguesa, resgatada apenas pelo *Independente* e, posteriormente, pela circulação de ideias e referências na blogosfera.

A cultura dos animadores da *Atlântico* é outra. Na análise de Vasco Rato, estes intelectuais absorvem por completo a hegemonia cultural anglo-saxónica: a cultura *pop* do cinema e da música norte-americana e britânica. Se a geração anterior já seguia os Beatles e os Rolling Stones, os mais novos procuram Joy Division, The Cure e, no cinema, os cineastas franceses são substituídos por Stanley Kubrick e Francis Ford Coppola. Toda uma linha de referências que, em Portugal, se generaliza nos anos 1990 com a chegada das televisões privadas e que alastra, a seguir, com a revolução tecnológica da Internet. Estas influências não interessam apenas a um grupo de pessoas, mas um universo de pessoas, na casa dos vinte e dos trinta anos no fim do século XX, bastante eclécticas em termos de formação, entre o liberalismo clássico e o conservadorismo dos últimos anos, com incursões também em leituras mais heterodoxas como Friedrich Nietzsche ou Michel Foucault.

Esta perspectiva é comum também aos colaboradores mais novos da *Atlântico*, que entram no debate público entre o fim da década de 1990 e o princípio de 2000. João Pereira Coutinho recorda como o valor intelectual do grupo da *Futuro Presente* era frequentemente reconhecido pelos seus coetâneos, assim como o papel cultural de Jaime Nogueira Pinto nas direitas, mas sem que isso implicasse uma identificação com aquelas referências nacionalistas, imperiais e ultramarinas. Por esta razão, a revista *Futuro Presente* não conquista novas camadas de leitores. O próprio conceito de Nação com os seus laços comunitários é, para estes jovens intelectuais, mais esfumado e diluído, por serem filhos do Portugal da integração europeia, da mobilidade dos programas Erasmus, do desenraizamento sem grandes complexos e do cosmopolitismo anglófilo vivido na primeira pessoa e tão detestado pelos intelectuais nacionalistas.

Embora não sendo colaborador, mas apenas leitor da *Atlântico*, Alberto Gonçalves recorda ter comprado a primeira edição do livro *A Direita e as Direitas*, de Jaime Nogueira Pinto, quando saiu em 1996, atraído pelo tema abordado mais que pelo autor, que não considerava uma referência. O próprio grupo da *Futuro Presente* nada lhe dizia, por considerá-lo — admite hoje possivelmente de forma equivocada — expressão da direita antiga, mais à direita até de Salazar. Aos vinte anos, Alberto Gonçalves tinha lido os autores nacionalistas do Integralismo Lusitano, como António Sardinha ou filósofos como Agostinho da Silva, ligados à ideia do sebastianismo, do V Império, de um certo saudosismo, mas não tinha encontrado aí qualquer estímulo, além da mera curiosidade.

Também Rodrigo Moita de Deus reconhece que os pensadores tradicionalistas portugueses não lhe diziam muito. Lia-os e apreciava a densidade intelectual das suas obras, mas, apesar de monárquico, achava impossível transpor aquelas ideias para a modernidade. Se já achava o Integralismo Lusitano inutilizável por considerar «um português nacionalista» uma contradição de termos, também não se revia no grupo de Jaime Nogueira Pinto, demasiado focado nos assuntos do passado e pouco proveitoso em termos de doutrina para o futuro.

O cosmopolitismo destes testemunhos está já presente nos colegas dez anos mais velhos. João Marques de Almeida, por exemplo, explica o impacto de se ter formado no clima geopolítico da Segunda Guerra Fria, liderada por Ronald Reagan. Neste contexto, a democracia liberal surge como modelo prioritário de alternativa ao Comunismo. Por isso, estes intelectuais não estão minimamente interessados no Estado Novo, nem sequer nas operações historiográficas de recuperação daquele período, engendradas pela *Futuro Presente*. O nacionalismo estado-novista não diz rigorosamente nada a estes intelectuais, mais próximos — também pelas experiências de formação académica no estrangeiro — de uma direita cosmopolita, aberta à integração internacional, política e cultural. Uma direita afirmativa, não só anticomunista, mas antiesquerda em geral, combativa, que não tem medo de posicionar-se à direita e reivindicar a identidade liberal na economia e conservadora nos valores, mas totalmente alheia ao nacionalismo autoritário, o que determina um certo secularismo, patente na crítica à influência do pensamento católico e da Igreja na política.

Pedro Lomba, por exemplo, recusa a ideia de que os valores de direita sejam sempre os mesmos defendidos pelo Estado Novo: esta é uma caricatura imposta pela esquerda. Os princípios de valorização do indivíduo perante projectos colectivistas e de igualdade de todos os cidadãos perante a Lei são pilares da cultura da nova direita, nos antípodas de qualquer autoritarismo. Por outro lado, o paroquialismo oligárquico da elite salazarista é absolutamente rejeitado pela direita actual que encontra na europeização e na internacionalização de Portugal o elevador social negado pelo Estado Novo. A convergência económica com a Europa e algumas medidas sociais engendradas durante o marcelismo não contrariam a evidência que o princípio de universalidade do Estado Social e o salto desenvolvimentista sejam filhos da democracia.[73]

Na mesma linha, Henrique Raposo explica o antipopulismo da geração *Atlântico* com o facto de esta ter entrado no espaço público com o objectivo de desmontar a caricatura da direita imposta pela esquerda e de recusar liminarmente a colagem da direita ao salazarismo, feita constantemente pelo BE e pelo PCP. A vontade de afirmar a direita moderna e cosmopolita, e de apontar aos comunistas os tiques autoritários determina a rejeição do populismo de direita, sinónimo do regresso da velha extrema-direita, por eles contestada. Mesmo os intelectuais envolvidos nos partidos reconhecem esta matriz. Francisco Mendes da Silva, por exemplo, recorda a inconsistência de um certo saudosismo salazarista — o mito do estadista honesto —, que circulava na Juventude Popular ainda nos anos 1990, num meio muito mais marcado pela oposição ao comunismo e ao socialismo como sinónimos de ditaduras e sociedades de controlo. Ou seja, a tónica dominante nos jovens do partido mais à direita do parlamento era a combinação entre o conservadorismo e o liberalismo, longe da genealogia fascista, em nome da liberdade contra as esquerdas autoritárias.

---

[73] Pedro Lomba, *Jornal i*, 4 de Abril de 2014.

Assim, experiências de combate cultural como a *Nouvelle Droite*, por exemplo, dizem pouco à geração *Atlântico* que, na senda d'*O Independente*, está mais interessada nas fontes anglo-saxónicas e não nas francesas. As primeiras produziram os clássicos John Locke, John Stuart Mill, Edmund Burke, Benjamin Disraeli e os contemporâneos Michael Oakeshott, Isaiah Berlin, Quintin Hogg, Francis Fukuyama, Roger Scruton, Niall Ferguson, ladeados pelos continentais Hannah Arendt, Aleksandr Solzhenitsyn, Václav Havel. Todos autores de referência, cujas obras, contudo, não são encaradas, nas palavras de João Pereira Coutinho, como textos sagrados de uma ortodoxia ideológica. As segundas, exceptuando os liberais clássicos como Montesquieu, Alexis de Tocqueville, Benjamin Constant, os contemporâneos como Raymond Aron ou os marxistas convertidos ao atlantismo *a la* André Glucksmann, produziram autores como Gilles Deleuze, Michel Foucault e Jacques Derrida. Em França, segundo Pedro Lomba, o liberal-conservadorismo sempre teve vida mais difícil, hostilizado por todo o tipo de extremismo, do jacobinismo ao fascismo.[74] Sempre fixos permanecem também os autores clássicos, como Platão, Nicolau Maquiavel, Thomas Hobbes, cuja sabedoria profunda, nas palavras de Miguel Morgado, é confirmada pela prova do tempo.

A influência anglo-saxónica é explicada eficazmente por Francisco Mendes da Silva, segundo o qual a fórmula, hoje na moda, do «conservadorismo nos valores e liberalismo na economia» é bastante simplista e rasteira. A lição de autores como Roger Scruton, pelo contrário, permite assentar raízes mais profundas naquele grande movimento intelectual do século XX que combinou o conceito de Ordem com o de Liberdade. O conservador preza como valor político principal o da Ordem e não o da Vida ou da Liberdade, que são valores pré-políticos. Depois do caos da Segunda Guerra Mundial, os conservadores abandonam progressivamente a crítica à democracia, ao pluralismo, ao capitalismo e ao mercado livre, considerados, até então, disruptivos das comunidades. Entendem que a ordem espontânea é a única viável, por ser a mais duradoura, devido à sua essência, resultante das sedimentações naturais das relações entre as pessoas.

---

[74] Pedro Lomba, entrevista de José Maria Pimentel, 10 de Outubro de 2019.

A ordem imposta, pelo contrário, é artificial e semente de caos. No conservadorismo britânico, o trabalho intelectual do Conservative Research Department, liderado por Keith Joseph, guru intelectual de Margaret Thatcher, aproximou esta família política ao mercado livre, assim que, quando chega ao poder nos anos 1970, a Dama de Ferro pode reivindicar, com o maior à-vontade, a sua inspiração em Friedrich Hayek, autor, em 1960, do ensaio *Why I Am Not a Conservative*. A aceitação da ordem espontânea introduz, assim, na bagagem cultural do conservadorismo o mercado livre na economia e a democracia, o pluralismo, o parlamentarismo na política, todos instrumentos para eternizar o conflito, sem rupturas. Tudo isso é ponto assente na geração de intelectuais conservadores portugueses, entre o final do século XX e o princípio do XXI.

A linha anglo-saxónica abre as portas da direita portuguesa também aos autores neoconservadores norte-americanos, mas sem que representem uma referência geracional. João Pereira Coutinho, por exemplo, recorda ter aderido à *Atlântico* sem uma postura militante ocidentalista, pró-americana e neoconservadora. A onda neoconservadora, desenvolvida à sombra de Ronald Reagan e popularizada pela administração George W. Bush, aliás, merecia-lhe as maiores reservas, devido à postura quase messiânica de implantação da democracia liberal em todo o Mundo. De facto, o impacto destes autores das direitas anglo-saxónicas junto dos intelectuais portugueses deve ser relativizado.

Rodrigo Moita de Deus, por exemplo, recorda que o 11 de Setembro foi, sim, importante, mas não marcou um antes e um depois para o próprio. Na sua geração havia pessoas mais sensíveis do que outras à influência norte-americana e estrangeira no geral. Havia os liberais obcecados com Mises e Hayek e os conservadores com Scruton e Oakeshott, sempre à procura de modelos que nunca encaixavam na realidade portuguesa. Ou seja, estas referências funcionavam para alguns, mas não podem ser generalizadas a toda a geração de intelectuais de direita. Moita de Deus, pessoalmente, sempre achou que Portugal não é os Estados Unidos da América ou o Reino Unido, ao passo que nas tertúlias confrontava-se com colegas interessadíssimos em qualquer eleição americana, na análise ao pormenor da presidência Clinton, como se os Estados Unidos fossem um continente e não apenas um país, onde as diferenças entre os republicanos e os democratas — e mesmo dentro de cada uma das duas famílias políticas — muito pouco tinham que ver com a realidade europeia. Entre pró-americanos, neoliberais e demais denominações, Moita de Deus identificava-se mais com a que define «uma direita conservadora mediterrânica», interessada em observar os fenómenos, mas não em ser chateada com alinhamentos de *tifosi*.

Alicerçado no conservadorismo clássico, João Pereira Coutinho já na altura se norteia pelo cepticismo antropológico, baseado no princípio de que o homem sabe muito menos daquilo que acha. Isso tem consequências relevantes no exercício do poder político. O pessimismo antropológico impede um conservador de confiar cegamente na natureza providencial, iluminada de quem quer que seja, inclusive de líderes ou teóricos políticos. Daí a impermeabilidade aos projectos messiânicos e teleológicos de democratização liberal do mundo. Nas páginas da *Atlântico*, João Pereira Coutinho explica que o conservador se preocupa com o presente e deixa o passado aos reaccionários e o futuro aos revolucionários. Uma perspectiva partilhada também por Rui Ramos que, na revista, celebra o Tintin de Hergé, personagem na qual convergem na perfeição os três princípios de um bom conservador liberal: a curiosidade para tudo o que nos rodeia, a certeza na necessidade de acreditar em muito pouco e a consciência de que as pessoas reais à nossa volta nunca devem ser sacrificadas a qualquer ideal humanitário abstracto.[75] A prudência perante as grandes ideologias palingenéticas deriva da convicção de que o indivíduo não é dono de nada, mas apenas está a tomar conta, a cuidar de algo que lhe foi transmitido e que deve, por sua vez, transmitir aos seus filhos, às gerações futuras, assim como fizeram as gerações passadas. Na metáfora de João Pereira Coutinho, um conservador não desmonta um relógio *Patek Philippe* para saber como funciona. Basta-lhe saber e ver que funciona. Se detecta um atraso, não mete pessoalmente mãos aos mecanismos do relógio, mas procura um relojoeiro minucioso ou adapta-se à pequena imperfeição.[76] Esta postura é resumida por Pedro

[75] Rui Ramos, *Atlântico*, Julho de 2007.

[76] João Pereira Coutinho, *Atlântico*, Julho de 2006.

Marques Lopes em entrevista a Anabela Mota Ribeiro, em 2014: «Não sou revolucionário. Odeio revoluções! A revolução estraga mais do que constrói. Acredito nas reformas. [...] Sou um reformador, não sou um revolucionário. Se me posso identificar ideologicamente, é por aí».[77]

Esta identificação é bastante transversal à geração de intelectuais de direita empenhados nos blogues, substancialmente imunes à onda neoconservadora do princípio do século XXI e a qualquer veleidade messiânica e revolucionária. O alinhamento com a mobilização bélica do Ocidente é determinado pela necessidade de reagir a uma ameaça real contra a ordem estabelecida, e não pela adesão à cruzada triunfalista, democrática, anti-islâmica.

No campo dos valores, o conservadorismo não tem a mesma transversalidade entre estes jovens intelectuais de direita. A revista *Atlântico*, por isso, abre as suas páginas a posições diferenciadas em temas sensíveis como a interrupção voluntária da gravidez, defendida por Vasco Rato, e o casamento entre pessoas do mesmo sexo, apoiado por Adolfo Mesquita Nunes. Acerca deste último tema, João Marques de Almeida recorda o liberalismo vincado de Mesquita Nunes já nesta altura, mas salienta como também a direita da *Atlântico* não condena o casamento entre homossexuais. A linha geral dos colaboradores da revista é o princípio da não discriminação em razão da preferência sexual individual, e, ao mesmo tempo, a diferenciação entre, por um lado, as uniões entre pessoas do mesmo sexo e, por outro, a equiparação destas uniões ao instituto do casamento heterossexual. A equiparação já levanta reservas, devido à importância da procriação garantida por parceiros sexualmente diferentes, que não pode ser simplesmente desbaratada, por cegueira ideológica, através dos avanços tecnocientíficos. A prossecução da espécie por procriação natural é um elemento a ser valorizado numa perspectiva conservadora, independentemente da postura liberal de não intromissão do Estado na vida das pessoas.

A tensão entre conservadores e liberais na *Atlântico* emerge em 2006, quando Pedro Picoito critica o alargamento do instituto do casamento a casais homossexuais por ser a estratégia das esquerdas radicais, através da agenda LGBT, para desestruturar as instituições tradicionais como

---

[77] Anabela Mota Ribeiro, *Jornal de Negócios*, 3 de Outubro de 2014.

a família, numa perspectiva de subversão da sociedade. Em resposta, Adolfo Mesquita Nunes reconhece a oposição generalizada, na direita portuguesa, inclusive no PSD e no CDS, ao casamento entre pessoas do mesmo sexo, mas sublinha que tal não implica a inexistência de posições diferentes de matriz liberal. O jovem intelectual liberal censura a direita por aplicar o princípio de não ingerência do Estado na vida privada dos indivíduos apenas nas esferas económica, religiosa, de pensamento e expressão, mas não nas esferas da afectividade, da sexualidade, das relações familiares. Na sua análise, a única diferença relevante entre o casal homossexual e o heterossexual é o sexo dos parceiros, sendo tudo o resto perfeitamente igual. O casamento é, em primeiro lugar, um contrato entre dois indivíduos, o que torna incompreensível a exclusão deste contrato em razão da identidade sexual dos contraentes. É evidente, por isso, que a oposição ao casamento homossexual é apenas de natureza moral. A reserva moral é legítima, mas, numa perspectiva liberal, não pode moldar as leis que regulam a vida de todos os indivíduos. O Estado não serve para impor a visão social-moral da maioria, mas para proteger as minorias da visão potencialmente totalitária da maioria. Para um liberal, não faz sentido continuar a considerar a família heterossexual unida em casamento como o modelo mais adequado, tanto que os próprios PSD e CDS aceitaram o divórcio e, uma vez no governo, legislaram no sentido de favorecer, através da discriminação positiva, as famílias monoparentais.

Também o tema da natalidade não é justificativo, pois o casamento já não é o berço das famílias numerosas de antigamente. O instituto da família e as dimensões à sua volta — contracepção, emancipação das mulheres, filhos ilegítimos, etc. — têm vindo a acompanhar as mudanças sociais, aceites por qualquer conservador por serem adaptações aos tempos e não frutos de processos revolucionários. O alargamento do casamento às pessoas do mesmo sexo não retira nada ao casamento heterossexual. As uniões civis, pelo contrário, não podem ser uma alternativa para um liberal, uma vez que, mesmo como discriminação positiva, marcam uma diferença inaceitável entre heterossexuais e homossexuais.[78] A rejeição da superioridade moral como bússola

[78] Adolfo Mesquita Nunes, *Atlântico*, Setembro de 2006.

política de uma parte em relação a toda a sociedade permanece uma constante no pensamento de Adolfo Mesquita Nunes que, em 2018, apontará «a moralização do debate político das últimas décadas» como o factor determinante do surgimento do populismo, tanto de esquerda como de direita. Para o intelectual liberal, os partidos moderados, do sistema, são os responsáveis pelo alastrar desta lógica binária do bem e do mal, terreno fértil dos populistas radicais. O «protopopulismo» moralizador abriu a porta aos Pablo Iglesias, aos Nicolás Maduro, às Marine Le Pen, aos Jaroslaw Kaczyński, aos Viktor Orbán, aos Donald Trump, aos Matteo Salvini, cada um com a sua visão dicotómica do povo e da elite.[79]

As razões de Adolfo Mesquita Nunes não soam assim tão bizarras entre os colaboradores da *Atlântico*. Na política, o conservadorismo à moda de Michael Oakeshott — evitar mudanças sem reflexão ponderada — acompanha sempre a vontade de reforma no sentido liberal. Nos valores, o conservadorismo expressa-se segundo matizes diferentes, deixando ampla margem de manobra ao liberalismo nos temas quentes como o aborto e a homossexualidade.

Ao longo dos quatro anos de existência, a revista exerce alguma influência entre as direitas e algum impacto nas esquerdas. A *Atlântico* desperta uma certa simpatia, graças à capacidade de preencher, com qualidade, o vazio existente na editoria intelectual e cultural de direita. Por isso, desperta também alguns ódios, principalmente nos intelectuais de esquerda que, chegados mais tarde à blogosfera, encaram com sobranceria o ativismo dos coetâneos liberais. O desagrado é expresso também por intelectuais da área social-democrata com passado na esquerda. José Pacheco Pereira, por exemplo, liquida a *Atlântico* — na revista *Sábado* de 9 de Março de 2006 — como um projecto de Paulo Portas, através de intelectuais activos na blogosfera — em particular no blogue Acidental, na senda do Caderno 3 d'*O Independente* — e cuja cultura política tem que ver com o radicalismo de direita mais que com o liberalismo. A *Atlântico* rejeita as acusações e, através de Vasco Rato, faz notar como, entre os fundadores, só um é militante do CDS, outro do PSD e três totalmente independentes. Entre os

[79] Adolfo Mesquita Nunes, *Diário de Notícias*, 28 de Outubro de 2018.

colaboradores, não há nenhum membro do grupo parlamentar do CDS. E apenas alguns dos mais de vinte animadores do Acidental escrevem na *Atlântico*. Para Vasco Rato, identificar a revista com a direita radical é totalmente descabido, uma vez que as suas posições em política interna e externa são muito mais próximas das do próprio Pacheco Pereira: apoio à segurança de Israel, oposição ao programa nuclear do Irão, suporte à guerra do Iraque, luta ao terrorismo, apoio da intervenção militar quando necessário, reforma da União Europeia, reforma da justiça, da educação e do Estado providência em Portugal, aposta na autoridade renovada do Estado e das suas forças de segurança, assim como liberalização da economia e da concorrência. Além disso, a revista já dera prova de abertura ao pluralismo em temas tabu para a extrema-direita como o aborto, a homossexualidade, as políticas de discriminação positiva para as mulheres.[80]

Também Paulo Pinto Mascarenhas recorda, hoje, que a *Atlântico* nunca foi um projecto partidário ou de algum líder político, pois estava interessada na área ampla das direitas, mais que nos partidos PSD e CDS. Os redactores tinham, como óbvio, preferências partidárias, mas o próprio, quando assumiu a direcção da revista, abandonou o lugar de adjunto de Paulo Portas. Os projectos partidários eram paralelos, mas independentes face à revista. Por exemplo, as «Noites à Direita», organizadas no Café Nicola em colaboração com António Pires de Lima e com convidados de centro-direita e de centro-esquerda, tinham o propósito claro de influenciar num sentido liberal o CDS, ainda muito ligado à matriz democrata-cristã conservadora. A *Atlântico* permanecia externa a estes projectos individuais, não representando sequer uma plataforma de contacto orgânica com Paulo Portas, sempre bastante desconfiado em relação a projectos não directamente controlados por si. Segundo Luciano Amaral, na revista sempre se cruzaram interesses e agendas diferentes, informais, que se combinavam sem grandes problemas. Este, como fundador, estava mais interessado na vertente cultural, filosófica, liberal das direitas em geral. Outros, como Vasco Rato ou o director Pinto Mascarenhas, podiam ter também propósitos de influenciar o PSD e o CDS. Ou seja, as perspectivas de curto prazo

---

[80] Vasco Rato, *Atlântico*, Abril de 2006.

dirigidas aos partidos parlamentares encaixavam com as de médio--longo prazo dirigidas à área política no geral.

Apesar da independência reivindicada face aos partidos, estes últimos sempre olharam com interesse para as iniciativas dos intelectuais liberal-conservadores. Este meio intelectual tinha sustentado por completo a política externa atlantista do governo PSD-CDS, simbolizada pela cimeira de 16 de Março de 2003, na base das Lajes (Açores), entre Durão Barroso, George W. Bush, Tony Blair e José Maria Aznar, para consertar a linha face à ONU e ao Iraque, na véspera do ataque militar. Segundo João Marques de Almeida, o primeiro-ministro Durão Barroso tinha perfeita noção do papel deste grupo de intelectuais. O seu assessor entre 2002 e 2005, o diplomata Nuno Brito, em particular, apreciava as intervenções do grupo na blogosfera e nos jornais: no caso de Marques de Almeida, a coluna semanal no *Diário Económico*.

A partir de 2005, também Aníbal Cavaco Silva se aproxima do grupo da *Atlântico*. Após uma década de afastamento da política, Cavaco começa a tecer a rede para a sua candidatura a Belém e reconhece na revista um interlocutor importante para alcançar determinados sectores da direita. Numa reunião na Universidade Católica entre Cavaco Silva, João Marques de Almeida, Rui Ramos, Luciano Amaral e Helena Matos, o futuro presidente mostra o seu interesse na *Atlântico* como revista líder de opinião junto de uma certa faixa de eleitores de direita, pela sua oposição forte ao governo Sócrates, mas também pela crítica à crise do PSD. Sinal deste reconhecimento é o convite de Cavaco Silva a Luciano Amaral para integrar as duas comissões eleitorais para a Presidência da República: um cargo meramente honorífico, num conjunto alargado de pessoas sem ligações à *Atlântico* e onde, aliás, os liberais constituíam uma parte bastante pequena. Curiosamente, sete meses antes da oficialização da candidatura de Aníbal Cavaco Silva, a revista *Atlântico*, no seu primeiro número, demonstra-se bastante dura com o antigo primeiro-ministro. Rui Ramos, em particular, aponta o biénio 1993–1995 como o fim do cavaquismo, com derrotas eleitorais sucessivas.

A década anterior, inaugurada pelo Congresso do PSD da Figueira da Foz em Maio de 1985, tinha representado a ascensão do astro, tímida no princípio: as legislativas de Outubro de 1985 garantem ao PSD um incremento de apenas dois pontos percentuais face às legislativas de 1983, conquistando o governo só graças à erosão eleitoral do PS causada pelo PRD. No biénio 1985–1987 — ano de consagração como protagonista político — Cavaco Silva delineia a sua estratégia de «não direita», muito influenciado pelo resultado das presidenciais de 1986. Estas eleições confirmam que os 51% do candidato socialista Mário Soares não se iriam repetir, devido à desunião da esquerda nos três partidos eleitoralmente consistentes (PS, PRD e PCP), ao passo que o PSD podia capitalizar, e até incrementar, todo o largo resultado de Diogo Freitas do Amaral (quase 49%). Neste contexto, Aníbal Cavaco Silva percebe a necessidade de não se promover como líder da direita, para não se tornar alvo fácil da esquerda — o inimigo conservador e autoritário —, cuja convergência começa a ser encarada como uma possibilidade após a queda do Comunismo. Para a revista *Atlântico*, Cavaco Silva sacrificou a bipolarização política em nome do seu projecto de poder, mantendo a equidistância social-democrata tanto do estatismo socialista como do liberalismo centrista de Francisco Lucas Pires. Não adversou a direita, mas sempre procurou integrar, no PSD, os intelectuais trânsfugas da esquerda moderada e liberal, numa fórmula segura para aliciar também o eleitorado mais conservador do mundo católico e dos proprietários, ainda assustados com o socialismo e o comunismo. Longe de proporcionar uma saudável bipolarização do sistema político, esta fórmula governativa cristalizou o pacto de regime, guardião do *statu quo*. Cavaco limitou-se apenas a uma crítica velada à classe política, em nome do pragmatismo dos técnicos.

Numa década e meia, Cavaco liquidou qualquer pujança anti-sistema da antiga Aliança Democrática de 1979 — criada por Francisco Sá Carneiro, como federação das direitas contra o socialismo e o comunismo — e consolidou o papel do PSD de poder — principalmente a nível autárquico, incluindo Lisboa —, em colaboração com o PS de Mário Soares, os dois como pilares do sistema. O PSD de Cavaco Silva é o porta-voz da maioria silenciosa dos portugueses que trabalham, não reclamam e não se metem em politiquices. É a casa dos portugueses que não procuram um líder carismático, messiânico, personalista, mas que se limitam a confirmar o mandato governativo de quatro em quatro anos. O pragmatismo equidistante de Cavaco Silva coincide curiosamente com uma década de clarificação do posicionamento político dos portugueses, com os eleitores do PS e do PCP a deslocar-se mais à esquerda, os do CDS para o centro, ao passo que a base social-democrata começa a assumir-se mais de direita, sem grandes complexos.

Estas constatações levam os intelectuais da *Atlântico* a criticar Aníbal Cavaco Silva, por nunca ter querido desmantelar o sistema montado pelas esquerdas, mas ter-se limitado a combinar algum reformismo liberal com o intervencionismo de Estado, como demonstram o aumento do défice em relação ao PIB e do número de funcionários públicos, e uma certa desconfiança em relação à classe empresarial portuguesa. A aposta na combinação entre ajudas comunitárias e baixos salários para atrair investimento estrangeiro foi pouco clarividente e demonstrou todos os seus limites após a queda do Comunismo, quando a abertura da economia à Europa de Leste tornou estes países concorrentes implacáveis de Portugal. A desilusão das direitas em relação a Cavaco Silva começa a emergir em meados da década de 1990, com o recuo de muito eleitorado conservador do norte do País no abstencionismo e com o crescimento do Partido Popular (CDS-PP), herdeiro da direita agressiva anticavaquista d'*O Independente*. O Cavaco tecnocrata e pragmático afundou o seu projecto de poder que nunca quis ser um projecto político para moldar a ampla frente da direita nacional, que teria resguardado o partido do previsível vendaval do descontentamento popular.[81]

A eleição de Cavaco Silva logo na primeira volta das eleições presidenciais, a 22 de Janeiro de 2006, não arrefece as perplexidades dos colaboradores da *Atlântico*. Para Francisco Mendes da Silva, o apoio do centro-direita e dos seus intelectuais à candidatura de Cavaco Silva, por ausência de alternativas, pode ter consequências nefastas para a direita. A maioria absoluta conquistada pelo neo-presidente Cavaco, pois, pode ser motivo de regozijo para a direita, mas não é garantia nenhuma para a liberalização de Portugal das amarras do Estado. A maioria absoluta de 2006 é fruto da confluência de um eleitorado demasiado amplo em termos de cultura política: os moderados pró-regime, os apreciadores

[81] Rui Ramos, *Atlântico*, 30 de Junho de 2005.

do presidencialismo dirigista, mas também os adeptos do messianismo político e do protesto anti-sistema, num leque que vai dos soberanistas de esquerda aos autoritários de direita. Por isso, é de esperar a reedição da estratégia clássica de Cavaco Silva em esquivar-se a ser o promotor do projecto liberal-conservador de modernização do País.[82]

Desde os seus primeiros números, a *Atlântico* hostiliza a histórica estratégia centrista dos partidos de centro-direita e dos seus líderes, e recusa qualquer entendimento com o governo maioritário de José Sócrates. O anti-socialismo leva até a abraçar — de forma paradoxal — o discurso populista, perante o agravar da crise económica no fim do governo Sócrates: Pedro Lomba lança, assim, o apelo «sejamos populistas», perante os últimos quinze anos de governação socialista, nos quais uma elite ocupou o aparelho do Estado, por meros interesses pessoais e das oligarquias sociais que a sustentam no poder.[83]

Para José Marques de Almeida, a estratégia centrista, longe de ser um antídoto ao populismo de direita, pode, pelo contrário, representar uma janela de oportunidade para o seu enraizamento também em Portugal, na forma de protesto anti-sistema. Isso porque no centro converge historicamente uma parte da classe média portuguesa, com cultura política conservadora, interesse pela participação política contra qualquer fuga no abstencionismo, uma certa alergia a qualquer forma de radicalismo e dogmatismo, adepta do pragmatismo do voto útil entre os dois maiores partidos, PS e PSD. Estes eleitores são, hoje, maduros, como madura é a democracia portuguesa, razão pela qual pretendem propostas claras, projectos definidos, encabeçados por líderes fortes. A indefinição de um centro político abstracto já não satisfaz a sua demanda política, à procura de projectos claramente diferenciados que sustentem a alternância no poder entre a esquerda e a direita, como acontece nas democracias maduras da União Europeia. Este eleitorado quer, portanto, ofertas políticas de direita e de esquerda, que a partir destas duas polaridades conquistem o centro. Ou seja, a prioridade não é posicionar-se ao centro e a partir daí construir a proposta política, mas a partir do posicionamento na direita construir uma oferta

[82] Francisco Mendes da Silva, *Atlântico*, Fevereiro de 2006.

[83] Pedro Lomba, *Público*, 19 de Outubro de 2010.

apelativa para o eleitorado maduro. O Portugal de 2005 já não é o Portugal de 1987, onde o discurso centrista de Cavaco Silva, focado no atraso económico, conquistava eleitorado porque era antitético ao revolucionarismo dos anos da transição. O crescimento da década de 1990 já esgotou este discurso. Em 2005, o eleitorado português tem outras exigências, e pensar que o povo raciocina ao centro é cometer o mesmo erro do populismo que abusa da demagogia para dar voz à alegada vontade geral de um povo imaginado. Da mesma forma, é errado pensar que o centro represente a ordem democrática, ameaçada por actores políticos ilegítimos e por eleitores deploráveis, situados nos dois polos de esquerda e de direita. A democracia europeia é alternância direita-esquerda, ancorada em pensamento político sólido, convincente para eleitores à procura de orientações.[84]

Na mesma linha, Nuno Garoupa desenvolve uma análise que se tornará clássica nas suas intervenções ao longo dos anos: a ideia de que o défice democrático de Portugal reside também na persistência da alternância no poder entre forças centristas, em detrimento da alternativa de poder entre projectos claros de esquerda e de direita. Em Portugal, o lema da elite é a procura do consenso, para evitar qualquer dissenso ou divergência. Esta característica, muito portuguesa, já não se encontra, por exemplo, na vizinha Espanha, onde impera a polarização saudável entre o Partido Popular (PP) e o Partido Socialista Obrero de España (PSOE), claramente posicionados na direita e na esquerda, respectivamente. Toda a elite política portuguesa (Aníbal Cavaco Silva, António Guterres, José Manuel Durão Barroso, Pedro Santana Lopes, José Sócrates, Mário Soares e Jorge Sampaio) sempre preferiu o oligopólio político, através de um discurso demagógico e até «populista» no sentido pejorativo de ludibriar o povo com promessas de vantagens de médio-longo prazo, sem necessidade de pagar custos de curto prazo. O engano, demonstrado pelo empobrecimento contínuo do país, pela estagnação económica e pela divergência em relação aos parceiros da União Europeia, já começa a abrir os olhos, inclusive aos mais fervorosos adeptos do regime.[85]

---

[84] João Marques de Almeida, *Atlântico*, 31 de Março de 2005.

[85] Nuno Garoupa, *Atlântico*, 31 de Janeiro de 2006.

A insatisfação com a classe política da direita portuguesa, a apetência para uma evolução bipolar do panorama político, norteado pelo realismo, a nível nacional como internacional, a determinação em disputar a hegemonia cultural com a esquerda, sem ceder à sua sobranceria moral, graças a um património de ideias renovado e sólido, e a clarividência perante o populismo montante, favorecido por uma direita inibida pelo politicamente correcto, são todos ingredientes em apuramento avançado neste meio intelectual liberal-conservador, ao longo da primeira década do século XXI, na véspera do vendaval da crise económica internacional.

Capítulo 3

ENTRE O PASSISMO E A INTEGRAÇÃO NO SISTEMA

A revista *Atlântico* termina em Fevereiro de 2008, após a publicação de trinta e sete números. Apesar do interesse despertado, o seu desaparecimento não é colmatado — pelo menos até à fundação do jornal *Observador*, em 2013 — por nenhuma outra iniciativa editorial relevante para esta área político-intelectual. Isso deve-se, por um lado, ao desfazer da rede dos fundadores — em 2006, João Marques de Almeida passa a trabalhar em Bruxelas, junto do presidente da Comissão Europeia, Durão Barroso, em 2007, Vasco Rato transfere-se para os Estados Unidos da América — e, por outro lado, à dificuldade em encontrar financiadores para novos projectos culturais e de opinião. Já na fase final da *Atlântico*, a hipótese de o empresário António Carrapatoso segurar financeiramente a revista não se tinha concretizado.

Terminado o parêntese da *Atlântico*, os seus colaboradores passam a integrar jornais e revistas da primeira linha da comunicação social nacional. Estes percursos são sempre individuais, com convergências pontuais, mas sem um projecto orgânico comum. Nos seus textos, permanece viva e consolidada a linha editorial da *Atlântico*, comum tanto aos liberais como aos conservadores: o atlantismo, o ocidentalismo, a ideia de uma cultura e de uma civilização sob ataque, merecedoras de serem defendidas tanto do fanatismo islamista, como do desconstrutivismo neomarxista, como dos extremismos políticos. Uma linha que, nos seus diferentes matizes, os tinha notabilizado junto dos grandes meios de comunicação.

Os próprios fundadores da *Atlântico* salientam, como legado importante da revista, o facto de ter lançado intelectuais que, nos anos seguintes, se afirmaram como dirigentes partidários e, principalmente, como fazedores de opinião nos jornais e nas televisões. Traçando uma linha que chega até ao *Observador*, a *Atlântico* funcionou um pouco como o *Semanário* de José Miguel Júdice e Marcelo Rebelo de Sousa, nos anos 1980, em relação a *O Independente* da década seguinte. Tanto o *Semanário* — mais comprometido com o PSD — como a *Atlântico* representam etapas da tentativa de dar consistência ideológica à direita, numa perspectiva prosseguida pelo *Observador*, a partir da segunda década do século XXI.

Espalhada pelas redacções dos jornais e das televisões, esta geração tem a oportunidade de testar a sua identidade liberal-conservadora, operando num meio tendencialmente mais de esquerda. O desafio é complicado pelo facto de o meio jornalístico português ser bastante reduzido em termos de recursos, o que torna a expressão de ideias consideradas próximas da direita dura, mais vulnerável ao cancelamento. Esta prudência é comum aos intelectuais com militância partidária e aos oriundos do meio académico, alérgicos à colagem de rótulos indesejados. Com raras excepções, os académicos até preferem manter-se sempre no plano da análise científica nas suas intervenções na comunicação social e fugir à polémica mediática, mais comum entre os comentadores de direita. Quando, num meio relativamente pequeno, a opinião expressa ganha respeitabilidade e torna o autor uma referência procurada pelos meios de comunicação, a tendência é a de segurar a janela de expressão, calibrando o levantar ondas. Não se trata de interesse material — muitos destes intelectuais de direita não precisam das avenças dos jornais —, mas de acomodação ao meio mediático nacional, no qual as esquerdas exercem uma vigilância bastante apertada.

Para Paulo Pinto Mascarenhas, a integração dos colaboradores da *Atlântico* no sistema mediático determina uma certa moderação do discurso. No seu testemunho directo, havia uma maior radicalidade na escrita destes jovens intelectuais na altura dos blogues, em comparação aos sucessivos textos na imprensa *mainstream*. A evolução é bastante normal, tendo em conta a passagem de uma bolha ideologicamente bastante reduzida e compacta para colunas de opinião com maiores exigências de responsabilidade, porque dirigidas a um público ideologicamente mais diversificado. A mudança é mais acentuada nalguns que noutros.

O interesse do sistema mediático para estes intelectuais, contudo, é claro. Henrique Raposo, por exemplo, recorda ter sido convidado, em 2008, pelo director do *Expresso*, Henrique Monteiro, para ser cronista do semanário, graças ao seu desempenho na *Atlântico*, considerada o palco dos novos talentos de direita. A partir de 2009, a colaboração passa a ser diária, com liberdade total para escrever sobre o que desejava. Os exemplos de intervenção regular nos *media* são vários. Só para dar alguns exemplos: Luciano Amaral começa em 2011 a sua coluna de opinião no *Correio da Manhã*; Pedro Lomba assina uma coluna bissemanal no jornal *Público*; Maria João Marques estreia-se como colunista do *Diário Económico* em 2011, numa carreira que prosseguirá no *Observador* (2014–2019), no *Público* (desde 2020) e nas televisões TVI24 e SIC Notícias; Duarte Schmidt Lino e Alexandre Homem Cristo, mais tarde, integrarão o *Observador*.

O cariz individual destes percursos deve-se também à alergia genuína de muitos destes intelectuais para o clubismo ideológico. Ainda em 2020, por exemplo, em resposta à crítica do eurodeputado Nuno Melo sobre a incapacidade de a direita defender os seus, na praça pública, como faz a esquerda, João Miguel Tavares afirma rejeitar, desde sempre, o princípio tribalista do «um de nós», que pressupõe um nível de ideologização incompatível com a liberdade individual. Para o colunista do *Público*, existem princípios superiores que perpassam a dicotomia esquerda e direita: a corrupção, a mentira, a desonestidade, não são assuntos de esquerda, nem de direita, mas facetas antropológicas do ser humano. Não há razão nenhuma para um intelectual se sujeitar ao clubismo político, ainda menos quando isso implica frentes comuns com a direita populista, de todo não pertencente, por inconsistência, «aos meus».[86]

---

[86] João Miguel Tavares, *Público*, 12 de Maio de 2020.

Para explicar este individualismo intelectual, João Pereira Coutinho recorre a uma ideia expressa pelo filósofo francês Luc Ferry: a sua geração não é menos utópica que a anterior, mas vive as utopias no privado, não procurando dimensões comunitárias. O abandono progressivo de certo radicalismo inicial, presente nos textos sobre multiculturalismo, islão, migrações, não é devido necessariamente à conveniência profissional. No seu caso, por exemplo, deveu-se muito a uma mudança de perspectiva sobre as urgências que o mobilizaram no princípio dos anos 2000. Hoje, vê mais o carácter cómico daquelas urgências, devido ao desencantamento com o fenómeno político. A qualidade das elites em Portugal faz emergir cada vez mais o carácter humorístico dos acontecimentos, o que o leva a crer que, de facto, não valha a pena qualquer radicalismo em política. Em Portugal já não reside nenhum centro de decisão, mas apenas os simulacros do poder real. Qualquer oposição radical ao primeiro-ministro de Portugal é, na verdade, uma oposição a um mero governador de província da União Europeia, a um notário de Bruxelas. É o desencanto da maturidade.

Passados dois anos do fim da *Atlântico*, a nova janela de oportunidade para os jovens intelectuais de direita é aberta pela queda do governo de José Sócrates, no vendaval da crise financeira internacional e do sucessivo resgate financeiro de Portugal, com a intervenção da Troika. A ascensão a primeiro-ministro do líder do PSD, Pedro Passos Coelho, tem relevância geracional para os intelectuais de direita: por idade, Passos Coelho encaixa entre os nascidos na década de 1960 e os mais novos na de 1970. Além disso, Passos Coelho era tido como um liberal em política, favorável à reforma da administração pública, à diminuição da presença do Estado no mercado e da ingerência na vida privada das pessoas, principalmente nos temas dos valores e dos costumes. O teor liberal já estava patente no seu programa de candidatura à liderança do PSD em 2008, contra Manuela Ferreira Leite, embora o seu afastamento da primeira linha da vida partidária, a partir de 2001, não fizesse dele propriamente uma referência para a geração *Atlântico*. De facto, a sua candidatura a primeiro-ministro desperta, inicialmente, muitas reticências.

O escasso entusiasmo perante o iminente acesso da direita ao poder prende-se também com a desilusão face às experiências partidárias dos últimos anos e à capacidade reformadora do centro-direita. Luciano Amaral, por exemplo, recorda ter sido convidado por Alexandre Relvas — director de campanha de Aníbal Cavaco Silva — para integrar, em 2009–2010, um grupo de trabalho no Instituto Sá Carneiro, para elaborar programas sectoriais para o PSD, numa espécie de governo sombra do partido, na altura liderado por Manuela Ferreira Leite. Quando Pedro Passos Coelho sucede a Manuela Ferreira Leite, em Abril de 2010, todo o trabalho intelectual montado em quase um ano de reuniões é, pura e simplesmente, posto na gaveta, como que confirmando que o reformismo fosse apenas uma fórmula promocional das lideranças conjunturais.

Para vencer as resistências dos intelectuais de direita face a Passos Coelho, os mais velhos começam a estreitar a rede de contactos. Operam neste sentido, em particular, Vasco Rato e António Nogueira Leite, já colegas, desde 2003, na criação do Instituto Português de Relações Internacionais (IPRI). O primeiro tinha apresentado Pedro Passos Coelho ao segundo, em 2006, num jantar na Vela Latina, inaugurando assim uma importante colaboração com o futuro primeiro-ministro. Além disso, Vasco Rato integrava, juntamente com o financiador da *Atlântico*, Paulo Teixeira Pinto, o Movimento Pensar Portugal, co-fundado pelo líder social-democrata.

Naquela fase, Pedro Passos Coelho não tinha grandes entradas nos meios intelectuais e académicos e os dois fundadores do IPRI preocupam-se em abrir caminhos para promover o líder do PSD junto dos meios liberais. Para tal, montam o *think tank* Construir Ideias — de que Vasco Rato se tornará presidente, numa segunda fase — para lançar a candidatura de Passos Coelho à liderança do PSD e, sucessivamente, do governo. O Construir Ideias torna-se um espaço de convívio entre decisores nas áreas das relações internacionais, da cultura, dos *media*. Os promotores da *Atlântico* não são orgânicos a este projecto, mas, através deste, alguns deles contactam directamente com Passos Coelho. É o caso de Miguel Morgado, já filiado no PSD, que conhece pessoalmente e futuro primeiro-ministro, quando convidado, como orador, numa conferência de Construir Ideias sobre o 25 de Abril.

O *think tank* funciona para gerar *policies*, mas também para trazer, em torno da liderança do PSD, pessoas que, independentemente da filiação partidária, tivessem interesse para uma discussão sobre o partido. Estes confrontos de ideias geram muitas das linhas sectoriais do futuro governo de Pedro Passos Coelho. Através desta rede, por exemplo, a 21 de Janeiro de 2010, Rui Ramos lança o livro *Mudar*, de autoria do líder social-democrata e que constitui o programa liberal do futuro governo PSD-CDS. Centenas de pessoas participam no evento, na Gare Marítima da Rocha do Conde de Óbidos, marcando o sucesso do Construir Ideias na aproximação de um conjunto de académicos e intelectuais que, mesmo sem filiação partidária, se comprometem em apoiar Pedro Passos Coelho.

O percurso promocional do líder social-democrata junto destes meios intelectuais é reconhecido também por João Marques de Almeida. A candidatura de Passos Coelho à liderança do PSD é o primeiro momento de aproximação entre o jovem líder do partido e os intelectuais da *Atlântico*, consolidando-se, de vez, com a campanha eleitoral contra José Sócrates, com o projecto de alternativa ao socialismo. A ideia dos fundadores da *Atlântico* é apoiar a liderança de Passos Coelho para promover a viragem à direita do PSD, aproximando-o, assim, da identidade do seu eleitorado de base. Já contestada aquando da fundação do PSD, em 1974, e muito além dos condicionalismos revolucionários da altura, a identidade de direita do partido continuava bastante polémica no começo do século XXI. Ainda em 2020, por exemplo, o tema é asperamente debatido entre Miguel Morgado e José Pacheco Pereira, por ocasião da formação política organizada pela JSD.[87] Em 2008, a viragem à direita do PSD procurada pelos sociais-democratas vindos da *Atlântico* é dificultada pela inexistência histórica de líderes partidários que, alguma vez, tenham assumido esta identidade, tendo sempre preferido, pelo contrário, apresentar o reformismo liberalizante sem conotações comprometedoras. É o caso, por exemplo, do social-liberalismo de Cavaco Silva, do social-conservadorismo de Marcelo Rebelo de Sousa e do pragmatismo de Durão Barroso. Perante estes antecedentes, os fundadores da *Atlântico* vêem em Pedro Passos Coelho a primeira figura disponível em abandonar esta tradição e em assumir, finalmente, a identidade

---

[87] Comissão política JSD, *live* Facebook, 21 de Dezembro de 2020.

de partido de direita liberal na economia e conservador nos valores, alegadamente mais congruente com a cultura política da base eleitoral do PSD.

Este é o período em que Paulo Portas promove, no CDS, os jovens liberais como Assunção Cristas, Adolfo Mesquita Nunes, Raquel Vaz Pinto, Francisco Mendes da Silva, todos numa posição de direita menos vincada em comparação à dos fundadores da *Atlântico*. Francisco Mendes da Silva, por exemplo, recorda uma reunião privada, em 2006, entre Paulo Portas e um grupo de jovens — entre os quais o próprio, com apenas vinte e seis anos — para preparar o seu regresso à presidência do CDS, como sucessor de José Ribeiro e Castro, vitorioso, em 2005, sobre o portista Telmo Correia. Nesta reunião, Paulo Portas expressa a vontade de inaugurar uma fórmula totalmente nova, assente também na nova geração liberal-conservadora: no XXI Congresso do CDS, em 2006, pois, estes elementos da Juventude Popular tinham-se destacado com uma moção liberal nos valores e na economia — e que conquistou 45% dos votos — subscrita por Adolfo Mesquita Nunes, Francisco Mendes da Silva, João Almeida, em oposição à presidência de José Ribeiro e Castro. A moção intitulava-se «Fazer Futuro», copiando o nome do *think tank* Fare Futuro, do líder da direita italiana Gianfranco Fini, já convidado para o Congresso do CDS de 2003, quando ministro do governo Berlusconi. Naqueles anos, a Allianza Nazionale de Fini ladeava o CDS de Paulo Portas no eurogrupo União para a Europa das Nações (UEN). Paulo Portas aposta agora nestes jovens de «Fazer Futuro» para transformar o CDS num partido mais liberal e moderno. Uma vez conquistado o partido, por exemplo, a nova direcção altera os estatutos para reconhecer o direito de tendência, com o intuito de potenciar a acção interna dos liberais. Paradoxalmente, a tendência liberal promovida por Adolfo Mesquita Nunes e António Pires de Lima não chega a institucionalizar-se, ao passo que, já na presidência de Assunção Cristas, é criada a católico-conservadora Tendência Esperança em Movimento (TEM). Isso é sintomático da mudança das relações de força, com uma ala conservadora democrata-cristã — genética no partido — a sentir a necessidade de se organizar em corrente interna oficial. Francisco Mendes da Silva reconhece este percurso de afirmação dos jovens intelectuais liberais dentro do CDS, mas desdramatiza os alertas dos conservadores contra o desvirtuamento da direita: para ele, a democracia cristã, o conservadorismo e o liberalismo têm raízes morais bastante próximas entre eles. A democracia cristã, pois, é uma das formas políticas da direita democrática que acredita na ordem liberal, adquirindo as *nuances* locais típicas do mundo protestante germânico, ou do católico latino, mais próximas do conservadorismo ou da doutrina social da Igreja. Os pensadores liberais anglo-saxónicos, mas também os franceses como Alexis de Tocqueville, têm uma base moral próxima do personalismo cristão, na qual a dignidade imanente da pessoa humana reflecte, num certo sentido, o individualismo liberal. Reivindicar uma tradição em detrimento da outra como fundacional para um partido de direita é, portanto, um exercício pouco frutífero.

A conquista da direita liberal através da operação Passos, contudo, está longe de ser total. Vários analistas continuam muito críticos em relação ao líder social-democrata. Rodrigo Moita de Deus confirma o escasso interesse inicial da sua geração em relação a Pedro Passos Coelho que — vindo de uma longa travessia no deserto — ganha pontos apenas graças à intuição de Miguel Relvas de aproximar o candidato a primeiro-ministro àqueles jovens intelectuais de direita, órfãos de referências partidárias, mas desejosos de serem integrados no sistema. No *Diário de Notícias*, por exemplo, Pedro Lomba pinta o líder social-democrata como um carreirista, um político de profissão, vindo da juventude partidária, sem grande substância.

No interregno entre a liderança do PSD e do governo, Pedro Passos Coelho continua a ser considerado um produto da Jota. Segundo Vasco Rato, as resistências dos intelectuais mais novos prendem-se com o facto de aqueles jovens não pertencerem ao aparelho partidário e não conhecerem pessoalmente Pedro Passos Coelho. O testemunho de Alberto Gonçalves vai neste sentido. Como cronista, Gonçalves cobre o congresso do PSD de Junho de 2008, no qual Manuela Ferreira Leite derrota Pedro Passos Coelho e considera o desempenho deste último bastante fraco, pouco claro, pouco incisivo, o que confirma a sua faceta de homem do aparelho, de produto da Jota. Esta impressão determina o seu posicionamento crítico em 2011, ainda nos primeiros tempos do governo. A posição muda com o decorrer dos eventos: ao longo dos anos de governação, Alberto Gonçalves começa a apreciar a independência do primeiro-ministro face aos índices de popularidade e a sua determinação em aplicar medidas impopulares necessárias, apesar da hostilidade dos *media*. O comentador do *Observador* considera, hoje, Passos Coelho o melhor primeiro-ministro de Portugal, perante os condicionalismos e as dificuldades enfrentadas.

Também Henrique Raposo é exemplo destes intelectuais reticentes face aos líderes das direitas. Totalmente desligado das vicissitudes partidárias, indiferente a Durão Barroso e pouco entusiasta de Paulo Portas — do qual aprecia a verve intelectual e analítica, mas não o oportunismo político —, Raposo não nutre, nestes anos, qualquer simpatia por Pedro Passos Coelho, no seu percurso até primeiro-ministro. Só posteriormente lhe reconhece o devido valor, pela coragem em tomar as tais medidas impopulares, mas necessárias. A sua vitória eleitoral em 2015 inscreve-o, assim, no panorama das vitórias improváveis, mas históricas, das direitas, como a de Francisco Sá Carneiro e de Aníbal Cavaco Silva.

A aproximação dos jovens intelectuais a Pedro Passos Coelho passa, portanto, pela acção de promoção do fórum como Construir Ideias e, posteriormente, pelo seu desempenho governativo, mas também pelas ligações pessoais da rede transversal aos partidos. Pedro Lomba, por exemplo, é introduzido no círculo passista por pessoas internas ao PSD, mas não integradas na direita de Construir Ideias. Em particular, é trazido para o governo por Miguel Poiares Maduro — com o qual colaborava a nível académico — como seu secretário de Estado adjunto do ministro adjunto e do Desenvolvimento Regional. Miguel Morgado é outro elemento da *Atlântico* próximo do ministro Poiares Maduro, embora este último fosse totalmente externo ao grupo, com a sua sensibilidade europeísta mais que atlantista, à procura da convergência mais que da bipolarização e em nada interessada no combate cultural contra as esquerdas.

Outros intelectuais de direita com passagem pela *Atlântico* e cooptados no governo Passos Coelho são o centrista Adolfo Mesquita Nunes, secretário de Estado do Turismo, e Bernardo Pires de Lima, assessor parlamentar do CDS. Já na curta vida do segundo governo da coligação Portugal à Frente (PAF), entram também Eduardo Nogueira

Pinto como secretário de Estado de Paulo Portas e Francisco Mendes da Silva como deputado em substituição de Pedro Mota Soares, até ao seu regresso ao parlamento, após a queda do governo. A estes juntam-se Diogo Belford Henriques, muito próximo de Paulo Portas, e José Bourbon Ribeiro, chefe de gabinete do líder centrista.

Para Rodrigo Moita de Deus, a abertura de Pedro Passos Coelho como presidente do Partido Social Democrata a esta geração é mais assinalável que a de Paulo Portas, porque o PSD, diferentemente do CDS, é um partido com uma base muito mais ampla, com maior coesão e menor permeabilidade às mudanças estruturais.

Como no caso da integração nos *media*, também o processo de cooptação no governo é autónomo, por cada um destes intelectuais, e não orgânico ao projecto da *Atlântico*.

Segundo Luciano Amaral, também na segunda década dos anos 2000, este meio intelectual não tem um plano orgânico de estruturação da direita liberal, através de um jornal, de um partido, de um líder, de um governo. Os percursos individuais devem ser lidos como convergências pontuais de pessoas com sensibilidades comuns, com participações continuadas em projectos sucessivos, integrados numa linha coerente, mas não como uma estratégia de actuação holística, combinada. Algumas destas personalidades foram mais activas e persistentes em projectos comunitários, outras preferiram a dimensão individual, traçando percursos de aproximação e de afastamento ao longo do tempo.

Pedro Marques Lopes, pelo contrário, prefere salientar o carácter orgânico da aproximação de alguns destes intelectuais de direita a Pedro Passos Coelho, esboçando um panorama interessante vindo de uma testemunha muito próxima do futuro primeiro-ministro e muito crítica da tentativa de tornar o PSD um partido de direita. Pedro Marques Lopes recorda ter-se aproximado de Pedro Passos Coelho através da mediação de Vasco Rato, quando os antigos colegas da *Atlântico* ainda hostilizavam o líder social-democrata. Estes últimos, aliás — são eles Rui Ramos, João Marques de Almeida, Miguel Morgado, Pedro Lomba, Duarte Schmidt Lino — tinham apoiado, em 2008, a candidatura de Manuela Ferreira Leite para a presidência do PSD e, ainda em 2010, a candidatura de Paulo Rangel contra Pedro Passos Coelho e José Pedro Aguiar-Branco. Nesta fase, Vasco Rato não tinha conseguido consolidar a ponte entre este núcleo e Pedro Passos Coelho, considerado ainda um mero *apparatschik* de Miguel Relvas, produto da Jota, sem experiência de trabalho fora da esfera política. Com a eleição à presidência do PSD, tudo muda: muitos destes intelectuais passam, de armas e bagagens, para o lado de Passos Coelho, ladeados pelos restantes aquando da nomeação a primeiro-ministro, em 2011. Para Marques Lopes, a aproximação inicial destes intelectuais foi tudo menos política: nestes anos, Pedro Passos Coelho era ainda uma incógnita ideológica, devido ao passado algo progressista nos tempos da presidência da JSD — na altura, o terceiro grupo de deputados à sombra da bancada parlamentar do PSD — com as suas posições contra o serviço militar obrigatório e as propinas universitárias, e a favor da despenalização do aborto. Ainda no começo dos anos 2000, continuava bastante mais à esquerda de muitos sociais-democratas: era liberal na economia, mas sem nunca pôr em discussão o Serviço Nacional de Saúde e o ensino público.

Luciano Amaral recorda como Passos Coelho foi tema de debate entre os animadores da *Atlântico* já desde a primeira candidatura falhada à presidência do PSD, em 2008. A partir de 2010, alguns deles começam a participar nos eventos de promoção do futuro primeiro-ministro, ao passo que outros desvalorizam a janela de oportunidade da crise do governo Sócrates e do clima sebastianista sentido nas direitas. Isso deve-se ao facto de os cépticos não reconhecerem, no então líder social-democrata, a estrutura intelectual da nova direita liberal, mas sim o clássico homem do aparelho, próximo do liberalismo, mas sem doutrina sólida conhecida, nem programa reformador claro, e, portanto, permeável ao reformismo dúbio da Troika. Esta ideia generalizada é contrariada por aqueles intelectuais da *Atlântico*, convencidos de poderem ser os conselheiros do príncipe e os artífices da faceta doutrinário-ideológica de um governo de direita.

Numa entrevista de 2014, Pedro Marques Lopes indica em Miguel Morgado e Bruno Maçães dois dos maiores artífices desta tentativa de direitização do PSD.[88] Noutra entrevista de 2014, o secretário de Estado Pedro Lomba assume-se como intelectual da nova direita,

[88] Anabela Mota Ribeiro, *Jornal de Negócios*, 3 de Outubro de 2014.

empenhado no combate cultural contra o enviesamento à esquerda que, desde os anos do PREC, condiciona a direita e até o PS, criando um desequilíbrio que deve ser corrigido em prol da democracia.[89] Com a aproximação destes intelectuais, Passos Coelho enceta a viragem à direita. Segundo o relato de Pedro Marques Lopes, na campanha eleitoral de 2011, por exemplo, Ângelo Correia, histórico do PSD e muito próximo de Passos, comenta com alguma estranheza a ida pública do líder do PSD a uma igreja, onde se ajoelha e se benze, num estilo bastante inusual para ele. Noutro momento da campanha, Passos chega a sugerir a repetição do referendo sobre o aborto. A viragem à direita cria uma fractura no meio liberal entre os apoiantes do *aggiornamento* e os críticos como Bernardo Pires de Lima, Francisco Mendes da Silva, Maria João Marques, Pedro Marques Lopes, entre outros. No meio, os que ainda procuravam a quadratura do círculo, como Adolfo Mesquita Nunes, directamente empenhado no governo, mas com uma identidade diferente dos «falcões».

Para Francisco Mendes da Silva, o governo Passos Coelho determinou a fractura na sua geração liberal-conservadora: fractura política, mas também pessoal. Os intelectuais empenhados na primeira pessoa no governo começam a considerar uma traição a liberdade de crítica exercida pelos colegas comentadores na comunicação social. Para os primeiros, a direita toda devia alinhar na frente comum da defesa do governo, assim como costumam fazer as esquerdas — moderadas e radicais — perante as ofensivas liberal-conservadoras.

A memória é comum também aos do outro lado, tanto que Pedro Lomba assume ter perdido amigos com o seu envolvimento no governo.[90] Para Mendes da Silva, o diferendo não é tanto à volta da figura de Passos Coelho, com o qual praticamente todos estavam solidários na sua governação de salvação nacional, fortemente hostilizada pelas esquerdas e pelos *media*. O diferendo é táctico, mas suficiente para gerar a distinção entre as chamadas «direita dura» e «direita mole». Os intelectuais empenhados diariamente na trincheira do governo entre 2011 e 2015 — a primeira experiência importante para aquela geração

89 Redacção, *Jornal i*, 4 de Abril de 2014.

90 António Sarmento e João Madeira, *Jornal Económico*, 3 de Fevereiro de 2017.

— priorizaram a defesa, com unhas e dentes, do governo de direita. Os intelectuais menos comprometidos com o dia a dia do governo, priorizaram, nos seus comentários políticos, a convergência dialéctica com os colegas de quadrantes opostos, quando a crítica ao governo era justificada. As coincidências de análise pontuais entre Daniel Oliveira e Francisco Mendes da Silva, por exemplo, custam a este último a acusação de inteligência com o inimigo, nas redes sociais e dentro do CDS, chegando, até, a rupturas nas relações pessoais. A dicotomia entre direita dura e direita mole tem a sua origem nesta fractura à volta do governo Passos Coelho, ou seja, antecede, temporalmente, o diferendo futuro à volta do populismo de direita, a partir de 2016, com os fenómenos Brexit, Trump, Bolsonaro, entre outros.

Na verdade, os próprios protagonistas da «direita dura» têm consciência das limitações do governo Passos Coelho. Os condicionalismos da Troika, por exemplo, limitaram a liberdade de intervenção em sectores por eles considerados estratégicos desde os anos da *Atlântico*: é o caso, por exemplo, do Ministério da Cultura, reduzido a Secretaria de Estado. Ou seja, o governo foi liberal à medida da Troika, mais que à medida dos intelectuais de direita. Entre os empecilhos à acção reformista do governo, Miguel Morgado salienta também a postura do CDS. Logo nos primeiros dois anos, o então assessor político do primeiro-ministro expressou — com o recato necessário ao cargo desempenhado — a sua crítica em relação aos entraves postos por Paulo Portas, cuja prudência no reformismo — criticada até dentro do próprio CDS — era ditada apenas pela vontade de protecção da sua imagem, em caso de fracasso do governo.

Os intelectuais mais próximos do PSD atribuem os dissabores entre PSD e CDS — acentuados a partir da crise do «irrevogável» de Paulo Portas — ao facto de o partido centrista ser essencialmente uma força de conservação e de defesa de interesses instalados, onde, na senda do institucionalismo estatista de Freitas do Amaral, a cultura política *a la* Pires de Lima e *a la* Lobo Xavier, prevalece sobre o liberalismo acentuado *a la* Mesquita Nunes, como aconteceu no caso do bloqueio da privatização da RTP.

A colagem à Troika determina também a crítica de alguns dos fundadores da *Atlântico* externos ao grupo dos «falcões». Luciano Amaral, por exemplo, estigmatiza a aceitação acrítica das medidas mais detestáveis da Troika, muitas delas celebradas como liberais, mas desprovidas de qualquer sentido e eficácia para resolver a crise. Na mesma linha, João Pereira Coutinho considera o governo de Pedro Passos Coelho uma grande oportunidade perdida para o projecto reformista da direita liberal. Embora reconheça, hoje, méritos ao Passos Coelho do momento crítico da vida nacional, Pereira Coutinho sublinha as contradições entre a narrativa liberal e as medidas absolutamente antiliberais, como o aumento de impostos e o não redimensionamento do Estado: medidas não todas imputáveis aos *diktat* da Troika. Segundo Rodrigo Moita de Deus, é um disparate celebrar o liberalismo do governo de Passos Coelho. Não foi só por causa da Troika que o executivo não teve a coragem de fazer as rupturas necessárias: o abandono do modelo do Estado pesado, a reforma do insustentável Estado social, a baixa significativa de impostos, o despedimento maciço de funcionários públicos, que sofreram apenas uma redução generalizada dos salários, ineficaz no plano estrutural.

Com matizes diferentes, Maria João Marques critica Pedro Passos Coelho não por ter falhado no reformismo liberal, mas por ter abraçado a ideologia da austeridade além da Troika, em que os impostos foram aumentados para punir o consumo e a produção para o mercado interno, exaltando a produção para a exportação, e em que a transferência de riqueza dos trabalhadores para os patrões foi uma espada de Dâmocles constante sobre a justiça social.[91]

Por isso, Marques de Almeida considera inviável um eventual regresso político de Pedro Passos Coelho nos moldes dos anos da Troika, como salvador da pátria, sempre que se agrave a crise económica provocada pelos socialistas, como a de Guterres em 1995, de Sócrates em 2008 e a possível pós-covid actual.

Estas considerações explicam porque os intelectuais de direita mais envolvidos nos *media* retratam Pedro Passos Coelho como o líder da direita disponível: um sol rodeado por pequenos planetas que, tendo crescido na sua órbita governativa, não conseguiram, nos anos seguintes, consolidar-se como líderes alternativos.

---

[91] Maria João Marques, *Público*, 2 de Fevereiro de 2022.

A substituição de Pedro Passos Coelho pela inédita fórmula governativa da Geringonça entre PS, PCP e BE, em 2015, agrava a crise das direitas parlamentares e multiplica as tentativas de soluções novas e alternativas, apelativas para o eleitorado de centro-direita, insatisfeito com os actores tradicionais. Vários são os exemplos, vindos, principalmente, da área social-democrata.

Na área mediática, o jornal digital *Observador* é o primeiro projecto da área liberal e conservadora com consolidação assinalável. A este não são estranhas figuras de primeiro plano da *Atlântico*. Como recorda Rui Ramos, a história começa no verão de 2011, quando, em conversa com António Carrapatoso, se discutiu a ausência, em Portugal, de um projecto inovador na área da comunicação social, que aproveitasse as novas oportunidades oferecidas pela revolução tecnológica. Esta constatação leva António Carrapatoso a contactar vários profissionais da comunicação social para avaliar a viabilidade do projecto. O primeiro contacto é feito a José Manuel Fernandes, recém-saído da direcção do *Público* e disponível para o novo desafio. O estudo do projecto decorre entre 2011 e 2014. Em 2013, é formada a primeira equipa, com direcção e portal informático do novo grupo editorial. Em 2014, a equipa é integrada por Miguel Pinheiro, vindo da revista *Sábado*, como director executivo em substituição de David Dinis, transitado para a TSF. A primeira reacção dos concorrentes confirma, aos promotores do *Observador*, o impacto e as potencialidades do novo jornal, cujo intuito é, desde a primeira hora, proporcionar análises diferentes dos factos, através de uma presença ininterrupta no espaço digital. Segundo Rui Ramos, o projecto correu melhor do que o esperado: o aumento rápido de audiências depressa permitiu diversificar os produtos informativos oferecidos. Para o antigo fundador da *Atlântico*, o dado mais interessante é a exigência dos leitores à procura não apenas de notícias, mas de análises densas e opiniões fundamentadas, em formatos escrito, vídeo e *podcast*. Exigências secundadas pelos próprios jornalistas do *Observador*, também interessados em produzir reportagens no terreno. Lançado em Maio de 2014, o tempo de leitura médio, registado em Julho-Agosto, era já muito alto: indicador do interesse dos leitores, dispostos a passar mais tempo *online*. Isso valorizou o *Observador* aos olhos das empresas privadas, aumentando, assim, as receitas publicitárias que tornaram comportável o aumento das despesas com o alargamento do projecto. A independência financeira garante, assim, a independência política e editorial do jornal, liquidando os prognósticos negativos de muitos que, entre 2011 e 2014, consideravam incomportável um projecto deste tipo, à luz do escasso interesse despertado pelos jornais clássicos, já todos presentes na Internet.[92]

Na área dos partidos, as novidades são mais demoradas, mas não menos relevantes. Promovido pelo antigo primeiro-ministro Pedro Santana Lopes, o partido Aliança desperta muitas expectativas, mas naufraga logo nas derrotas eleitorais de 2019 (1,86% nas europeias, apesar da candidatura forte do diplomata Pedro Sande, e o resultado de 0,77% nas legislativas).

Alicerçado numa década de debates teórico-organizativos, muito na base da blogosfera liberal, a Iniciativa Liberal (IL) consegue, pelo contrário, rachar a estrutura partidária tradicional do centro-direita, passando de 1,3% e um deputado único, nas legislativas de 2019, para 5% e oito deputados nas de 2022. O êxito da IL resolve, assim, o debate entre os liberais desejosos de verem finalmente, na cena política, um partido expressamente liberal em Portugal e os que preferiram a estratégia de filiação dos liberais no PSD e no CDS, para influenciar os dois partidos históricos da democracia portuguesa. Segundo Marques de Almeida, os promotores da IL pertencem a uma geração mais nova da dos fundadores da *Atlântico* e com a qual estes últimos não chegaram a cruzar-se muito, embora o antigo presidente e hoje deputado, Carlos Guimarães Pinto, tivesse participado nos blogues Insurgente e Blasfémia. A resistência de parte da geração mais nova da *Atlântico* à Iniciativa Liberal é explicada por João Pereira Coutinho, que frequentou a blogosfera dos promotores da IL. Em primeiro lugar, a dimensão da área liberal não abona um grande partido: trata-se de um meio muito reduzido, em Portugal, um fenómeno de nicho, cujas iniciativas — principalmente de cariz cultural — são promovidas e frequentadas sempre pelas mesmas pessoas. Em segundo lugar, a visão

---

[92] Rui Ramos e Miguel Pinheiro, entrevista de Tiago Cavaco e António Vieira, 11 de Outubro de 2018.

liberal choca com a história de Portugal, que é a história do Estado português. A fórmula do redimensionamento do Estado e da libertação da sociedade civil do seu jugo contradiz a dinâmica histórica de construção da Nação, protagonizada pelo próprio Estado. Desde o princípio, o Estado é o agente político da história de Portugal, é o agente político da independência, que garante a integridade do território, é o agente da exploração comercial. Toda a história de Portugal é pensada na perspectiva do Estado: o que o Estado pode fazer e o que vai fazer. O próprio liberalismo do século XIX tinha o Estado ao centro. A perspectiva totalmente distinta da IL está desenquadrada da cultura política histórica das direitas portuguesas, o que pode limitar a potencialidade de conquista de uma base de apoio. Diferente é a análise da IL na vertente dos valores, em que, de facto, o liberalismo ganhou claramente adeptos ao longo das décadas.

A partir do seu percurso como colaborador d'*O Independente* e de outros órgãos de imprensa, João Pereira Coutinho testemunha a pervasividade do liberalismo nos valores dos portugueses, muito além da bolha urbana. As novas gerações, formadas nas universidades estrangeiras e com experiência de vida fora de Portugal, têm uma clara aptidão para esta postura mais liberal nos costumes, como demonstra a atractividade da IL junto das camadas mais novas e escolarizadas, embora séculos de patrimonialismo estatal não mudem da noite para o dia. A dificuldade da conquista dos portugueses por parte do liberalismo é um ponto assente em todos os intelectuais liberais.

João Miguel Tavares recorda que os poucos liberais ativos em Portugal começaram a ter algum impacto apenas graças à eficácia das redes sociais, na construção de uma massa crítica minimamente funcional. A criação de um partido político e a sua eleição ao Parlamento em 2019, surpreendeu muitos analistas da própria área liberal-conservadora. Antes das eleições legislativas de 2022, o colunista do *Público* considerava já assinalável o horizonte dos 2%–3% dos votos, com ultrapassagem do limiar dos 100 mil eleitores. Um objectivo francamente difícil à luz também do estigma herdado pelo *annus horribilis* de 2011, quando o cruzamento entre reformismo imposto pelo exterior (a Troika) e a crise social nacional (desemprego e emigração) facilitaram a caricatura neoliberal do governo de Pedro Passos Coelho pela esquerda. A liquidação do projecto liberal em 2015 pela Geringonça e pelo centrismo de Rui Rio tornou os liberais novamente marginais, tanto no PSD como no CDS. Por isso, a oposição irredutível dos liberais face ao crescente populismo de direita funciona para delimitar um campo ideológico, mas arrisca-se a ser absolutamente inconsequente como projecto de poder.[93]

Pelo contrário, Henrique Raposo aplaude esta delimitação do campo antipopulista, no qual, ao lado de PSD e CDS, a IL se destaca como o melhor projecto actualmente na praça, inclusive para um conservador que, embora não se possa reconhecer no libertarianismo dos valores, encontra aí pessoas de qualidade e ideologicamente estruturadas. Esta perspectiva é partilhada, no essencial, também por Alberto Gonçalves, para quem a Iniciativa Liberal encontra um certo impedimento no populismo de direita crescente em Portugal, porque isso a impede de radicalizar o seu discurso em vários temas-chave do paradigma liberal, para fugir ao perigo de colagem à direita radical. Esta preocupação, muito presente, por exemplo, no deputado Carlos Guimarães Pinto — animador do *think tank* +Liberdade — acaba, infelizmente, por empurrar a IL para mais próximo da fronteira com a esquerda.

Para João Miguel Tavares, os liberais reformistas portugueses encontram-se, hoje, num beco sem saída, encurralados entre, por um lado, o estatismo esquerdista alimentado pelo envelhecimento demográfico multiplicador de cidadãos dependentes do Estado, e, por outro, o extremismo anti-sistema, com toques xenófobos, autoritários, alheio à cultura democrática, que acolhe todos os revoltados. A polarização da vida política alimenta o ódio contra a esquerda mais que o amor para os princípios liberais e favorece, assim, o populismo protestatório, mais prolífico do liberalismo propositivo. O reformismo a partir de dentro do sistema, segundo as regras da democracia liberal, em alternativa ao simplismo populista, não parece de facto ter futuro risonho em Portugal.[94] Nesta linha, Adolfo Mesquita Nunes contrapõe a polarização positiva clássica das democracias, entre os adeptos da fórmula socialista e os da fórmula liberal, como alternativas políticas

---

[93] João Miguel Tavares, *Público*, 17 de Novembro de 2020.

[94] João Miguel Tavares, *Público*, 4 de Junho de 2020.

construtivas para melhorar a vida das pessoas, e a polarização negativa introduzida pelo populismo à escala global, assente apenas no ódio ao adversário que deve ser aniquilado, sem nada de propositivo. O populismo é uma resposta instintiva a uma alegada ameaça externa, secundariza qualquer elaboração programática construtiva e obriga a uma relativização dos valores morais, imposta pela necessidade de aderir à tribalização política.[95]

As limitações do microcosmo liberal em Portugal são realçadas também por Miguel Morgado, referindo-se a uma das iniciativas mais recentes e interessantes da reorganização da área não socialista: o Instituto +Liberdade, dirigido por Carlos Guimarães Pinto e próximo da Iniciativa Liberal. Embora tenha participado como orador no lançamento do *think tank*, Miguel Morgado não se revê naquela visão muito restrita de liberalismo, focado principalmente nas liberdades económicas. Nem nunca se filiaria na Iniciativa Liberal, por ser um partido excessivamente homogéneo em termos ideológicos. Da mesma forma, Pedro Lomba reconhece a qualidade dos promotores da IL, mas, influenciado pela análise do filósofo Pierre Manent, sente-se distante daquele liberalismo obcecado com as regras para limitar a intervenção do Estado.[96] Mais contundente, Maria João Marques sublinha as limitações da Iniciativa Liberal determinadas pela sua natureza de partido de nicho. A agenda política da IL confunde a Liberdade com a ausência de Estado regulador e privilegia o topo da pirâmide social, em detrimento da larga base em dificuldade. Esta predisposição da IL para o capitalismo selvagem acaba por replicar a obsessão dos populistas de direita com o socialismo, que vêem a cada virar de esquina.[97]

Em comparação, Morgado tem mais apreço pelo CDS histórico de Adelino Amaro da Costa, construído na confluência de liberais, conservadores, democratas-cristãos. A sua aproximação ao PSD deveu-se exactamente à característica deste partido como federação de pessoas com diferentes matizes políticos e com dissidências internas. Mais conservador que liberal em termos de filosofia política, Morgado

[95] Adolfo Mesquita Nunes, *A Radical Moderação em Tempos de Polarização*, 17 de Janeiro de 2021.

[96] Pedro Lomba, entrevista de José Maria Pimentel, 10 de Outubro de 2019.

[97] Maria João Marques, *Público*, 10 de Fevereiro de 2021.

reconhece, contudo, a importância dos liberais na inovação da política nacional e na reconfiguração das direitas, sem, todavia, poder pretender uma centralidade que objectivamente não têm nesta área política plural. Daí a sua desconfiança em relação a iniciativas excessivamente circunscritas: um grupo liberal, interno ao microcosmo liberal, por sua vez interno às direitas. O ideal é, pelo contrário, o surgimento de várias iniciativas homólogas, vindas das diferentes almas das direitas, para ultrapassar o imobilismo desta área política, mas num sentido de diversificação e conjugação de esforços.

Este é o espírito do Movimento 5.7 (M5.7), outra das iniciativas políticas do período pós-Passos Coelho, protagonizada pelo próprio Miguel Morgado e, entre outros, por dois pilares da geração *Atlântico*, Rui Ramos e João Marques de Almeida. No testemunho de Miguel Morgado, em 2019, o M5.7 pretendia transmitir às direitas um desafio de grande alcance: a necessidade de se federar à volta de um projecto de governação alternativo às esquerdas, para derrubar, democraticamente, o poder socialista, dominante no Portugal do novo milénio. Um objectivo traduzível, segundo João Miguel Tavares, na procura de um radicalismo de centro, capaz de elaborar e promover reformas estruturais, sem cair no extremismo de direita ou de esquerda.[98]

O ponto de partida do raciocínio é a permanência dos socialistas no governo por vinte e cinco anos, suportados, agora, até pela esquerda radical, em comparação à governação episódica das direitas com Durão Barroso e Santana Lopes, em 2002–2004, e com Passos Coelho, em 2011–2015. O quarto de século de governação socialista é a causa da estagnação de Portugal, já ultrapassado, em termos de PIB *per capita*, pela Hungria, Polónia, República Checa e Eslováquia. O responsável é o PS partido-Estado, montado ao longo de décadas, através da colonização de todo o espaço público e da sociedade civil, sem nunca ter apresentado um projecto reformista. Desde os anos 1980, o socialismo é presença pública, de modelo cooperativista, na economia, com total desconfiança face ao capital privado, que não seja o pequeno capital. As aberturas às reformas constitucionais de 1989 deveram-se apenas à maioria absoluta de Aníbal Cavaco Silva, que obrigou os socialistas

[98] João Miguel Tavares, *Público*, 19 de Novembro de 2020.

a negociar, sendo que, ainda em 1995, o dirigente histórico socialista António de Almeida Santos, num debate com Durão Barroso, considerava negativa a privatização das estações de rádio. O PS alimenta as baixas expectativas do povo português fechando-o psicologicamente na lógica da estagnação das últimas três décadas e na satisfação com a salvaguarda da bancarrota dada pelo governo de António Costa. Uma realidade de miserabilismo impensável para a geração de 1970, que cresceu na década de 1980 com a narrativa desenvolvimentista do país recém-integrado na União Europeia. Esta constatação torna necessário um projecto de convergência de toda a área não socialista, por mais que essa seja heterogénea.

Para Miguel Morgado, esta necessidade é clara entre os filiados do CDS e do PSD. A ideia foi, portanto, encontrar um programa governativo de convergência, mas respeitoso da identidade de cada um, na senda das grandes federações liberal-conservadoras que, no estrangeiro, desafiam as esquerdas. A primeira fase passava necessariamente por iniciativas culturais, para contrariar o grande problema das direitas: a falta de debate esclarecedor de ideias. Contrariamente a Portugal, as direitas espanholas, francesas, britânicas são muito ativas, vivas e acutilantes no plano cultural e intelectual. O arranque do M5.7, portanto, servia para pôr as direitas a pensar, debater, escrever, fazer arte e cultura, deixando de se dedicar apenas à compilação de listas de candidatos para as eleições.[99]

Muito em linha com a função desempenhada pela *Atlântico*, quinze anos antes, a ideia agrada a João Marques de Almeida, que explica ter aceitado o convite para integrar como fundador o M5.7 por considerar viável um percurso de federação das direitas e de promoção de Miguel Morgado como líder potencial do PSD, embora o seu perfil seja mais forte como intelectual, deputado, homem de governo. De facto, o M5.7 coroa o percurso político de Miguel Morgado, desde os anos da assessoria política ao primeiro-ministro Pedro Passos Coelho (2011–2015) e de porta-voz da bancada parlamentar social-democrata (2015–2019). O capital social ganho é agora utilizado para tentar conquistar a

---

[99] Miguel Morgado, entrevista de Octávio Rebelo da Costa e Jorge Costa Rosas, 6 de Março de 2021.

liderança do PSD. Miguel Morgado começa, assim, o périplo das concelhias do partido, na sua opinião muito mais frutífero que as reuniões de vértice. Neste périplo, confirma as características da base social-democrata e da estrutura do partido. A primeira continua a ser a dos portugueses que criaram o PSD desde 1974, não redutíveis à cultura e à prática política da bolha lisboeta. A segunda é a de um partido em crise, em fase de encolhimento progressivo, no qual já não existem os notáveis locais dos anos 1980 e 1990, e em que figuras cimeiras como Aníbal Cavaco Silva e Marcelo Rebelo de Sousa já não têm qualquer influência. O PSD actual é atomizado, num processo acelerado por Rui Rio, que acentuou desmesuradamente a influência de poucos quadros intermédios que, com apenas uma centena de filiados, conseguem controlar as distritais e as eleições nacionais. A anquilose do partido é evidente em 2018, aquando da saída de Passos Coelho, após a derrota autárquica de 2017, e da candidatura à presidência de dois notáveis do passado: Rui Rio e Pedro Santana Lopes.

O M5.7 é pensado inicialmente como uma série de tertúlias com personalidades do PSD e do CDS, para promover a convergência entre linhas diferentes das direitas portuguesas. Traçando um paralelismo com a experiência da *Atlântico*, Vasco Rato reconhece a dificuldade actual em corporizar um projecto forte, devido à ausência de questões mobilizadoras para a direita como as do 11 de Setembro, da Guerra do Iraque, da viragem à direita num sentido liberal tanto da sociedade como da política portuguesa. Na segunda década do século XXI, existem muito menos campanhas que unam as direitas. A ofensiva cultural das esquerdas radicais com a agenda identitária não se demonstrou, ainda, suficientemente polarizadora para alimentar a chamada às armas das direitas. Os governos de António Costa não representam uma linha da frente tão avançada da ofensiva cultural da esquerda radical para empoderar as direitas que, aliás, estão reféns de uma atitude meramente negativa, superficial e pouco construtiva. Após o governo Passos Coelho à sombra da Troika, as direitas não conseguiram avançar com um novo programa estruturado, propositivo, próprio. Não há uma síntese à volta da qual reunir componentes que, apenas uma década atrás, ainda podiam ter um caminho comum. Por esta razão, Vasco Rato não se empenhou muito no M5.7, tendo participado apenas no livro colectivo, *Linhas Direitas*, com uma entrada sobre os Estados Unidos da América.

Na mesma linha, também Luciano Amaral participa apenas no livro colectivo, com um texto actualizado sobre populismo e Donald Trump, precedentemente publicado no *Correio da Manhã*. O alheamento do projecto deve-se ao envolvimento a tempo inteiro na actividade académica, mas também a uma certa desconfiança e desinteresse face às potencialidades reais do M5.7. Em particular, o carácter demasiado ecléctico da iniciativa, dirigida a todas as direitas disponíveis, limita muito a sua eficácia. O livro colectivo é sintomático destas limitações: querendo reunir as várias direitas e dando aos autores liberdade total para escolher o tema e o ângulo interpretativo, a obra acaba por ser um produto sem uma linha política clara, definida, coerente. Não consegue codificar uma identidade de direita, assim como tinha conseguido a revista *Atlântico*. Para Miguel Morgado, pelo contrário, o pluralismo das direitas intelectuais, retratado no livro *Linhas Direitas*, é o ponto de força da obra coordenada por si e por Rui Ramos, lançada em Novembro de 2019. O reconhecimento do pluralismo é o melhor legado do livro, que o manterá actual nas próximas duas ou três décadas, como mapa ideológico exaustivo das direitas portuguesas. Um mapa importante porque identifica todos os «ismos» que as direitas deverão considerar — tanto como ideias abstractas quanto como políticas públicas aplicativas — no esforço de se federar. As dezenas de entradas que compõem o Linhas Direitas, testemunham, também, a pervasividade do antipopulismo nesta área intelectual, bem patente nos capítulos dedicados ao populismo e ao identitarismo.

O agrado pelo objectivo cultural alcançado com o livro não é complementado pela satisfação política: neste último campo, Miguel Morgado pode apenas constatar o fracasso do projecto M5.7, em 2021, devido às diferenças ainda intransponíveis entre as várias direitas, conservadoras, liberais, democratas-cristãs e social-democratas. Para João Marques de Almeida, o projecto não conseguiu que os seus promotores passassem de mera vanguarda de Pedro Passos Coelho, todos à espera do regresso do líder natural, para a reunião das direitas.

Segundo Paulo Pinto Mascarenhas, o fracasso do M5.7 não é imputável tanto ao perfil académico mais que político do seu promotor

Miguel Morgado, quanto ao carácter impermeável do PSD a qualquer escalada interna, não protagonizada por gente do aparelho. Por outro lado, a base de apoio eleitoral dos partidos de direita está cada vez menos interessada na cultura, nas doutrinas, nos pensadores, nos intelectuais, e mais nas soluções pragmáticas aos problemas práticos. Isso é particularmente evidente no CDS, onde a tentativa de Francisco Rodrigues dos Santos de conquistar sectores da juventude com a fórmula de uma direita mais assertiva, encontrou o obstáculo da escassa atractividade da «democracia-cristã» numa geração preocupada principalmente com a precariedade contratual, com os ordenados baixos, com a necessidade de emigrar, com as dificuldades de formar família e de comprar casa, devido ao acesso limitado ao crédito bancário. Segundo Maria João Marques, o CDS conseguiu desbaratar o capital político conseguido por Assunção Cristas — visível no resultado autárquico de Lisboa em 2017 —, com a sua imagem de mulher moderna, emancipada, mãe de família e figura pública de primeiro plano. Um desperdício começado por ela própria, com posições retrógradas como a crítica às passadeiras arco-íris ou a tolerância com o branqueamento da extrema-direita espanhola do Vox por parte do eurodeputado Nuno Melo, em 2019. Para a colunista do *Público*, a viragem à direita, acentuada ainda mais por Francisco Rodrigues dos Santos, pode apenas causar uma constante hemorragia eleitoral por parte de eleitores de centro que detestam a polarização.[100]

A faceta material da escassa atractividade da oferta política das direitas neste final da década de 2010, é realçada também por João Pereira Coutinho. O intelectual conservador avança uma explicação complementar para o fracasso do M5.7. Numa perspectiva realista, um projecto para modernizar e relançar as direitas não pode passar apenas pela batalha das ideias, mas deve assentar no pressuposto de Portugal se tornar um país próspero. As ideias só por si não mudam a realidade política. As direitas devem ter esta visão desencantada da luta política. Os 15% da esquerda radical parlamentar — antes das eleições legislativas de 2022 — são determinados não pelas ideias em si, mas pela situação de pobreza do país que a torna influente. É a

[100] Maria João Marques, *Público*, 12 de Agosto de 2020.

pobreza que faz com que, no momento da escolha política, o eleitor seja guiado pelo ressentimento social e pela desconfiança em relação à iniciativa privada. O debate de ideias é importante, mas sem base material próspera, as ideias das direitas não podem vingar. Coutinho propõe uma análise quase marxista, salientando a importância das questões materiais como precondição da eficácia de qualquer projecto de radicação e modernização das direitas. Embora convicto da importância das ideias, também Miguel Morgado é bastante crítico da obra das novas direitas dos últimos tempos. Após o letargo do fim do século XX, o novo despertar das direitas, graças a uma nova geração com outras referências geográficas e culturais, atascou-se num fazer quase preguiçoso, acomodado à mera importação de umas larachas dos ingleses e dos americanos, como caminho fácil para alcançar o sucesso. Pensou-se que fosse suficiente importar algumas coisas dos Ronald Dworkin, dos Roger Scruton, dos Michael Oakeshott, sem dar muita atenção às debilidades filosóficas e ontológicas daquelas propostas. O resultado foi o nada absoluto. Não se assentaram os alicerces para as diferentes direitas — as liberais, as conservadoras, as democratas-cristãs, as sociais-democratas não socialistas — encontrarem o espaço comum para interagir, com vista a um projecto federativo totalmente alternativo às esquerdas do bloco PS-BE-PCP.

Para Miguel Morgado, qualquer proposta política inovadora deve necessariamente combinar-se também com o elemento da liderança. Terminada a experiência do M5.7 e da sua tentativa de conquistar a presidência do PSD, o intelectual conservador continua convencido da necessidade de a direita abandonar qualquer veleidade de consenso com os socialistas, em todas as áreas, inclusive nos temas europeus. O tema da Europa é essencial, principalmente para uma direita que queira enfrentar o desafio dos radicalismos. O ponto de partida deve ser a ruptura do consenso europeu tradicional com o PS e a elaboração de uma nova perspectiva europeia, através do Partido Popular Europeu, uma vez que o grupo liberal do ALDE nunca estará disponível para tal. O objectivo é acentuar as diferenças entre o europeísmo de esquerda e o europeísmo de direita, agora abafadas pela convergência e pelo consenso tecnocráticos. Esta convergência tecnocrática é muito perigosa porque introduz, a nível nacional, uma dicotomia artificial entre os europeístas de esquerda-direita e os antieuropeístas de extrema-esquerda-extrema-direita. A capa tecnocrática impede, assim, qualquer crítica de direita à Europa, com a chantagem de serem acusados de servir o populismo ou, ainda pior, de ser expressão do próprio populismo. Enquanto as extremas continuam marginais, esta dicotomia artificial não tem consequências de maior. Mas quando se tornam actores relevantes, a indiferenciação entre esquerda e direita moderadas acaba por alimentar os radicais. Na França, a estratégia anti-Le Pen de Emmanuel Macron resultou, mas o eventual desgaste desta fórmula centrista jogará a favor da direita Le-penista. Muito mais eficiente, pelo contrário, é a elaboração de uma proposta política totalmente alternativa à socialista, deixando a esta esquerda o modelo do super-Estado federal, em linha com o seu cepticismo tradicional em relação à Nação, vista como espectro nacionalista.

A direita, pelo contrário, deve formular um europeísmo antifederalista, assente nos pilares dos Estados-Nação independentes. Uma fórmula radicalmente alternativa à esquerda e aos populismos de todas as cores. Todo o esforço deve ser dirigido à construção da federação das direitas, à volta da plataforma comum assente nos dois eixos do europeísmo e do reformista na política e na sociedade, em áreas sensíveis como a fiscalidade, a saúde, a educação. E este mote federador necessita de um líder, cuja ausência torna estéreis todos os projectos culturais, intelectuais, políticos dispersos. Pelas relações de forças, só o líder do PSD pode desempenhar este papel dinamizador da federação, embora não haja no horizonte ninguém promissor. Figuras de relevo do partido como Carlos Moedas e Miguel Poiares Maduro são uma mais-valia para o PSD, mas, embora cosmopolitas, incorruptíveis, honestos, trabalhadores, não são carismáticos, ou seja, dificilmente aguentariam a prova do terreno da federação. A lógica é o PSD valorizar a confluência, nele histórica, entre sociais-democratas, democratas-cristãos, liberais, conservadores e caracterizar a sua proposta segundo a orientação do líder, respeitando, contudo, as demais orientações e sabendo que, no momento da derrota, a federação tomará a inclinação do novo líder federador, mantendo sempre firmes os dois eixos europeísta e reformador.

As direitas portuguesas não têm, hoje, um líder carismático como Francisco Sá Carneiro que, abandonado poucos meses antes por mais de metade do seu grupo parlamentar, promoveu a fórmula da Aliança Democrática, com dois partidos — CDS e PPM —, considerados fascistas pelas esquerdas da altura, e conquistou a maioria absoluta dos assentos parlamentares. Transpostos para os dias de hoje, a ruptura entre Sá Carneiro e os seus adversários internos da Acção Social Democrata Independente (ASDI) é equivalente àquela entre Pedro Passos Coelho — no governo e na liderança de Portugal à Frente (PAF) — e os seus críticos internos, como José Pacheco Pereira e Manuela Ferreira Leite. Para Miguel Morgado, estes últimos traem a ideia fundacional do PSD como força agregadora dos não-socialistas, ao quererem um partido monólito social-democrata, impermeável a todos os que não alinham com esta ortodoxia. Estes críticos não querem um PSD de direita, mas um PSD muleta do PS, como o foi a ASDI em 1979, razão pela qual não podem reivindicar o legado de Sá Carneiro. Perante a crise das direitas, aos intelectuais liberais e conservadores resta apenas propiciar, hoje, o esforço moral e intelectual parecido ao que foi necessário no pós-25 de Abril e que ainda não encontrou o caminho certo na alvorada da terceira década dos anos 2000.

Capítulo 4

ENTRE OS POPULISMOS LÁ FORA E CÁ DENTRO

O projecto de moldar uma direita conservadora e liberal e a combinação entre sucessos no plano cultural — protagonismo na blogosfera, revista *Atlântico*, presença consolidada na comunicação social — e as amarguras políticas — desilusão reformista e rupturas pessoais, no importante parêntese passista —, determinam também a forma como estes intelectuais encaram o fenómeno do populismo de direita, que alastra significativamente no biénio 2016–2017, com pico em 2019 para o caso nacional. A concomitância entre a vitória do sim no referendo britânico do Brexit, a eleição de Donald Trump nos Estados Unidos da América, a passagem de Marine Le Pen à segunda volta das eleições presidenciais francesas e a eleição de Jair Bolsonaro nas presidenciais brasileiras obrigam as direitas a tomar uma posição clara. Não se trata, de todo, de recuar na convergência ao centro em detrimento da polarização política. Como já na *Atlântico*, a maior parte dos intelectuais liberais e conservadores anseiam pela definição de identidades claras de esquerda e de direita, embora divirjam acerca dos conteúdos e das estratégias dos projectos conexos.

O conflito político em si não é encarado como algo para ser evitado. Para Miguel Morgado, por exemplo, o conflito é ingrediente constante da política, já identificado pelos clássicos do pensamento político. O posicionamento nas frentes opostas não é determinado só por características sociais e psicológicas dos indivíduos — variáveis, aliás, de escasso interesse —, mas pela naturalidade da diferença e da conflitualidade entre ideias. O conflito não é um drama, mas uma oportunidade pródiga de evolução, de debate, de melhoria do real. A história da filosofia política é a história da tensão entre os que querem ultrapassar ou evitar o conflito, em nome do regresso à paz estável, e os que consideram o conflito fonte de riqueza. Para Maquiavel, por exemplo, o conflito é importante e abafá-lo pode ser semente de tirania. Para Thomas More, pelo contrário, central é a eliminação do conflito, numa perspectiva fundacional das utopias. Traduzido na política actual portuguesa, o consensualismo segurado pelo eixo entre António Costa e Marcelo Rebelo de Sousa, para normalizar a vida política, é pernicioso para a democracia, porque propõe, em versão socialista, o ideal salazarista da sociedade pacificada e purgada das crispações passadas, consideradas doenças indesejáveis. A consciência da existência do conflito, pelo contrário, é saudável para o funcionamento dos sistemas. A resolução do conflito para evitar o estado de tensão permanente é um desejo humano natural, assim como é natural a existência do próprio conflito, que deve ser encarado realisticamente como inevitável na sua dinâmica cíclica.

A postura confrontacional é bastante transversal aos intelectuais de direita, embora alguns deles — é o caso de Pedro Marques Lopes — tenham apurado, ao longo dos anos, o apego pelo chamado «centrão», característica histórica do regime português, valorizado principalmente perante o crescimento da polarização radical na política nacional.[101]

No geral, a geração da revista *Atlântico* recebe com desconfiança o fenómeno do populismo de direita. Não reconhece nele a expressão do liberalismo e do conservadorismo, que há anos a inspirava, nem uma mais-valia para a polarização positiva da política.

Nesta segunda década dos anos 2000, a desconfiança face ao populismo vai ser testada no desempenho destes intelectuais na primeira linha da comunicação social, pois, ao longo dos anos, não só consolidaram as posições nos jornais, como conquistaram espaços

---

[101] Anabela Mota Ribeiro, *Jornal de Negócios*, 3 de Outubro de 2014.

relevantes de comentário político. Exemplos bem-sucedidos de conquista do estatuto de comentador residente são os de Pedro Marques Lopes no Eixo do Mal (SIC Notícias) e no Bloco Central (TSF), João Miguel Tavares e Pedro Mexia no Governo Sombra (TVI24 e, posteriormente, SIC Notícias), Rodrigo Moita de Deus n'O Último Apaga a Luz (RTP3), Francisco Mendes da Silva no Sem Moderação (Canal Q e, posteriormente, SIC Notícias), Adolfo Mesquita Nunes e Miguel Morgado no Linhas Vermelhas (SIC Notícias), Maria João Marques no Dilema (TVI24) e no Malditas Segundas-Feiras (SIC Notícias). A estas posições de destaque podem juntar-se projectos de divulgação digital com algum impacto nas direitas, como o programa de comentário Dia D, moderado por Camilo Lourenço e animado por Vasco Rato, Rui Ramos, João Marques de Almeida e Miguel Morgado.

A partir destas tribunas privilegiadas, a abordagem do fenómeno populista em geral — e do populismo de direita, em particular —, põe a questão do impacto da pressão social e política nas análises dos comentadores de direita e no aprofundar da fractura entre os da «linha dura» e os da «linha mole».

Segundo o olhar cáustico de Rodrigo Moita de Deus, vale a pena problematizar este tema recorrente da pressão social e política sobre a direita. Em democracia, a direita sempre gozou de uma posição avantajada, graças ao controlo de instrumentos importantes de circulação das ideias, como o *Expresso*, cujo proprietário até foi líder do PSD e primeiro-ministro, o *Semanário*, *O Independente* e a *Atlântico*, noutro formato. Se as redacções estão repletas de jornalistas de esquerda é porque as direitas não se interessaram — e não se interessam — suficientemente pela frente dos *media*. A comunicação social não é impermeável à polarização interna, também porque o jornalismo imparcial não existe: os jornalistas querem intervir no espaço público e é bom que assim seja, razão pela qual as direitas podem queixar-se apenas da sua inacção nesta área. Posto isto, o comentador residente da RTP3 reconhece que, acerca do antipopulismo dos analistas das direitas com presença constante nos jornais e televisões, muitos dos seus colegas abandonaram a irreverência e um certo radicalismo dos primeiros anos da blogosfera. Isso deve-se à passagem pelo governo ou à frequência das redacções de renome, que alimentou o seu aburguesamento ao falar constantemente para a mesma bolha dos programas de comentário político e das redes sociais, bastante homogénea em certos temas. Estes comentadores fogem da polarização porque temem a censura social da bolha e não se interessam com a opinião do país real externo à bolha. Quem, pelo contrário, entende os humores diferentes que circulam pelo país real, sabe cavalgá-los: assim faz Marcelo Rebelo de Sousa e assim faz André Ventura, em dois registos totalmente distintos e opostos. Os comentadores de direita, pelo contrário, preferem jogar segundo as regras impostas pela esquerda dentro da bolha, deixando a esquerda decidir o que é socialmente aceitável e, nalguns casos, assumindo até ideias de esquerda.

A pressão social da esquerda é salientada principalmente pela primeira geração de intelectuais de direita. João Marques de Almeida, por exemplo, sublinha a coexistência, em vários antigos colaboradores da *Atlântico*, da genuína cultura política antipopulista, mas, também, da necessidade de segurar lugares destacados nos *media*, onde a influência da esquerda pode determinar o ostracismo por posições abonatórias ou não claramente demonizadoras do populismo de direita. Os intelectuais com postura mais vincadamente de direita tiveram algum espaço mediático durante o governo de Pedro Passos Coelho, mas, com o regresso dos socialistas ao poder, a janela de oportunidade manteve-se aberta mais para a direita bem-encarada pelas esquerdas. Neste sentido, as participações do próprio Marques de Almeida no programa Expresso da Meia-Noite (SIC Notícias) são casos pontuais e não o hábito de dar espaço às vozes alternativas sobre estes temas. Isso vê-se, por exemplo, na ausência, nas televisões, de intelectuais como Rui Ramos ou Vasco Rato que, nestas matérias, deslocariam o eixo da análise política muito mais à direita. De facto, Vasco Rato desconfia que a sua quase marginalização das televisões portuguesas na era Trump — apesar do seu perfil de antigo presidente da Fundação Luso Americana de Desenvolvimento (FLAD) e de especialista em relações internacionais — deveu-se muito à sua defesa das razões do presidente norte-americano nas eleições de 2020, aquando das denúncias de irregularidades nas votações; defesa mal-encarada por muitos analistas políticos.

Na mesma linha, Luciano Amaral não duvida da genuinidade do antipopulismo de intelectuais como Pedro Mexia ou Francisco Mendes da Silva. Os intelectuais de direita não estão a seguir uma moda. Já no passado, demonstraram um pensamento autónomo e estruturado. Mas também reconhece a existência, em Portugal, da pressão social no ambiente mediático, no sentido da condenação do populismo de direita, o que torna francamente difícil problematizar o fenómeno e não tomar de imediato uma posição acusatória.

A pressão social como factor explicativo da atitude dos comentadores de direita não é analisada da mesma forma por todos estes intelectuais. Henrique Raposo desvaloriza esta pressão à luz de um facto objectivo: como colunista do *Expresso*, nunca precisou de viver o ambiente da redacção. O seu trabalho é totalmente independente: relaciona-se com dezenas de pessoas do semanário, mas sempre a partir de casa, como corpo externo à redacção. Por isso nunca sentiu qualquer género de pressão, embora seja claramente considerado de direita. As polémicas geradas, por exemplos, pelos seus livros *História Politicamente Incorrecta de Portugal Contemporâneo* e *Alentejo Prometido* são consequências natural do trabalho intelectual e não da tentativa de cancelamento de um autor de direita. O carácter independente do trabalho de comentador, fisicamente distante das redacções, é realçado também por Alberto Gonçalves. Para este, nenhum comentador de direita sofre pressões por parte das redacções tendencialmente mais à esquerda. A crítica ao populismo, portanto, é genuína e não hétero-directa. Quando o jornal não gosta do que o comentador escreve, não pressiona. Despede. É o que se passou com o próprio Alberto Gonçalves, em 2017, quando foi despedido do *Diário de Notícias* pelo director Paulo Baldaia, por ser *persona non grata* ao governo socialista, devido às críticas constantes à Geringonça. O despedimento abriu-lhe as portas do *Observador*, convidado pelo seu antigo director na *Sábado*, Miguel Pinheiro. Neste caso, tratou-se menos de uma questão ideológica e mais de uma questão de poder, pois os meios de comunicação portugueses estão, por razões financeiras, muito dependentes do governo. Quanto à linha editorial, o antipopulismo destes intelectuais é genuíno e originário, assim que o antipopulismo já existente nos *media* não condiciona de forma tão determinante a liberdade dos comentadores. Isso não invalida que os intelectuais liberal-conservadores mais em sintonia com esta onda sejam favorecidos, por exemplo, nas televisões, mais confortáveis com a direita tida por civilizada.

A inexistência de um alegado cancelamento das direitas mais vincadas na comunicação social é partilhada também por Pedro Marques Lopes, que ressalta como os *media* portugueses procuraram a polarização direita-esquerda, já na altura da blogosfera, convidando comentadores das duas facções contrapostas. Marques Lopes nunca gostou muito desta ideia, porque considera a polarização direita-esquerda pouco interessante para a análise sociopolítica de Portugal. Assunto diferente é o grau de confrontação da polarização: nesta dimensão, de facto, os comentadores portugueses não são como os italianos ou os norte-americanos. Não faz parte da cultura do espaço público português. Mas não existe qualquer estratégia das redacções para evitar a polarização. Houve, sim, uma mudança para uma fase diferente, na qual foram garantidas a antigos líderes partidários (Paulo Portas, Luís Marques Mendes, Francisco Louçã) amplas janelas de comentário, em horário nobre, sem contraditório e com altas audiências. Este fenómeno pode ser, de facto, um indício do cuidado, por parte dos directores das redacções, para limitar o excesso de confrontação do passado que não resultou em termos de audiências.

Independentemente dos condicionalismos do meio da comunicação social, os elementos explicativos do posicionamento antipopulista são múltiplos. Em primeiro lugar, a cultura política liberal-conservadora, tradicionalmente alheia ao extremismo estilístico e temático; em segundo lugar, a origem na esquerda de alguns destes intelectuais que, na evolução para o liberalismo, se sentem mais confortáveis numa área de «não esquerda», mais que abertamente «de direita», o que os afasta de qualquer aproximação ao radicalismo de direita; em terceiro lugar, a ocupação de posições de destaque nas profissões liberais, que não se coadunam com uma constante postura anti-sistema. Em quarto lugar, a maturação, em termos de idade e de pensamento, que esmoreceu o gosto pela confrontação acesa com a esquerda, dos primeiros anos 2000, e favoreceu a dialética moderada, eficaz perante audiências diferenciadas. Estes elementos produzem efeitos principalmente a partir de 2016, quando a onda populista de direita atravessa o Atlântico, tornando-se, a partir de Washington e Brasília, tema diário no espaço público português. O fenómeno é acentuado, a partir de 2019, com a eleição inédita de um deputado conotado com a direita radical: André Ventura, o líder e fundador do partido Chega. Nos três anos seguintes, a consolidação do partido Chega — de 1,3% nas legislativas de 2019 para 7% (12 deputados) nas de 2022 e os 12% de Ventura nas presidenciais de 2021 — transforma o tema do populismo de direita num assunto doméstico na ordem do dia, com repercussões na área intelectual da direita, em que os diferentes matizes do antipopulismo se acentuam e contribuem para dividir o campo.

Neste aspecto é interessante o testemunho de Maria João Marques. Nas suas palavras, a direita que começou a frequentar na blogosfera representava «uma direita cosmopolita, que lia, viajava, escrevia, ia ao teatro e cinema, fugia a sete pés do salazarismo».[102] Naqueles primeiros anos, a colunista do *Público* até estava aberta às novidades vindas das direitas mais afirmativas, como demonstra a sua defesa, em 2008, no blogue Atlântico, de Sarah Palin do Tea Party, candidata às primárias presidenciais do Partido Republicano.[103] Contudo, segundo o seu testemunho, com o tempo emergiram, nesta direita, impulsos de mera reacção, desprovidos de qualquer atitude positiva, cegos pela obsessão antiesquerda.[104] Maria João Marques recorda o regozijo de liberais de direita, próximos de si, com a vitória de Donald Trump em 2016 e da sua agenda populista, nacionalista, isolacionista, proteccionista. Certas elites liberais portuguesas replicaram, por completo, o fenómeno internacional descrito por Anne Applebaum no seu *Twilight of Democracy*, com a passagem de muitos moderados de direita para o campo radical, até com fracturas pessoais irrecuperáveis com antigos correligionários e amigos. A colunista do *Público* identifica-se plenamente nesta história de vida, tendo privado com actuais trumpistas portugueses, em festas, jantares, projectos, desde os tempos da blogosfera, quando todos estavam, alegadamente, empenhados na codificação de uma direita aberta, cosmopolita e moderna.[105]

---

[102] Maria João Marques, *Público*, 20 de Maio de 2020.

[103] Maria João Marques, Blogue Atlântico, 16 de Novembro de 2008.

[104] Maria João Marques, *Público*, 20 de Maio de 2020.

[105] Maria João Marques, *Público*, 18 de Outubro de 2020.

O acentuar relativamente recente destes diferendos no campo liberal-conservador deve-se ao atraso atávico com que os fenómenos políticos chegam a Portugal. Para Miguel Morgado, o debate recente sobre populismo, em Portugal, demonstra uma certa claustrofobia da cultura política nacional. A colagem do conceito de populismo à extrema-direita e o questionar sobre a existência de um populismo de esquerda revelam o atraso em questões teóricas já resolvidas, há anos, no resto da Europa. Na vizinha Espanha, por exemplo, a Universidade Autónoma de Madrid foi o berço do populismo de esquerda do partido Podemos e esta família política é tratada como uma realidade inquestionável, há pelo menos duas décadas, muito em razão das ligações com as experiências latino-americanas. Também Pedro Mexia salienta o carácter transversal do populismo, que na Europa tem protagonistas importantes tanto na esquerda (Syriza e Podemos) como no centro (Movimento 5 Stelle), como na direita, em que as migrações, a crise dos refugiados, o terrorismo e o integralismo islâmicos, entre outros factores, explicam as reacções mais radicais.[106]

Na análise de Morgado, em Portugal, o termo populismo não é uma novidade, mas foi sempre utilizado menos num sentido analítico e mais num sentido polémico, de catalogação de tudo o que chocava o *mainstream*. Populismo era sinónimo de extrema-direita em ascensão na Europa, e populista era o Paulo Portas da crítica ao Rendimento Social de Inserção. Ou seja, populismo é mais um chavão que veio a complementar o clássico «fascismo». Fora da polémica política e da bolha portuguesa, o termo populismo reconquista a sua utilidade semântica como conceito das ciências sociais. A história do populismo é complexa, desde a sua origem nos Estados Unidos e na Rússia dos finais do século XIX, até às actuais expressões de protesto, em nome de um povo virtuoso e autêntico, alegadamente atraiçoado por uma elite corrupta, dona do sistema. Um povo que, em política, encontra necessariamente a sua voz em líderes, intérpretes da reacção popular.

O populismo não é apenas um fenómeno conjuntural de reacção, mas tem um carácter fisiológico no seio das democracias representativas.

---

[106] João Luz, *Hoje Macau*, 24 de Fevereiro de 2017.

Para Miguel Morgado, a representatividade, por sua natureza, favorece o aparecimento de vagas populistas. A crise é congénita ao mecanismo de representação, porque este último, pensado para as democracias já desde o século XVIII, se manifesta tanto na aproximação, como no afastamento do representado em relação ao representante. Ou seja, o mecanismo de representação pressupõe o afastamento do representado e, por isso, a expressão do seu descontentamento, do seu protesto, em relação ao representante. Um protesto que se pode manifestar também de forma populista, através do chavão da traição dos representados pelos representantes.

Já na Revolução Francesa, o sistema parlamentar — histórica e culturalmente diferente do mais antigo parlamentarismo britânico — sofre as tensões das massas revolucionárias, convencidas da superioridade da democracia directa popular face aos mandatos individuais dos eleitos. No século XVII, os filósofos políticos valorizavam a expressão da insatisfação como sinal de exigência na política. A ausência de insatisfação expressa facilita o abuso do poder por parte das elites no governo. A inquietação é um ingrediente importante dos sistemas democráticos e a sua ausência é sinal de alguma disfunção. Portanto, o espírito crítico em relação aos representantes do povo e aos seus partidos acompanha a história da democracia: os eleitos que frustram as expectativas dos eleitores devem justificar a sua conduta; o político que esconde as suas malfeitorias atrás da retórica democrática deve ser confrontado. O populismo pode ser uma forma, ainda que desagradável, de exercer este escrutínio. O princípio é partilhado também por Francisco Mendes da Silva, segundo o qual os partidos de protesto, principalmente quando alcançam percentagens eleitorais inquietantes de dois dígitos, podem desempenhar uma função positiva nas democracias, como válvulas de escape das insatisfações que insuflam a abstenção, os sentimentos antipolíticos e as atitudes anti-sistema.

Henrique Raposo junta outra causa a esta crise de representação: a atomização e a desagregação das comunidades naturais dos bairros, das igrejas, das associações desportivas territoriais. O enfraquecimento dos corpos intermédios enaltecidos por Alexis de Tocqueville permitiram ao populismo — assim como fizeram outros ismos (fascismo, comunismo) — oferecer uma identidade holística total, mas postiça, aos indivíduos desenraizados.[107]

O reconhecimento do populismo como válvula de escape das tensões não resolvidas pelo sistema não leva, contudo, a nenhuma aproximação a este fenómeno por parte destes intelectuais liberais e conservadores. E isto porque todos eles são totalmente alheios à cultura política anti-sistema, como explica eficazmente João Pereira Coutinho: a crítica avançada pela sua geração intelectual ao *statu quo* foi sempre expressa dentro do espectro da direita parlamentar, sem nunca ceder a tentações extraparlamentares para-revolucionárias. Isso deve-se à identificação com o conservadorismo e com o liberalismo, ou seja, com o modelo institucional da democracia liberal que triunfou sobre todos os demais modelos institucionais do século XX. Portanto, esta geração, enquanto crítica, sempre quis preservar a democracia liberal como casamento possível entre o elemento democrático e o elemento liberal: o princípio das maiorias como actores centrais da vida política, mas controladas por uma rede de instituições independentes, políticas e judiciais, para a salvaguarda dos direitos e liberdades das minorias.

Uma salvaguarda dos direitos que não nega, contudo, a importância dos deveres: para Pedro Lomba, as nossas sociedades não podem ser apenas sistemas de reivindicação permanente de direitos em expansão. Os direitos devem coexistir com os deveres para garantir o equilíbrio: não é possível reivindicar o direito de se viver em Portugal, sem se aceitar o dever de defender o país, por exemplo. Os direitos vêm sempre acompanhados dos deveres, segundo um código moral cuja ausência periga a existência da sociedade inteira. No trabalho, na demografia, na família, há estruturas em que o conceito de «dever» é muito importante pelas consequências políticas na comunidade e que não pode ser liquidado como sinónimo de conservadorismo duro. A combinação dos direitos e dos deveres enquadra-se na salvaguarda da ordem natural, contra qualquer tentação subversiva e de promoção do caos.

Também Pedro Marques Lopes refere a alergia às sirenes anti-sistema como uma das explicações do antipopulismo da sua geração intelectual. Esta última nunca quis minar a alternância PS-PSD, porque

[107] Henrique Raposo, *Expresso*, 17 de Outubro de 2018.

esta alternância garantiu o desenvolvimento extraordinário de Portugal nas décadas de 1980 e de 1990, à sombra da integração europeia. Só quem não tem idade suficiente para se lembrar do que era Portugal do princípio da década de 1980 pode desvalorizar esta realização sociopolítica.

O compromisso total com a defesa do modelo demoliberal faz com que estes intelectuais de direita olhem com cepticismo o surgimento de movimentos de ruptura com o *statu quo*, embora alguns deles tenham uma postura analítica mais fria e menos emocional face ao populismo. João Pereira Coutinho, por exemplo, olha para o populismo através do prisma académico, interessando-lhe perceber as razões do surgimento de novos actores em várias democracias ocidentais contemporâneas. Para ele, os epifenómenos populistas, nas democracias, são cíclicos ao longo da existência dos regimes e representam momentos importantes e, às vezes, necessários como ruptura de algo insanável ou como barómetro das disfunções das democracias. O surgimento do Populist Party nos Estados Unidos da América do final do século XIX, por exemplo, representou o protesto dos agricultores da região das grandes planícies contra o abandono por parte do capitalismo *laissez-faire* de Washington e contra a imigração maciça de mão-de-obra barata. Ou seja, os partidos populistas são o sintoma de disfunções do sistema e não a causa da crise da democracia. A perspectiva histórica e académica permite aos intelectuais sublinhar o papel de alguns antigos líderes populistas. Miguel Morgado ressalta a oratória de William Jennings Bryan, no fim do século XIX, em defesa da América agrária contra a América das metrópoles e dos corruptos de Wall Street. João Pereira Coutinho recorda o papel do populismo de George Wallace na América dos anos 1960 em aprofundar a discussão sobre a reforma do Estado pesado, posteriormente implementada por Ronald Reagan, na década de 1980.

A compreensão científica do populismo, contudo, não abre brechas no juízo filosófico e político sobre o fenómeno que João Pereira Coutinho continua a considerar uma mistificação providencialista e salvífica. O intelectual conservador entende, de uma forma desapaixonada, o porquê da reacção populista, enraizada no fosso crescente entre os que se adaptaram à economia do conhecimento, própria da globalização, e os que vão ficando para trás, principalmente do ponto de vista económico. Mas, como pessimista antropológico, não acredita, de todo, na eficácia taumatúrgica do populismo de direita, cujas respostas aos problemas reais são claramente irreais. Por isso, para Pereira Coutinho, os partidos liberais e conservadores devem prestar atenção às possíveis consequências revolucionárias, disruptivas, das falhas económicas, políticas, sociais, surfadas pelos populismos. Esta atenção deve abranger todas as dimensões da política, inclusive os temas melindrosos das consequências das migrações de massa na Europa, centrais no debate público contemporâneo, mas sonegados pelas instituições europeias, principalmente a partir da crise dos refugiados de 2015–2016.

Entre os intelectuais liberais e conservadores, a relação entre globalização e populismo alcança o seu ponto alto na obra de Adolfo Mesquita Nunes, *A Grande Escolha*: uma celebração das virtudes da globalização contra os populismos de esquerda e de direita. O livro não é apenas uma análise dos fenómenos, mas uma tomada de posição em favor do Mundo global, cosmopolita, contra o populismo, em particular o de direita, com os seus apelos ao reerguer das fronteiras, ao fechar dos países, à defesa das diferenças que excluem o «outro», à denúncia das elites globalistas. Todos ingredientes que degradam a confiança dos povos na democracia liberal promovem o regresso ao autoritarismo e ameaçam as liberdades dos indivíduos, e os direitos das minorias.[108]

Embora reconheçam o valor heurístico e politológico do conceito de populismo, os intelectuais liberais e conservadores não deixam de aplicar um juízo valorativo a esta oferta política, considerada simplista e enganadora. João Miguel Tavares fala de «política da nostalgia»: um artifício retórico através do qual os líderes populistas celebram um passado mítico, feito de segurança e de bem-estar dos trabalhadores nacionais, com o intuito de conquistar as faixas de eleitores ressentidos com as dificuldades presentes, do dia-a-dia. O populismo explora a incapacidade de lidar com a globalização, o medo do futuro, o desejo utópico de travar a história. Os líderes populistas são os malabaristas

---

[108] Adolfo Mesquita Nunes, *A Grande Escolha*, pp.34–40.

do medo, hábeis manipuladores de um passado mítico que nunca existiu nos termos por eles apresentados.[109]

Em 2016, Donald Trump torna-se o emblema desta política enganadora. A partir da sua coluna no *Público*, João Miguel Tavares não tem meias-medidas na denúncia do Presidente norte-americano, ao longo dos anos do seu mandato. Donald Trump é apresentado como um oportunista, oriundo dos negócios obscuros dos anos 1980 e 1990, fruto do capitalismo de farsa, de batota, à custa do Estado, que lhe permitiu não pagar impostos graças à legislação sobre os prejuízos das empresas.[110] Nas palavras de João Miguel Tavares, Trump não passa de «uma personagem repugnante pela sua alarvidade, pela falta das mais elementares regras de decência e cortesia e pela quantidade impressionante de falsidades que debita no Twitter». Um perigo para a democracia americana porque está a usar a administração norte-americana como uma empresa privada comprada em Wall Street.[111] O oportunismo político do presidente norte-americano aproveita o discurso do populismo de protesto de líderes já consagrados na extrema-direita do espectro político — Viktor Orbán e Marine Le Pen, por exemplo — e condimenta-o com o extremismo verbal da vulgaridade e da agressividade, potenciado pelos *media*. Um discurso de sucesso, segundo Pedro Lomba, porque baseado no estilo pessoal, brutal, autêntico de líderes que se apresentam como estando nos antípodas dos políticos condicionados pela artificialidade e pela inautenticidade do espaço público, constantemente escrutinado pelos *media*.[112] O simplismo do discurso populista é, para Rodrigo Moita de Deus, uma das causas mais importantes da impermeabilidade dos analistas de direita portugueses, cuja preparação cultural e intelectual apurada aumenta significativamente a fasquia de exigência face a novos fenómenos políticos.

Comparando os dois lados do Atlântico, Henrique Raposo aponta uma diferença, na sua opinião determinante, para se entender o populismo europeu: no Velho Continente, o populismo é, hoje, estrutural, ao

---

[109] João Miguel Tavares, *Público*, 8 de Novembro de 2016.

[110] João Miguel Tavares, *Público*, 29 de Setembro de 2020.

[111] João Miguel Tavares, *Público*, 23 de Novembro de 2019.

[112] António Sarmento e João Madeira, *Jornal Económico*, 3 de Fevereiro de 2017.

passo que nos Estados Unidos da América é conjuntural. Nos Estados Unidos, o populismo é alimentado principalmente pela realidade económica. Naquele país, sempre existiu uma direita sulista, segregacionista, racista, mas não é esta que determina a vitória de Donald Trump. O sucesso do magnata americano deveu-se à distância crescente, social e económica, entre as classes altas e as médias-baixas, nas últimas décadas. A concentração da riqueza no vértice da pirâmide e o alargamento da base com recursos escassos, conjugados ao abandono, por parte da esquerda, da maioria branca pobre, em prol das causas das minorias étnicas, sexuais, religiosas, determinaram a vitória de Trump. Por isso, na sua opinião, a retoma económica e a reactivação do elevador social irão incidir no fracasso do populismo norte-americano. Na Europa, pelo contrário, as diferenças socioeconómicas não cresceram tanto como nos Estados Unidos, mas as clivagens culturais e identitárias acentuaram-se, principalmente em relação à não vontade de integração de parte da crescente comunidade muçulmana. O tema identitário não é conjuntural como o económico.[113]

Na perspectiva do desejado fracasso do populismo, Maria João Marques considera que os líderes populistas não têm qualidades intrínsecas significativas, alimentam-se apenas das franjas de eleitorado, saudosistas de passados autoritários, guiadas pelo pensamento simplista, pela rejeição da complexidade do mundo, pela procura de soluções fáceis e de inimigos imaginários. Esta característica torna-os vulneráveis aos anticorpos que geram naturalmente nas políticas nacionais. O importante é os antipopulistas alimentarem estes anticorpos, demonstrando a irrelevância moral e política dos temas cavalgados pelos populistas.[114]

Esta linha de pensamento é suportada também por Adolfo Mesquita Nunes, segundo o qual a variável económica pode ter relevância, mas não é a determinante para o sucesso do populismo, pois este fenómeno medra também onde não há pobreza ou não há imigração de concorrência laboral. É a mentalidade binária moralista que, em política, despoleta o populismo. Por isso, os antipopulistas devem ter, como alvo

---

[113] Henrique Raposo, *Expresso*, 16 de Janeiro de 2018.

[114] Maria João Marques, *Público*, 13 de Janeiro de 2021.

principal, o moralismo em política, ou seja, a divisão maniqueísta entre o bem e o mal, entre o amigo e o inimigo. Só assim poderão devolver a dignidade à democracia madura e pluralista.[115]

A estratégia performativa de Donald Trump incomoda as hostes liberal-conservadoras portuguesas, habituadas à moderação institucional das mais altas magistraturas do Estado, como Marcelo Rebelo de Sousa, eleito Presidente da República contemporaneamente ao presidente norte-americano. Para Vasco Rato, a direita portuguesa demonstra assim a sua incapacidade de entender as mudanças que estão a decorrer nos Estados Unidos: o realinhamento da sociedade norte-americana, com repercussões no Partido Republicano que já não é o GOP (Grand Old Party) *a la* Mitt Romney. Trata-se de um novo GOP, influenciado pela coligação dos excluídos e ameaçados pela globalização, aos quais Donald Trump conseguiu dar voz, dentro do partido. Uma coligação cuja imagem de bárbaros, incultos, incivilizados, é inaceitável e desconfortável para a direita globalista portuguesa, assim como o foi para o *establishment* democrático e para a direita neoconservadora republicana dos Irving Kristol, dos Max Boot, com alguma ascendência nos intelectuais conservadores portugueses ligados, por exemplo, ao Instituto de Estudos Políticos (IEP) da Universidade Católica. Exemplo desta direita inconformada com o trumpismo — mas não no sentido neoconservador — é Maria João Marques, para quem os Estados Unidos sempre foram a pátria, idealizada, da democracia e da liberdade, os pioneiros da revolução iluminista e do *melting pot*. A eleição de um presidente corrupto, amoral, em guerra constante com o poder judicial — o único a fazer-lhe frente, perante a ineficácia das Câmaras — é sinal da fractura na sociedade americana entre a componente moderna, progressista, cosmopolita, urbana e o «caldo malsão de reaccionarismo, obscurantismo e hostilidade pelo conhecimento e pela ciência». Perante a queda do mito norte-americano — com os seus absurdos de capitalismo selvagem entregue às grandes multinacionais, inclusive em áreas sensíveis como a saúde e o sistema penitenciário —, a única esperança é a Europa tornar-se o farol da democracia e da liberdade.[116]

---

[115] Adolfo Mesquita Nunes, *Diário de Notícias*, 28 de Outubro de 2018.

[116] Maria João Marques, *Público*, 15 de Julho de 2020.

Pedro Mexia não concorda com a crítica de direita sobre a alegada incompreensão do fenómeno Trump. Os populismos de esquerda e de direita, pelo mundo fora, são perfeitamente compreensíveis nas suas causas e consequências, o que não os torna, de modo algum, aceitáveis. Donald Trump é um oportunista que soube aproveitar, através da violência verbal e simbólica, a confluência entre a classe média-baixa empobrecida, a revolta de eleitores religiosos contra a agenda liberal pós-materialista e a arrancada do Tea Party e da direita «alternativa». E deu corpo a esta mescla explosiva com o seu estilo presidencial de «bufão incompetente», desbocado, machista, xenófobo, islamófobo, racista, desastrado nas suas relações com as agências nacionais (FBI e CIA) e com os aliados internacionais.[117] O antigo fundador de A Coluna Infame polemiza com a direita que, por ódio básico à esquerda, compactua com o presidente norte-americano, cujo estilo repulsivo não é conjuntural das campanhas eleitorais polarizadas, mas estrutural de todo o seu mandato. A ausência de ideias e de doutrina minimamente estruturada, as contradições empedernidas, retiram credibilidade também à sua imagem de líder populista dos descamisados da globalização e reduzem-no a um mero arauto do lado obscuro da direita americana, isolacionista, autárcica, racista.[118] O intelectual conservador não aceita a justificação de certa direita segundo a qual Trump deve ser apoiado por ter sido legitimamente escolhido pelo eleitorado conservador. O presidente norte-americano representa a subversão, tribal e identitária, da viragem modernizadora do GOP, inaugurada, em 2012, pelo Comité Nacional Republicano, com o documento *Growth and Oportunity Project*, aberto às políticas inclusivas, multiétnicas, multiclassistas, de diversificação demográfica.[119]

Como a generalidade dos intelectuais liberal-conservadores portugueses, Pedro Mexia refere com frequência os críticos republicanos de Donald Trump. Mexia, por exemplo, salienta os vários intelectuais conservadores que fizeram campanha contra a primeira candidatura de Donald Trump: William Kristol, David Brooks, George Will,

---

[117] Pedro Mexia, *Expresso Semanário*, 25 de Agosto de 2018.

[118] Pedro Mexia, *Expresso*, 9 de Fevereiro de 2017.

[119] Pedro Mexia, *Expresso Semanário*, 31 de Outubro de 2020.

Charles Krauthammer, Robert Kagan, Ross Douthat. Em particular, a influente revista conservadora *National Review* que, em 2016, dedicou um número monográfico ao candidato a presidente, com a manchete «Against Trump».[120] Entre os colaboradores anti-trumpistas da *National Review*, Pedro Mexia destaca John Podhoretz, mas também os redactores da *Weekly Standard*, por denunciar a caricatura grotesca de um inexistente Donald Trump conservador, devido ao seu oportunismo, às contradições insanáveis, ao desleixo ético-moral, repugnante para qualquer conservador decente.[121] Estes conservadores de peso do GOP posicionam-se nos antípodas do proteccionismo comercial, do isolacionismo internacional, das tensões frequentes com Estados aliados históricos e da aproximação ao presidente russo Vladimir Putin. Divergências condimentadas com o desprezo pelo estilo de Trump, feito de vulgaridade, xenofobia, machismo, despejados em catadupa nas redes sociais. Para Mexia, nenhum conservador consciente pode aceitar a fórmula trumpista, que não passa de uma resposta errada e simplista aos receios legítimos dos eleitores norte-americanos com as mudanças rápidas da globalização, da demografia, entre outras.[122]

Também Henrique Raposo realça a incompreensão, no Velho Continente e por eurocentrismo, de Donald Trump, constantemente comparado com Adolfo Hitler, Vladimir Putin ou Marine Le Pen. Trump não é um fascista, nem um autocrata à maneira europeia. É um populista à maneira da velha tradição sulista dos Estados Unidos. O presidente norte-americano é colocável, historicamente, na linha de fractura entre o projecto federalista, industrial, metropolitano, expansivo, dos republicanos nortistas e o projecto antifederalista das pequenas comunidades, dos Estados autónomos — bastião dos democratas sulistas — receosos da expansão internacional. Com a aprovação da legislação dos direitos civis pelo democrata Lyndon Johnson, em 1964, a defesa da tradição sulista passou para os republicanos à Barry Goldwater, criando uma fractura na direita norte-americana ainda segurada por Richard Nixon, Ronald Reagan e George Bush. No século XXI,

---

120 Pedro Mexia, *Expresso*, 9 de Fevereiro de 2017.

121 Pedro Mexia, *Expresso Semanário*, 10 de Junho de 2017.

122 Pedro Mexia, *Expresso Semanário*, 8 de Outubro de 2016.

a tensão entre os republicanos tornou-se cada vez mais grave, com o acentuar da crítica às elites urbanas e ao centralismo de Washington, através dos políticos e intelectuais do Tea Party ou da Alt-Right. Não é um regresso reaccionário ao sulismo esclavagista, ao racismo institucionalizado, mas uma revolta contra o politicamente correto actual, contra a asfixia da liberdade imposta por uma esquerda cada vez mais intolerante, principalmente contra a maioria branca cristã face às minorias de todos os géneros. Henrique Raposo apelida esta revolta de «jacksonianismo 2.0», que merece ser avaliada para salvaguardar os aspectos positivos — a crítica ao tribalismo identitário de esquerda — e para condenar os negativos — o comunitarismo identitário branco.[123]

Na mesma linha, Pedro Mexia recupera a análise crítica do intelectual ex-republicano Max Boot, segundo o qual Donald Trump não tem nada que ver com a tradição republicana de Abraham Lincoln, Teddy Roosevelt e Ronald Reagan, mas sim com a tradição populista demagógica, autoritária, racista, transversal aos democráticos e aos republicanos, dos Huey Long, dos Joseph McCarthy e dos George Wallace.[124] Uma fórmula entre o nacional-populismo do paleoconservador Pat Buchanan e o radicalismo de um Tea Party, que, pela sua gravidade, torna irrelevantes até os êxitos de Donald Trump em matéria económica, de mercado do trabalho, de travagem da escalada militarista, de fortalecimento da equipa conservadora na justiça (três juízes eleitos no Supremo Tribunal).[125]

Embora não enfileire no antipopulismo radical de parte da geração *Atlântico*, também João Marques de Almeida prova uma repugnância autêntica em relação a Donald Trump e a Jair Bolsonaro, aos quais não reconhece qualquer craveira liberal-conservadora. O presidente norte-americano, em particular, não representa ideia política nenhuma, mas apenas o aproveitamento oportunista da fórmula populista, sendo um homem de negócios que já foi próximo do partido democrático e financiador de Bill Clinton. Na presidência, Trump nem sequer

---

[123] Henrique Raposo, *Expresso*, 8 de Fevereiro de 2017.

[124] Pedro Mexia, *Expresso Semanário*, 15 de Junho de 2019.

[125] Pedro Mexia, *Expresso Semanário*, 31 de Outubro de 2020.

esboçou um programa reformador liberal, mas aplicou um proteccionismo nacionalista alheio à cultura política da direita portuguesa da revista *Atlântico*, cujo anti-euro-federalismo estava alicerçado na valorização do papel internacional dos Estados Unidos da América e pela importância do Estado Nação num sentido patriótico, nunca nacionalista. Para o fundador da *Atlântico*, fenómenos como Trump e Bolsonaro representam apenas uma arma de arremesso da esquerda contra a direita liberal-conservadora, constantemente colada ao estereótipo reaccionário.

Entre os dois presidentes populistas americanos, Jair Bolsonaro ganha por antipatia junto dos intelectuais liberais. Para Alberto Gonçalves, não é possível pôr no mesmo saco o presidente brasileiro e o norte-americano. Os dois são sem dúvida personagens desagradáveis, mas os resultados alcançados por Trump são mais significativos que os de Bolsonaro. Ainda que Trump seja um pantomineiro, um charlatão, um fala-barato, a sua presidência foi marcante tanto a nível nacional, como internacional. Neste sentido, para o actual comentador do *Observador*, muitos analistas de direita ficaram reféns do *cliché* anti-trumpista montado pela esquerda. A avalanche mediática contra Trump foi de tal forma avassaladora que o alinhamento acrítico foi quase automático também por parte das direitas, cujo desprezo pelo antigo inquilino da Casa Branca é real, mas teria merecido mais *nuances* no seu olhar analítico.

Ainda antes da eleição à presidência do Brasil, João Miguel Tavares considerava Bolsonaro um fascista *stricto sensu*, tanto quanto um fascista o pode ser em democracia. Daí a necessidade de a direita diferenciar entre um Bolsonaro e um Trump ou uma Le Pen, em razão também das condicionantes geográficas. Os Estados Unidos da América não são o Brasil, onde as tentações autoritárias de Bolsonaro podem mesmo desembocar numa ditadura militar à moda latino-americana. O programa económico neoliberal de Bolsonaro afasta-o, por certo, do corporativismo fascista clássico, mas na América Latina a receita dos Chicago Boys já demonstrou a sua perfeita compatibilidade com o autoritarismo parafascista, desde os anos do Chile de Augusto Pinochet. O raciocínio aplica-se no momento eleitoral: perante as tibiezas das direitas portuguesas entre o candidato Jair Bolsonaro e o candidato Fernando Haddad, possível branqueador de Lula da Silva, João Miguel Tavares não hesita em preferir «um democrata corrupto» a «um fascista impoluto».[126]

Mesmo os que apreciam algumas das orientações políticas de Trump — a recuperação do apoio incondicional ao Estado de Israel após a época Obama, por exemplo —, não reconhecem nele o referente liberal-conservador desejado. Para esta geração intelectual, há uma diferença clara entre o discurso duro de um Ronald Reagan ou dos Bush, pai e filho, e o discurso de Donald Trump. Os primeiros permanecem dentro da tradição republicana americana e radicalizam o discurso devido às contingências históricas: Reagan devido à escalada da Segunda Guerra Fria; os Bush devido ao intervencionismo no mundo islâmico. O segundo, pelo contrário, promove no GOP uma ruptura radical na tradição republicana. Uma ruptura para-revolucionária, totalmente desajustada face às contingências históricas. Esta operação extremista, promovida por uma figura criada pelo circo mediático, é considerada antitética à criação de uma direita afirmativa séria. Neste sentido, Henrique Raposo apresenta Ronald Reagan como um conservador luminoso, empenhado em derrotar a URSS muito mais através dos mecanismos do mercado livre do que da ameaça nuclear. Um presidente na vanguarda do seu tempo, como demonstra, por exemplo, a nomeação meritocrática do general Colin Powell para Conselheiro de Segurança Nacional. Uma nomeação que desmente as acusações de reaccionarismo e de racismo lançadas pelas esquerdas, numa estratégia repetida posteriormente contra os Bush, pai e filho, e que, nessa indiferenciação em pôr todos no mesmo saco, avantaja Donald Trump.[127]

Numa análise retrospectiva da administração Trump, João Miguel Tavares reconhece que a iminente derrota do incumbente norte-americano por Joe Biden e a possível perda de Câmara e Senado para os democratas, irá desvendar a verdadeira natureza do trumpismo: um epifenómeno indecente, um desastre no exercício do poder, sem espessura política, sem possibilidade de deixar qualquer rasto na História,

[126] João Miguel Tavares, *Público*, 6 de Outubro de 2018.

[127] Henrique Raposo, *Expresso*, 31 de Janeiro de 2018.

e vitorioso em 2016 apenas pelos ódios despertados por Hillary Clinton como símbolo da elite de Washington.[128] Luciano Amaral é mais condescendente com a presidência Trump. Na sua coluna no *Correio da Manhã*, criticou, ao longo dos anos, a ofensiva contínua dos democratas norte-americanos contra a presidência Trump, porque considera a deslegitimação constante do adversário um desvirtuamento do normal rotativismo democrático. Isso emerge principalmente nas reacções contra as denúncias lançadas por Donald Trump face às alegadas irregularidades eleitorais nas presidenciais de 2020. Acusado de querer boicotar a democracia, Trump utilizou, na verdade, a mesma estratégia dos democratas aquando da sua eleição, muito contestada por alegadas interferências russas, até investigadas por uma comissão *ad hoc* para fins de *impeachment*. Apesar da crítica mais contundente, João Miguel Tavares alinha na lógica da análise de Luciano Amaral: os boicotes contra a tomada de posse de Trump são uma ofensa à própria democracia. Quem aprecia a sério a democracia encontra a sua prova do fogo exactamente quando o poder é detido por um político detestável, com ideias detestáveis, mas legitimado por milhões de eleitores.[129] Esta é a prova do fogo, porque aqui um democrata verdadeiro demonstra a sua confiança no sistema. Reconhecer a solidez da democracia norte-americana — casa mãe da liberal-democracia ocidental — não significa menosprezar o desafio populista. O colunista do *Público* polemiza com as direitas que o acusam de enfileirar com as esquerdas na condenação de Trump, pois não está disponível para apoiar a subversão da democracia, em nome do combate ideológico polarizado. Para o colunista, Donald Trump não é um autocrata como Vladimir Putin ou Recep Erdoğan, apenas porque nasceu numa democracia sólida que não pode de todo liquidar. No fecho das urnas nas presidenciais de 2020, Trump desrespeitou de imediato as regras do funcionamento democrático ao denunciar alegadas fraudes em curso na contagem dos votos. A democracia liberal sabe lidar com estas ameaças, pois «viver em democracia significa ter de aturar as opiniões de pessoas com as quais não concordamos e aceitar a representação

[128] João Miguel Tavares, *Público*, 3 de Novembro de 2020.

[129] João Miguel Tavares, *Público*, 21 de Janeiro de 2017.

de gente com convicções repugnantes. Há quem por vezes se esqueça disso».[130] Apesar de certa histeria alarmista por parte da comunicação social, do mundo académico, dos analistas, a verdade é que as sociedades ocidentais estão demonstrando saber lidar com políticos aberrantes como Trump.[131] Para Luciano Amaral, os Estados Unidos e, no geral, as democracias ocidentais são regimes políticos consolidados, com poderes que se controlam mutuamente de forma funcional.

Esta consolidação permite enfrentar, sem pânicos injustificados, os radicalismos de direita e de esquerda que, na análise de João Miguel Tavares, se alimentam mutuamente: o radicalismo *woke* fomenta a reacção populista de direita no Ocidente, contra os ataques da correcção política aos valores queridos às comunidades e à liberdade de expressão, de ensino, de pensamento. Ataques agravados pela violência simbólica e física dos derrubes das estátuas e das revoltas metropolitanas por qualquer acontecimento que desagrade aos guerreiros da justiça social.[132]

O populismo não é a causa da crise da democracia, mas apenas um sintoma. Um sintoma que permite à maioria dos intelectuais liberal-conservadores esclarecer os termos do combate cultural hoje em marcha: racismo sistémico, politicamente correto, *wokismo*, cultura do cancelamento, são as novas fronteiras da ofensiva das esquerdas. Apesar de não alinhar com o estilo populista, o populismo de direita demonstrou uma capacidade crítica útil em relação às novas linguagens e agendas da esquerda radical. O trumpismo é, mais uma vez, emblemático disso. Segundo João Miguel Tavares, Donald Trump alimentou positivamente, nas sociedades norte-americana e europeia, a mobilização social, o interesse pela política e a procura da informação.[133] O reconhecimento, por parte de alguns intelectuais liberais, da galhardia do populismo de direita no combate cultural ressalta, mais uma vez, os matizes no campo antipopulista.

Pedro Mexia, por exemplo, recupera a polémica interna aos meios conservadores norte-americanos sobre o relativismo dos valores. Neste

---

[130] João Miguel Tavares, *Público*, 5 de Novembro de 2020.

[131] João Miguel Tavares, *Público*, 23 de Janeiro de 2018.

[132] João Miguel Tavares, *Público*, 10 de Novembro de 2020.

[133] João Miguel Tavares, *Público*, 23 de Janeiro de 2018.

diferendo, uma parte dos conservadores — é o caso do comentador do *New York Post*, Sohrab Ahmari — alerta contra o falso pluralismo das esquerdas que querem simplesmente liquidar os valores cristãos, e saúda a aplicação trumpista da lógica schmittiana amigo-inimigo no combate cultural. O intelectual português discorda desta análise. Prefere valorizar a democracia como a casa do pluralismo, o abrigo da liberdade das minorias e não da vontade da maioria, à luz de uma ordem moral superior à imposição de qualquer ortodoxia ideológica.[134]

Maria João Marques é ainda mais cáustica: a direita fechou-se na bolha da contestação à correcção política, ao marxismo cultural, à ideologia de género, ao debate sobre as alterações climáticas. Reage instintivamente contra tudo o que cheire a reformismo em prol da justiça social, levantando o papão do PREC, da mesma forma que a esquerda parasita há anos o papão do Estado Novo. Todos os partidos da área não socialista mostram, hoje, tiques tradicionalistas e antifeministas (a oposição à introdução das cotas de género) e de normalização da extrema-direita à Trump e à Bolsonaro. Para a colunista do *Público*, a insistência da direita nas batalhas culturais, secundarizando os problemas reais das pessoas e a sua solução num sentido progressista de desenvolvimento, é um suicídio político.[135] A obsessão da direita civilizada contra a agenda progressista é só uma dádiva à extrema-direita. A direita civilizada, pelo contrário, deve integrar estes temas na sua agenda, mesmo os mais sensíveis como o racismo, o machismo, o discurso de ódio, o capitalismo desenfreado, e traduzí-los segundo a sua perspectiva, para ir ao encontro de realidades sociais importantes e de uma sensibilidade existente também no eleitorado não socialista, avesso ao conservadorismo reaccionário.[136]

Em oposição aos políticos populistas, os intelectuais liberal-conservadores ressaltam os dotes de protagonistas das direitas internacionais, com algum impacto mediático e discurso contundente, mas alternativo às agendas extremadas e incivilizadas. É apreciado, por exemplo, Boris Johnson, como emblema da tradição conservadora britânica, em

---

[134] Pedro Mexia, *Expresso Semanário*, 10 de Outubro de 2020.

[135] Maria João Marques, *Público*, 20 de Maio de 2020.

[136] Maria João Marques, *Público*, 12 de Agosto de 2020.

evolução e *aggiornamento*, e totalmente alheia ao populismo trumpista. Boris Johnson é enaltecido pelo seu sentido de Estado, o respeito institucional, a capacidade oratória, a cultura política: todas características que o põem num patamar muito diferente de Donald Trump, não sendo, de todo, uma ameaça para a democracia britânica, mas um trunfo para a direita conservadora — sem dúvida superior aos seus predecessores Gordon Brown, David Cameron, Theresa May — e até uma solução para a gestão do pós-Brexit, do qual é corresponsável.[137] Estas figuras nem sempre são consensuais.

No caso do Johnson, por exemplo, Henrique Raposo considera-o um político fútil e irresponsável por ter-se aproveitado do Brexit, instigando o nacionalismo oitocentista dos britânicos, sem ter a mínima ideia de como resolver os problemas trazidos pela saída da União Europeia e sem ter tido a coragem de alertar os britânicos para as consequências desastrosas. Neste sentido, Raposo alinha com a análise do colaborador da *Spectator*, Nick Cohen, segundo o qual Boris Johnson optou por seguir o populismo britânico, cujo ímpeto de ruptura radical com a UE é a antítese do conservadorismo.[138] Para Pedro Mexia, o Brexit é fruto de um populismo novo, que não tem nada que ver com o fascismo, mas sim com uma mescla de diferentes revoltas inorgânicas, compreensíveis, mas altamente perigosas.[139]

Em França, Henrique Raposo destaca François Fillon e Emmanuel Macron. Primeiro-ministro em 2007–2012 e candidato presidencial em 2017, François Fillon é a figura certa para estancar o populismo nacionalista que está a conquistar votos ao centro. O seu perfil de católico, patriota, liberal e democrata é a antítese de Marine Le Pen e do seu niilismo revolucionário — comum à direita reaccionária — de destruição total do *statu quo* e de redenção purificadora. O político Fillon não é representante da direita colonizada pela esquerda, pois não tem medo de tomar posição nos temas sensíveis do radicalismo islâmico, do multicuralismo, dos identitarismos de esquerda e de direita. A sua proposta liberal-conservadora de europeísmo não federalista valoriza

---

[137] João Miguel Tavares, *Público*, 27 de Julho de 2019.

[138] Henrique Raposo, *Expresso*, 10 de Julho de 2018.

[139] Pedro Mexia, *Expresso Semanário*, 16 de Fevereiro de 2019.

o papel das Nações, mas não cede ao nacionalismo populista e à sua obsessão chauvinista pelo *jus sanguinis*, antitético a qualquer universalismo kantiano.[140] Ao contrário do que dizem os *media* franceses, Fillon não incorporou a agenda de Marine Le Pen. O seu patriotismo de centro-direita não tem nada que ver com o nacionalismo de extrema-direita. Para Henrique Raposo, Fillon não é racista, nem xenófobo e, diferentemente da extrema-direita, não almeja uma França modelo Estado étnico. O político francês, pelo contrário, quer proteger o cidadão francês de religião muçulmana, atacando o «fascismo islâmico» contrário à integração nos princípios republicanos. Daí a hostilidade dos *media* de esquerda que interpretam qualquer crítica à presença islâmica em Franca como expressão da extrema-direita.[141]

Presidente da República desde 2017, Emmanuel Macron também é apresentado, por Henrique Raposo, como um patriota liberal-conservador em luta contra o nacionalismo populista. O inquilino do Eliseu não é a expressão francesa da terceira via blairista, mas um político de centro-direita, um liberal clássico, adepto da economia de mercado e da defesa da soberania nacional contra o globalismo pós-Estado dos anos 1990. Por isso, Macron é a antítese quer da autoflagelação nacional politicamente correcta das esquerdas, quer do nacionalismo de direita avesso aos valores republicanos de integração do «outro».[142]

Estes dois líderes franceses demonstram a possibilidade de o centro-direita enfrentar de forma realista as questões melindrosas da presença islâmica na Europa, retirando oxigénio ao discurso de ódio do populismo de direita com a sua retórica das comunidades puras, inexistentes. Realismo significa admitir o problema do «islamo-fascismo» em muitos bairros da Europa, onde a cultura machista imposta por líderes religiosos é sonegada pela esquerda obcecada com o racismo e a islamofobia, pela imprensa multiculturalista e pelos intelectuais que vêem, em cada líder étnico das minorias, uma ponte entre comunidades. Henrique Raposo aponta, em particular, a primeira ministra sueca Isabella Lövin, ecologista e feminista, cuja recusa em condenar

---

[140] Henrique Raposo, *Expresso*, 21 de Novembro de 2016.

[141] Henrique Raposo, *Expresso*, 29 de Novembro de 2016.

[142] Henrique Raposo, *Expresso*, 15 de Novembro de 2018.

abertamente as violações de cidadãs suecas por homens muçulmanos e imigrantes, acaba por ser um respaldo o objectivo ao populismo de extrema-direita.[143] Na opinião do colunista do *Expresso*, as políticas de prevenção do islamismo na Europa, como a recusa da construção de mesquitas financiadas pela Arábia Saudita, são legítimas e úteis para combater o islamo-fascismo e o populismo de direita.[144]

Entre os protagonistas europeus da direita, o líder da direita italiana, entre os anos 1990 e princípio de 2000, Silvio Berlusconi, é o menos apreciado. Longe de ser valorizado pelo seu papel de moderador dos radicalismos — através da integração no governo de Alleanza Nazionale e da Lega Nord —, é apresentado como o precursor do estilo populista ridículo de Donald Trump, justificável na conquista do espaço mediático e político, mas condenável no exercício das funções presidenciais. Silvio Berlusconi e Donald Trump são, assim, arrumados na mesma bolha dos milionários privilegiados e intocáveis, cujas excentricidades minam qualquer possibilidade de as direitas não radicais olharem com maior condescendência às suas propostas políticas. Uma excentricidade perigosa para os equilíbrios internacionais e cujo estilo paródico, apocalíptico, dicotómico, não pode ser liquidado apenas como uma idiotice suportada por eleitores reprováveis.[145] Na análise de Pedro Mexia, o três vezes primeiro-ministro italiano Silvio Berlusconi é, como Donald Trump, o «magnata bufão», enlameado em escândalos judiciários contínuos[146] e que inaugurou, na direita, a moda dos políticos imprestáveis, mal-educados, sem ideias.[147] Em 1994, o primeiro governo Berlusconi teve um efeito catastrófico nas direitas ocidentais, pois convenceu muitos conservadores e liberais a considerá-lo um político de família, apesar de ser intragável.[148] O empresário-político italiano demonstra como o populismo não vem das margens, mas do *mainstream*: como Berlusconi surgiu dos escombros da Democrazia Cristiana, assim Donald Trump aproveitou os escombros do GOP. Para

---

143 Henrique Raposo, *Expresso*, 9 de Fevereiro de 2018.

144 Henrique Raposo, *Expresso*, 7 de Junho de 2018.

145 João Miguel Tavares, *Público*, 21 de Janeiro de 2017.

146 Pedro Mexia, *Expresso Semanário*, 13 de Janeiro de 2018.

147 Pedro Mexia, *Expresso Semanário*, 9 de Fevereiro de 2017.

148 Pedro Mexia, *Expresso Semanário*, 15 de Junho de 2019.

Pedro Mexia, a direita portuguesa deve aplicar a Donald Trump a crítica conservadora dos intelectuais republicanos, e a Silvio Berlusconi, a crítica liberal de intelectuais como Norberto Bobbio, que sempre negou o liberalismo do líder de Forza Italia, por este representar a mistura, inaceitável em política, entre a esfera pública e a esfera privada. Silvio Berlusconi abusou do seu privilégio económico e social para conquistar o poder e trazer para a política a espectacularização mediática e a amoralidade dos negócios. A farsa inaugurada por Berlusconi transformou-se na tragédia de Donald Trump.[149]

Partindo da impermeabilidade comum ao trumpismo, os intelectuais de direita dividem-se entre os que consideram os líderes populistas ameaças mortais à democracia e os que consideram as democracias ocidentais suficientemente maduras e resistentes aos desafios, tanto que o populismo pode até reforçar as democracias. A diferença não é de somenos, pois a consequência é a formação de duas frentes liberal-conservadoras contrapostas. Numa frente convergem intelectuais como Rui Ramos e Vasco Rato, mais confortáveis com a vitória de Donald Trump contra um qualquer representante do mundo *liberal*. Esta linha de raciocínio relativiza a ameaça populista contra a democracia liberal. Para Miguel Morgado, por exemplo, o desafio populista — tanto de direita como de esquerda — não é uma ameaça total e mortal aos sistemas democráticos. A sua problematização, pelo contrário, ajuda-nos a discutir problemas reais, sociais, económicos, políticos, que frequentemente as elites das democracias preferem sonegar. No contexto da crise financeira de 2008–2009, por exemplo, os populismos de esquerda forçaram os sistemas a discutir seriamente as desigualdades, assim como os populismos de direita — com destaque para a crise dos refugiados de 2015 — impuseram no debate público os temas das migrações. As ameaças relativas, representadas por alguns dos partidos populistas, são compensadas pela sua eficácia em trazer, para a mesa da discussão, problemas importantes. As respostas do populismo podem ser decepcionantes, mas as questões postas são, sem dúvida, pertinentes.

Esta constatação não contraria a existência de casos extremos como o do Aurora Dourada, um partido neonazi, racista, anti-semita,

[149] Pedro Mexia, *Expresso Semanário*, 19 de Setembro de 2020.

violento, que, no contexto da crise do sistema partidário grego, conquistou 7% dos votos, até os seus dirigentes serem encarcerados por crimes penais. Noutro patamar, não criminal, a Alternative für Deutschland (AfD) começou como partido de protesto contra a arquitectura da União Europeia e da moeda única, que alegadamente impõe à Alemanha os custos da Europa toda e, ao longo dos anos, evoluiu para uma agenda populista radical anti-imigração. Miguel Morgado alerta, contudo, para o facto de o extremismo criminoso ou a radicalização etnonacionalista serem menos frequentes em comparação ao padrão mais difuso da institucionalização, tanto na esquerda como na direita. O grego Syriza, por exemplo, rompeu com a linha radical de Yanis Varoufakis e, no governo, executou o programa da Troika, traçando um percurso reconhecível também na aproximação de uma parte do BE ao governo do PS. A italiana Lega de Matteo Salvini, por seu lado, parece ter encetado um caminho mais moderado em comparação ao concorrente Fratelli d'Italia. O Rassemblement National de Marine Le Pen, finalmente, distanciou-se, já há muito, da linha extremista e racista do pai, expulsando-o até do partido, para moldar um projecto viável de aproveitamento da crise da direita republicana francesa.

A ideia do populismo como porta de entrada de um ditador quase caído do céu é simplista e ridícula, o que leva Luciano Amaral a criticar a lógica apriorística da ameaça à democracia, aplicada a todas as novas direitas, juntamente com o rótulo de «populista». No seu texto «Onde está a ameaça à Democracia», publicado no livro *Linhas Direitas*, Amaral sublinha como o nacionalismo económico, o eurocepticismo, as políticas de controlo dos fluxos migratórios, implementados por Trump, pelos políticos pró-Brexit, pelos italianos da Lega ou do M5S, não procuram a subversão das instituições democráticas.[150] O populismo pode ser uma oportunidade para regenerar a democracia, criticando o excessivo elitismo que alimenta as legiões de cidadãos alheados da política. A ideia simplista do povo contra as elites pode servir de ponto de partida para debater a abrangência do regime e os seus mecanismos de participação, escrutínio e controlo da soberania. Nas eleições presidenciais norte-americanas de 2020, por exemplo, o

[150] Luciano Amaral, «Onde Está a Ameaça à Democracia», pp.228–230.

confronto entre populismo de direita e o anti-trumpismo de esquerda estimulou a participação eleitoral, inclusive entre as faixas da população tradicionalmente alheadas da vida política.

Na frente oposta, contrária à relativização da ameaça populista e avessa à lógica do mal menor, enfileiram intelectuais como Henrique Raposo, que prefere, de longe, a vitória de um Joe Biden sobre um Donald Trump, porque, apesar de tudo, o primeiro é um moderado no seu campo, integrado também por radicais (o movimento Black Lives Matter, por exemplo), ao passo que o segundo é um radical, inspirador, no seu campo, dos extremistas em detrimento dos moderados. Esta última linha de pensamento, bastante comum na direita liberal-conservadora portuguesa, valoriza pouco a capacidade ofensiva do populismo de direita contra a esquerda radical pós-moderna. A sua atenção, pelo contrário, é apontada mais à proximidade entre os líderes dos grandes partidos populistas e as franjas lunáticas da direita grupuscular, como os supremacistas brancos nos Estados Unidos da América ou os teoconservadores evangélicos no Brasil. Outro elemento de preocupação é o desprezo populista pela comunicação social — já com longo historial desde os primórdios de Jean Marie Le Pen — malvisto pelos intelectuais portugueses de direita, principalmente pelos que se formaram profissionalmente naquele meio e aí ocupam posições de relevo, incompatíveis com as teorias da conspiração sobre o quarto poder e a propaganda orwelliana. Nos antipopulistas irredutíveis, a ameaça da radicalização da direita não interessa apenas este ou aquele líder ou partido em ascensão, nem esta ou aquela causa conjuntural explicativa. Para Maria João Marques, o crescimento do populismo de direita não pode ser explicado apenas com a reacção contra a esquerda. A derrota eleitoral de Donald Trump nas presidenciais de 2020, com um número absoluto de votos superior ao de 2016, apesar dos quatro anos de presidência obscena, demonstra cabalmente a existência de eleitores que «votam na direita populista-reaccionária porque gostam deste produto político. A nova direita não é uma reacção à esquerda, é um movimento revolucionário por direito próprio».[151]

[151] Maria João Marques, *Público*, 18 de Novembro de 2020.

Esta constatação é válida também para a realidade portuguesa, onde a direita intelectual liberal aplica a mesma crítica reservada aos populismos lá fora. Em Portugal, o pano de fundo político é a natureza histórica do arco da governação. Portugal é governado, há décadas, por um centro não radical, contornado por radicais não de centro. Este centro amorfo e privo de qualquer radicalismo reformista consegue segurar a massa dos eleitores em momentos de crescimento económico, mas, em momentos de crise, arrisca-se a perder largas faixas eleitorais para os partidos de protesto, porta-vozes da insatisfação legítima com o imobilismo do centro. Em Portugal como no estrangeiro, o populismo de direita é o resultado desta ausência de receitas reformadoras por parte das elites do *statu quo*. A oferta populista é pura energia voluntarista, desbocada e demagógica, sem capacidade de resolver a crise, mas é suficiente para confortar os descontentes. O radicalismo populista português é alimentado pela ausência de um centro radical, que aborde, sem simplismo, nem demagogia, os problemas pré-políticos — ou seja, nem de esquerda nem de direita — que afectam o país, como a corrupção, a questão demográfica.[152] A direita portuguesa tem, historicamente, a potencialidade de encarnar esta fórmula antipopulista. Francisco Mendes da Silva realça, neste sentido, a matriz centrista histórica da área não socialista portuguesa e da sua capacidade de lidar com sectores radicais. Em particular, recorda a importante palestra dada por Fraga Iribarne, em 1974 — na altura, ainda embaixador da Espanha de Francisco Franco, em Londres —, posteriormente publicada, em Portugal, com o título «Teoria do Centro», na colectânea do autor, *Espanha: Caminhos da Democracia*. O texto apresenta a marca clara do conservadorismo britânico, no qual o centrismo e a procura do consenso são apresentados como os instrumentos indispensáveis a qualquer ordem estável. O centro não é um lugar ideológico, mas uma doutrina processual, aplicável por políticos de esquerda e de direita. Este princípio foi assumido pelo CDS, desde a sua criação, graças também à ligação aos espanhóis. É possível encontrar esta marca em vários textos de Adelino Amaro da Costa, nos quais o fundador do partido assume a conservação da ordem socioeconómica contra as

[152] João Miguel Tavares, *Público*, 19 de Novembro de 2020.

rupturas revolucionárias da esquerda, segundo o princípio burkeano do contrato entre os mortos, os vivos e os vindouros.

A densidade histórica da direita centrista portuguesa torna descartável, aos olhos destes intelectuais, o populismo à portuguesa, mediatizado por André Ventura. Desde as eleições autárquicas de 2017, o então cabeça-de-lista em Loures para o PSD, é encarado, por estes intelectuais, como a cópia barata de Donald Trump, com uma postura apenas instrumental face aos problemas e aos anseios do eleitorado que o político português conseguiu mobilizar. No geral, esta será a postura transversal a todos os comentadores liberais e conservadores em relação ao percurso de André Ventura como fenómeno pontual, produto contingente do populismo lá fora, e não inserido numa tradição nacional digna de relevo. Uma interpretação, esta última, avançada pelo interessante ensaio de José Pedro Zúquete, *Populismo: Lá Fora e Cá Dentro*, que enquadra Ventura na tradição portuguesa do populismo regenerador — do qual a direita toda não está imune —, ao lado do populismo militar e do populismo local.

Na ocasião da campanha de Loures de 2017, João Miguel Tavares apelida André Ventura de «mini-Trump de Loures», hábil a replicar a estratégia do populista de Washington: chocar as elites e ir ao encontro dos instintos mais baixos do povo.[153] Para Henrique Raposo, o sucesso do populismo confrontacional de André Ventura, trazido do comentário futebolístico, era expectável que singrasse. Referindo-se, em particular, à polémica dos ciganos, que projectou o candidato social-democrata para o palco nacional em 2017, Raposo recorda ter alertado várias vezes acerca de certos aspectos da bolha cultural cigana, deixada medrar fora do Estado de direito, numa dinâmica — feitas as devidas diferenças quantitativas — parecida à da bolha cultural islâmica nas cidades francesas. E tinha alertado para o perigo do centro-direita sonegar o tema, deixando-o ao aproveitamento do primeiro populista de passagem: neste caso o cabeça-de-lista do PSD em Loures. Para o comentador do *Expresso*, o populismo de André Ventura tem traços xenófobos porque confunde problemas sociais com problemas étnicos, com o intuito de aproveitar o choque entre comunidades. Por isso, a

[153] João Miguel Tavares, *Público*, 26 de Agosto de 2017.

decisão do CDS de abandonar a coligação com o PSD, em protesto contra André Ventura é uma decisão correcta, mas não resolve a persistência da questão cigana em Loures, à semelhança de tantas outras clivagens deixadas pelo centro-direita ao populismo, no terreno minado dos subúrbios metropolitanos.[154] Reconhecer a existência da violência suburbana, transversal às identidades étnico-raciais, não significa aceitar o discurso simplista de André Ventura. É apenas bom senso que só a esquerda radical urbana, enclausurada nos bairros chiques, pode negar.[155] A direita não pode nem deve aceitar o nivelamento por baixo do discurso populista, mas deve responder aos problemas reais com análises corajosas, à altura dos desafios complicados da convivência multiétnica.

A análise de Henrique Raposo é partilhada também por Francisco Mendes da Silva. Na linha do que tinha escrito na *Atlântico* acerca da função anti-Le Pen de um Nicolas Sarkozy, Mendes da Silva saúda a decisão do CDS de abandonar Ventura em 2017, mas também reconhece a necessidade de a direita abordar os problemas melindrosos como o da comunidade cigana em Portugal, para não entregar o barril de pólvora ao pirómano. O problema é que a direita — inclusive a tal direita dura — é sempre mais proclamatória que eficaz: na questão da Lei da Nacionalidade, por exemplo, o contributo da direita é muito escasso; no tema do casamento entre pessoas do mesmo sexo, do direito à adopção, da lei da paridade, da lei do aborto, o CDS digladiou-se internamente entre os conservadores e os liberais, mas não conseguiu apontar, no seu programa, soluções concretas.

Se, em 2017, o CDS tomou uma posição resoluta contra o populismo, o PSD de Pedro Passos Coelho, pelo contrário, segurou o seu candidato. Este precedente torna-se uma constante, nos anos seguintes, transversal a toda a área liberal-conservadora, com posições colectivas ou individuais frequentemente ambíguas em relação ao populismo nacional, entretanto corporizado com a criação do partido Chega em 2018 e sua estreia parlamentar em 2019. Para Maria João Marques, uma parte da direita nacional convenceu-se da inevitável apetência

---

[154] Henrique Raposo, *Expresso*, 19 de Julho de 2017.

[155] Henrique Raposo, *Expresso Semanário*, 22 de Julho de 2017.

dos portugueses por um estilo político salazarento, austero, inconformado com os tais degenerados urbanos. Envergonhada por pertencer à bolha dos partidos, esta direita abriu-se ao radicalismo, na convicção errada de abraçar, assim, o povo. O erro afecta todos os partidos do centro-direita, desde os trumpistas internos à IL, à ala direita do CDS, aos passistas do PSD, que não rejeitam liminarmente o populismo de direita. Este suicídio moral e eleitoral é fruto da incapacidade dos líderes da direita moderada de construir uma plataforma reformista e progressista de direita. Para Maria João Marques, pois, «a direita que se opõe à deriva extremista é reduzida», podendo-se esperar que surja algo de novo só dos escombros dos actuais partidos de área.[156]

Adolfo Mesquita Nunes é mais optimista. Para o antigo dirigente centrista, os moderados que não cedem à chantagem dos simpatizantes do populismo de direita, internos ao campo liberal-conservador, contribuem à consolidação do «espaço da moderação» que não é minoritário, mas sim maioritário. Para Mesquita Nunes, a direita fascinada com o populismo engana-se em considerar os radicais intérpretes eficazes da voz do povo ou das suas camadas alegadamente prejudicadas pelo sistema e pelas suas elites. A lógica da voz do povo, reclamada pela direita, é a mesma daquela reclamada pela tão detestada esquerda: é a lógica da superioridade moral, inaceitável e contrária ao normal funcionamento da democracia liberal, onde não existe um representante do povo, mas diferentes representantes de diferentes vontades populares parcelares. A «voz do povo» é, assim, uma mera estratégia política antidemocrática e de cariz autoritário.[157] Esta constatação não sossega, contudo, os intelectuais mais sensíveis à eficácia da estratégia populista.

Numa crónica publicada no *Diário de Notícias*, por exemplo, Vasco Rato alerta para a necessidade de a direita valorizar o descontentamento que grassa na sociedade civil portuguesa e que André Ventura consegue interpretar e mobilizar nas ruas e nas urnas. O cordão sanitário dos intelectuais de direita é indiferente perante os problemas mobilizados

---

[156] Maria João Marques, *Público*, 18 de Novembro de 2020.

[157] Adolfo Mesquita Nunes, *A Radical Moderação em Tempos de Polarização*, 17 de Janeiro de 2021.

por Ventura e que são reais em áreas tradicionalmente de esquerda do Alentejo ou do interior do país. O líder do Chega percebeu a existência, também no eleitorado de esquerda, de faixas disponíveis a mudar o seu sentido de voto, se a direita souber identificar os problemas. A incapacidade das direitas intelectuais em olhar para os estratos sociais mobilizados por Ventura é um erro estratégico grave.[158]

O diferendo entre as personalidades do campo liberal-conservador não é tanto de interpretação valorativa do populismo de direita em consolidação em Portugal, quanto de abordagem táctico-estratégica deste novo actor político por parte dos demais partidos de centro-direita. Uma parte dos intelectuais liberal-conservadores considera o Chega um actor totalmente alheio à democracia liberal e uma ameaça à sua qualidade e à sua estabilidade. Outra parte, pelo contrário, não procura a erradicação do Chega do sistema político português, embora se mantenha firme na crítica ao populismo de André Ventura. Estes últimos guiam-se pelo pragmatismo parlamentar: se os números do Chega no parlamento nacional — e nos parlamentos regionais — forem indispensáveis para viabilizar um governo de direita, devem ser utilizados. Deste ponto de vista, o radicalismo do Chega é transponível, porque é considerado a estratégia conjuntural de André Ventura, na fase de conquista do seu espaço na direita portuguesa e nos *media* nacionais. O líder do Chega utiliza a mesma técnica de Donald Trump: lança gestos ou declarações bombásticas para conquistar os *media* e desvaloriza, logo a seguir, a gravidade do acto. Aconteceu isso com a alegada saudação fascista, na manifestação do Chega de Junho de 2020. Segundo João Miguel Tavares, naquela ocasião, Ventura levantou o braço de propósito para ser fotografado, sabendo de antemão que, uma vez montada a polémica, bastava declarar absurda a interpretação, proclamando-se alheio ao fascismo. Esta estratégia performativa dos populistas é encarada de forma diferente por parte dos *media* e por parte dos eleitores. Os *media* levam os actores populista à letra, mas não à sério, ao passo que os eleitores os levam à sério, mas nunca à letra. Os líderes populistas sabem que este duplo *standard* lhes garante exposição mediática e votos, embora haja sempre o perigo de alcançar a saturação e perder assim o efeito

---

[158] João Miguel Tavares, *Público*, 24 de Novembro de 2016.

desejado.[159] Por isso, a «trumpificação» do país é provocada menos pelos novos actores políticos e mais pela polarização entre a direita moderada, ao resvalar para certa demagogia, e a esquerda toda, ao demonizar constantemente o adversário.[160]

João Marques de Almeida considera um erro colar o vazio ideológico de Donald Trump a André Ventura que, apesar de tudo, é um homem genuinamente de direita, anticomunista, anti-socialista. Menos abonatório é João Miguel Tavares, segundo o qual André Ventura não acredita em coisa nenhuma, ou melhor, acredita no que lhe dá jeito acreditar, em cada momento. Por isso, não é de espantar que o líder do Chega volte atrás nas medidas mais polémicas e caracterizantes do programa do partido. O facto de o deputado populista português ser da mesma escola dos Trumps e dos Bolsonaros, faz com que o seu projecto tenha pernas para andar e crescer eleitoralmente. Pois, a sua oferta política até pode ser inconsequente, mas congrega o mal-estar dos eleitores.[161] Na dimensão comparativa, Alberto Gonçalves considera o fenómeno Ventura assaz menos interessante do fenómeno Trump. Os dois são mal-encarados por certa direita horrorizada com o nacional-populismo, mas disponível aos abraços com os radicais do Bloco de Esquerda, por razões de respeitabilidade social. Contudo, a alergia da direita liberal-conservadora a André Ventura é legítima, por representar o desprezo para com o oportunismo básico. Para o comentador do *Observador*, o líder do Chega é o antigo *showman*, defensor de uma direcção benfiquista claramente corrupta e que agora, como político, brada contra a corrupção. É o jurista com doutoramento em defesa dos direitos dos cidadãos islâmicos que agora, como político, apela para a limitação numérica destes cidadãos na Europa. É o líder de um partido inicialmente ultraliberal que, em pouco mais de um ano, passa a social-democrata em muitas medidas económicas. O líder do Chega não é, portanto, nenhuma novidade, mas o percurso clássico do carreirismo político. Esta falta de novidade é o que menos irrita Alberto Gonçalves, muito mais sensível ao aproveitamento da esquerda para pôr no mesmo

---

[159] João Miguel Tavares, *Público*, 30 de Junho de 2020.

[160] João Miguel Tavares, *Público*, 26 de Agosto de 2017.

[161] João Miguel Tavares, *Público*, 7 de Dezembro de 2019.

saco todas as direitas rotuladas de populistas e fascistas por qualquer proximidade ao Chega. Uma estratégia conhecida e secundada pelos «idiotas inúteis» da direita mediática que alinham nesta frente comum.

Partindo da mesma constatação da falta de originalidade do Chega, cópia barata do populismo de direita estrangeiro — André Ventura é «o nosso Trump de bolso»[162], ladeado por dirigentes plagiadores de discursos oficiais de populistas europeus —, Maria João Marques apresenta uma crítica oposta: as aberturas do centro-direita ao Chega são graves porque fruto do abandono, nas décadas passadas, de qualquer elaboração ideológica fora das questões meramente orçamentais. Em consequência disso, esta área política tornou-se permeável ao fascínio para sectarismos ideológicos, como novos convertidos em competição para ver quem é mais antiesquerda. A celebração sebastianista de Pedro Passos Coelho na convenção do Movimento Europa e Liberdade (MEL) de 2020 e a incapacidade de toda a direita alcançar, em conjunto, 40% dos votos, demonstram, por um lado, a viragem conservadora dos meios liberais e, por outro, o facto de os novos chegados — IL e Chega — não apresentarem nenhuma mais-valia, mas apenas uma redistribuição das migalhas eleitorais, confirmando, assim, a fraqueza estrutural da oferta política da direita.[163]

Para os intelectuais aberturistas, a moderação e a institucionalização do Chega serão consequências inevitáveis da consolidação do partido e da sua participação em coligações governamentais. A partir daí, um certo radicalismo permanecerá apenas em bandeiras caracterizantes da identidade do partido, irrenunciáveis para segurar o eleitorado fiel. Esta convicção deriva não só da liquidação, por parte da direcção do Chega e ao longo dos primeiros anos de vida do partido, das correntes internas mais duras — sejam elas a nacionalista, a identitária ou a evangélica —, mas principalmente do percurso dos partidos congéneres da Europa Ocidental: o afastamento do Rassemblement National de Marine Le Pen da linha paterna da Frente Nacional, o apoio da Lega de Matteo Salvini ao governo de Mario Draghi após o parêntese populista com o Movimento 5 Stelle, a consolidação de Fratelli d'Italia de Giorgia

---

[162] Maria João Marques, *Público*, 13 de Janeiro de 2021.

[163] Maria João Marques, *Público*, 2 de Junho de 2021.

Meloni na linha nacional-conservadora, nos escombros do neofascismo. Estas dinâmicas não são contrariadas pela proximidade dos populistas ocidentais aos congéneres da Europa de Leste — o Fidesz húngaro e o PiS polaco — que, embora tenham percorrido o caminho oposto, pertencem a uma história política diferente.

A análise racional do radicalismo é presente também nos intelectuais totalmente contrários às aberturas ao Chega. Francisco Mendes da Silva, por exemplo, ressalta dois instintos diferentes em André Ventura: um correcto e o outro errado. O correcto é ter percebido e aproveitado a existência, em Portugal, do espaço de manobra para um partido de protesto, anti-sistema, embora o seu perfil seja de homem do sistema, como demonstra a contradição entre os proclamas justicialistas e legalitários e a prudência discursiva nos escândalos de corrupção do amigo Luís Filipe Vieira. O errado é ter procurado moldar a imagem do partido colando-o à direita ultranacionalista de Marine Le Pen e de Matteo Salvini. Esta colagem limita o alcance eleitoral do partido, porque muitos eleitores potenciais não se revêem minimamente na direita radical europeia. Em Portugal, grande parte da abstenção é centrista, ideologicamente nem de esquerda, nem de direita, mas desejosa de expressar a sua insatisfação e o seu protesto, sem conotações ideológicas extremistas.

O oportunismo do líder populista, alegadamente alheio à fundamentação reflectida em ideias e doutrinas, é apontado também como o factor explicativo da rejeição por parte do meio intelectual liberal-conservador. Segundo Pedro Marques Lopes, o fundador do Chega é considerado um actor que transferiu a *performance* da polarização futebolística para o palco da política, inicialmente como conselheiro nacional do PSD, defendendo tudo e o seu contrário. Esta encenação pode funcionar com largas faixas de eleitores, mas não com analistas políticos experientes que, até culturalmente, consideram ridículas certas posturas, como a ostentação da religião para fins de propaganda. Os indiscutíveis dotes estéticos e de oratória de André Ventura não têm qualquer impacto nos intelectuais liberal-conservadores e, até, são diminuídos pela fraca qualidade dos quadros de primeira linha do Chega, seleccionados pelo seu líder.

O oportunismo da estratégia do Chega é elemento assente em todos os intelectuais liberal-conservadores, segundo os quais um centro-direita mais sólido teria facilmente desactivado esta arrancada populista logo à partida. Para Paulo Pinto Mascarenhas, por exemplo, Rui Rio errou em permitir o surgimento do Chega, não oferecendo a André Ventura uma oportunidade interna no PSD, quando o futuro deputado populista tinha já um capital social e político significativo como figura mediática do comentário desportivo e como candidato relativamente bem-sucedido nas autárquicas de 2017. Na opinião do antigo director da *Atlântico*, Pedro Passos Coelho dificilmente teria cometido este erro: como segurou Ventura em Loures em 2017, assim o teria provavelmente cooptado no grupo parlamentar para o neutralizar. A dinâmica ascendente do Chega, desencadeada também pela incompreensão de Rui Rio, é agora difícil de travar.

Miguel Morgado partilha esta análise: blindado dentro do PSD, André Ventura teria sido obrigado a moderar as suas posições, após o fervilhar inicial. Em todas as democracias, os grandes partidos são importantes porque moderam as franjas internas mais radicais. A CDU na Alemanha, o Partido Popular em Espanha, o Partido Conservador no Reino Unido, a Nova Democracia na Grécia, fazem isso. Mas para tal é importante que tenham líderes respeitados. Quando os grandes partidos entram em crise ou têm lideranças fracas, os radicais aproveitam a oportunidade. O partido Vox, em Espanha, é sintomático disso. Na Grécia, dissidentes da Nova Democracia fundaram, em 2012, o eurocéptico Anexartitoi Ellines (ANEL), paradoxalmente aliado do Syriza no governo, entre 2015 e 2019. À luz da força de moderação exercida pelo PSD, Miguel Morgado está convencido de que o partido deveria ter mantido dentro das suas fileiras André Ventura, não para radicalizar o partido social-democrata, mas para moderar Ventura e evitar o populismo de direita em Portugal. Os ataques da esquerda a Pedro Passos Coelho por ter suportado Ventura na campanha de Loures, em 2017, são obtusos porque não entendem o papel do presidente do PSD na contenção do seu candidato autárquico. Francisco Mendes da Silva concorda com esta análise: André Ventura podia ter aproveitado o suporte de Pedro Passos Coelho, conquistado um lugar elegível no parlamento nas fileiras do PSD, segurando a projecção mediática, com um discurso contundente, mas não extremista, e consolidando, assim, a sua posição interna para disputar, até, a liderança do partido social-democrata.

Estas considerações estão nos antípodas da análise de Maria João Marques, segundo a qual a lógica da moderação da extrema-direita através da aproximação por parte dos moderados — lógica que ela vê no comportamento de Rui Rio e de dirigentes como Miguel Pinto Luz — é inaceitável por quem pretende pertencer à direita democrática, reformista, moderna. O absurdo reside numa direita que tanto se indignou com o rótulo de salazarista, colado abusivamente pela esquerda, e que agora, escandalosamente, pactua com um partido neo-salazarista, abrigo de extremistas, racistas e neonazis. O erro é histórico e chama à memória a pusilanimidade de Neville Chamberlain e Lord Halifax, nos anos de 1930, quando acharam possível moderar o nacional-socialismo. No caso português, não faz sentido nenhum a área liberal-conservadora preferir a extrema-direita em detrimento da esquerda moderada, com a qual o PSD sempre convergiu na construção da democracia.[164]

Os intelectuais aberturistas, todavia, demonstram-se mais sensíveis ao facto de o leite já ter sido derramado, o que torna prioritário, agora, ajustar a estratégia do centro-direita à capacidade do Chega de mobilização e de conquista do eleitorado, inédita na direita portuguesa das últimas décadas. As três manifestações de rua convocadas pelo partido populista em 2020, com o lema «Portugal não é racista» e a concentração de 2021 contra a ilegalização do partido, revelam uma base militante de protesto já consolidada. O facto é confirmado não só pelos sucessivos resultados eleitorais — presidenciais e autárquicas de 2021 e legislativas de 2022 — mas também pelos quadros locais de PSD e CDS disponíveis para integrar o Chega. Perante este panorama, os intelectuais aberturistas preocupam-se, principalmente, com a vantagem que o Chega, isolado pelo cordão sanitário, representa para o PS de António Costa, encurralando PSD e CDS no canto da oposição inócua. Os inquéritos demonstraram que o Chega erode as fileiras de PSD e CDS mais que as do PS que, pelo contrário, continua a crescer nas sondagens, inclusive à custa dos concorrentes à sua esquerda.

Luciano Amaral vai mais longe na análise da reconfiguração das direitas, alargando o espectro político à Iniciativa Liberal, na sua opinião partido mais apelativo para a elite dos intelectuais antipopulistas

---

[164] Maria João Marques, *Público*, 12 de Agosto de 2020.

de direita. Todos eles consideram a IL um projecto intelectualmente mais sólido do que o Chega. Mas também reconhecem o seu carácter extremamente elitista, que dificilmente conseguirá sair da bolha de Lisboa ou das grandes cidades, se não incorporar alguns pontos da agenda de protesto. O liberalismo económico e dos valores, com base no individualismo puro, pode aliciar as elites das cidades cosmopolitas, mas não as grandes massas das áreas extra-urbanas, onde o sentimento comunitário e a cultura tradicional jogam ainda um papel importante. Neste sentido, um grande partido não pode ser a mera reprodução das teorias das grandes escolas de economia. O liberalismo radical dos anos 1990 já deixou de ser património indiscutível para muitos intelectuais liberais que reconhecem, hoje, a importância da intervenção do Estado em certos sectores da economia e da sociedade, onde existem cidadãos totalmente desenquadrados das necessidades do mercado. O mercado deve existir, mas é preciso que um partido olhe também para os cidadãos excluídos dos mecanismos do mercado global. A Iniciativa Liberal veio demonstrar a mudança de uma parte considerável da direita portuguesa, já não interessada nas palavras de ordem de Deus, Pátria, Família, enaltecidas pela direita tradicional. O individualismo ocidentalista, em crescimento também em Portugal, representou a janela de oportunidade para esta nova geração liberal, mas quando esta última passou do campo cultural para o da política programática, a sua força de agregação demonstrou todas as limitações. Ou seja, a capacidade de conquistar territórios além das fronteiras da bolha intelectual da blogosfera e da comunicação social dependerá muito da integração, na sua agenda, também de temas populares, tornando a IL um actor mais dinâmico da democracia portuguesa e mais concorrencial face ao populismo de direita.

No centro-direita, este papel foi sempre corporizado pelo PSD, um partido composto historicamente por diferentes elites: desde as regionais mais populistas às urbanas mais institucionalistas. O PSD sempre teve a preocupação de manter a proximidade ao povo, razão pela qual a componente liberal sempre foi uma facção interna, em diálogo constante com outras componentes mais estatistas e de direita social. Nenhuma delas foi deixada medrar em detrimento das outras, porque, numa democracia madura, também um discurso exclusivamente social dificilmente permite resultados eleitorais assinaláveis de governação. É por isso que a fórmula política meramente saudosista dos modelos Ronald Reagan e Margaret Thatcher não é suficiente para garantir o sucesso no Portugal contemporâneo, pois aqueles dois líderes do liberalismo internacional surgiram na crise do partido trabalhista britânico do governo de James Callaghan e do partido democrata norte-americano da administração de Jimmy Carter. Na altura, a ideia do mercado como oportunidade para todos filtrou também na direita tradicional portuguesa, como demonstram a viragem de Diogo Pacheco de Amorim para a economia da escola austríaca ou o interesse da revista *Futuro Presente* de Jaime Nogueira Pinto para as novas direitas anglo-saxónicas. Mas este liberalismo puro permaneceu sempre algo limitado e em diálogo constante com os conservadores, mesmo dentro do Partido Conservador britânico. Ou seja, Luciano Amaral sublinha como os grandes partidos ocidentais são sempre federações de direitas, nas quais a fortuna da corrente liberal depende dos seus resultados económicos e do estado das esquerdas socialistas. Para um grande partido, o liberalismo nunca funciona como património genético único. Deste ponto de vista, IL e Chega são o resultado do desfazer-se desta federação das direitas representada pelo PSD, o que abre a porta a uma possível confederação de quatro direitas diferentes, na qual liberais, conservadores e democratas-cristãos terão, antes ou depois, que sentar-se à mesa com os populistas. Uma perspectiva rejeitada liminarmente por Maria João Marques, segundo a qual o Chega não pode ser incluído no quadro mais amplo da área não socialista, porque não pertence à direita democrática.[165]

Segundo João Pereira Coutinho, é um erro tratar o populismo, também em Portugal, como um perigo para a democracia e liquidá-lo com displicência. Mais útil é abordá-lo como uma oportunidade para os partidos moderados entenderem quais falhas da democracia estão a mobilizar o eleitorado e fornecerem, assim, respostas reformistas, mais realistas, credíveis e eficazes que o protesto anti-sistema. Se as forças liberal-conservadoras terão esta capacidade de se renovar para fortalecer a democracia portuguesa, então o populismo de direita terá

---

[165] Maria João Marques, *Público*, 10 de Fevereiro de 2021.

desenvolvido positivamente a sua função de termómetro da crise. Na mesma linha, Vasco Rato reconhece a repercussão saudável do populismo de direita no conformismo da comunicação social: por quão bizarras sejam as propostas populistas, provocaram a reacção dos editorialistas da imprensa e dos analistas televisivos, abrindo espaços de discussão sobre temas deixados à margem do debate público ou tratados de forma unidimensional. A polarização oferece também às direitas moderadas uma oportunidade de actualizar as suas agendas, com propostas próprias, não decalcadas no estilo populista.

Para Pereira Coutinho, o populismo de direita funciona como termómetro também da polarização do debate público sobre as clivagens políticas. Os intelectuais liberais e conservadores intervêm frequentemente nos temas levantados pelas políticas identitárias e pelo chamado «marxismo cultural», aproveitados, também em Portugal, pelo populismo de direita como alvo preferencial. Muito activo no *Correio da Manhã* e na *Sábado* sobre estes temas, João Pereira Coutinho foge do radicalismo indignado, a postura de último defensor da trincheira, porque a sua índole realista — quase niilista — o leva a relativizar a importância destes temas, insuflados pelo imediatismo da polémica diária. Estas clivagens são fruto das mobilizações políticas dos anos 1960, quando a oficialidade do conhecimento tradicional foi desafiada por análises mais pluralistas, promovidas também através de posturas irónicas, lúdicas, dessacralizantes. Com o avançar da teorização, a frescura inicial transformou-se num projecto radical de transformação da sociedade. O conhecimento e a história começaram a ser encarados como expressões de uma assimetria sistémica do poder que deve ser reformulada e recriada. O voluntarismo começou, assim, a revelar facetas complicadas para as liberdades fundamentais, de expressão, de discussão e de pensamento. A dimensão cultural foi invadida por uma deriva irracional pós-moderna que rejeita os valores da racionalidade, do universalismo, da modernidade, da discussão livre e que avança para a perseguição dogmática de alegadas heresias inaceitáveis. Tudo isso pode não pôr em perigo a democracia liberal, mas sem dúvida é problemático, ainda por cima perante o desinteresse das direitas em disputar a batalha para a hegemonia cultural. O exemplo clássico é o tema da existência de culturas mais civilizadas do que outras: para um conservador, esta existência é uma evidência, ditada por razões puramente aristotélicas. Não é possível dizer-se, em abstracto, se uma cultura é superior a outra. Mas é possível ancorar este juízo de valor na análise das consequências práticas da organização de uma determinada cultura, dos resultados empíricos dos seus valores fundacionais, na promoção da liberdade, da prosperidade, da igualdade, do respeito de certos direitos da pessoa humana, em comparação a outras culturas. Pereira Coutinho abordou este tema no prefácio ao livro de Roger Scruton, *O Ocidente e o Resto*.

Outro exemplo é dado por Pedro Lomba com os estudos de género: há muitas dimensões que devem ser investigadas acerca dos conceitos de masculinidade e feminilidade, mas atrás de muitas destas teorizações, existe uma ideologia activa que intoxica o debate, por querer abolir qualquer distinção, criar uma realidade alternativa e recusar como ilegítima qualquer posição contrária. É a reprodução totalitária de ideias impermeáveis a qualquer falsificação porque assentes, na senda de Michel Foucault, na convicção de que tudo seja poder, tudo seja estrutura de dominação. Miguel Morgado alinha pelo mesmo diapasão, ao apontar a tribalização monstruosa das nossas sociedades, entre os obcecados com o racismo estrutural de Portugal e os ultras da inexistência de qualquer racismo. Na sua opinião, as duas posições são falsas. O racismo em Portugal é uma evidência — como em todas as sociedades do Mundo —, comprovável em inúmeros comportamentos diários de cidadãos, inclusive de alegados anti-racistas. Esta constatação é transversal aos intelectuais liberal-conservadores: Henrique Raposo, por exemplo, aponta frequentemente as linhas de separação racial da sociedade portuguesa nas realidades quotidianas dos transportes públicos, dos trabalhos não qualificados, etc.[166] Para Morgado, contudo, afirmar que a sociedade é estruturalmente racista, equivale a dizer que as instituições, formais e informais, foram criadas, por nós, com o intuito de discriminar. E isso não é verdade. A existência de minorias étnicas com maiores dificuldades de integração — é o caso da comunidade cabo-verdiana, relevante tanto na imigração, como entre os novos portugueses — é uma evidência empírica, mas o afirmar que a

---

[166] Henrique Raposo, *Expresso*, 23 de Novembro de 2016.

escola e as universidades estão estruturadas para discriminar e segregar estes cidadãos é falso. Existe mau atendimento de cidadãos de minorias étnicas por funcionários públicos preconceituosos, mas a administração pública não está montada com o intuito de discriminar, em razão da identidade étnica. Também a ideia do privilégio do homem branco heterossexual é fruto da cegueira da esquerda radical urbana. Existem milhares de brancos heterossexuais que vivem em situações muito piores que outras categorias sociais. A racialização da sociedade portuguesa, criando categorias holísticas a partir de casos específicos, é um erro: a existência dos cidadãos negros nos bairros de realojamento não torna todos os cidadãos negros de Portugal uns oprimidos pelo sistema. Os próprios cidadãos negros não se reconhecem neste desenho. Daí a injustiça das políticas de discriminação positiva: Portugal é um país pobre, onde a maioria da população vive mal, independentemente da origem étnico-racial. As políticas públicas de melhoria das condições de vida devem ser dirigidas a toda a população, porque os problemas estruturais afectam todos. As políticas de discriminação positiva nos Estados Unidos da América justificam-se pela existência da legislação segregacionista até aos anos 1960, mas a proliferação destas políticas está hoje a minar por dentro a própria sociedade, com a multiplicação de excepções tribais, em detrimento de políticas dirigidas a todo o corpo nacional. Os países escandinavos (Dinamarca, Suécia) estão a pagar caro as políticas identitárias desenhadas à sombra do multiculturalismo, onde parte da comunidade islâmica, por exemplo, procura implementar projectos totalmente diferentes do modelo escandinavo. No caso de Portugal, a retórica da direita luso-tropicalista acerca da excepcionalidade da colonização exemplar, é uma falácia, assim como o é a retórica da esquerda segundo a qual tudo o que houve de pior esteve concentrado aqui, em Portugal. À sombra destes extremismos, o conceito de «comum» está a desaparecer, sufocado pelo tribalismo de esquerda e de direita. É necessário, portanto, refundar a ideia de cidadania republicana, na qual os indivíduos são determinados não pelas suas identidades étnico-raciais, religiosas ou sexuais, mas pela característica comum de serem cidadãos portugueses.

Pedro Lomba, que como colaborador da *Atlântico* e como Secretário de Estado tinha suportado a solução dos problemas demográficos através da imigração, explica que o tema não pode ser abordado à maneira da esquerda radical. A esquerda ideologiza o tema da imigração e instrumentaliza a condição de fragilidade do migrante para subverter o sistema instituído. A esquerda radical não trata o migrante como uma pessoa, mas como um cliente para os seus propósitos revolucionários. Perante os problemas demográficos, portanto, é lícito abordar o tema da imigração, tendo atenção, contudo, aos efeitos colaterais, já experimentados em outros países de Europa, que podem ser prevenidos só através do debate aberto sobre o tipo de imigração que pretendemos para uma realidade social relativamente homogénea como a portuguesa.

A condescendência de uma parte dos intelectuais liberais e conservadores com o populismo de direita deriva também do historial da sua formação política. Habituados a seguir os partidos do arco da governação desde a década de 1980, com todos os escândalos associados, eles têm consciência de que os ingredientes da degradação da qualidade da democracia portuguesa já estavam presentes na política nacional, bem antes do aparecimento do Chega. Além disso, a estratégia discursiva de André Ventura não representa uma grande novidade para quem sempre se moveu na área política da direita. No princípio do século XXI, muitos blogues liberais e conservadores hospedavam posições bastante mais radicais que as da geração *Atlântico*, embora pertencessem todos à área de influência do PSD e do CDS, sem contar, portanto, com os blogues da área nacionalista, na altura próximos do recém-criado Partido Nacional Renovador (PNR). Para estes intelectuais, não é por acaso que André Ventura e vários fundadores do Chega provenham do PSD, o partido que, a seguir ao 25 de Abril, congregou de facto — muito mais que o CDS — a estrutura do Estado Novo da província, os caciques locais, a ala católica. O discurso radical sempre esteve aí. João Marques de Almeida sublinha este fosso entre as elites e alguma base mais progressista do PSD, em comparação a largas faixas do partido, posicionadas muito mais à direita, em nada escandalizadas pelo discurso do líder do Chega e até disponíveis a votar e a filiar-se no Chega, caso a crise do PSD se agrave.

Na mesma linha, Miguel Morgado reconhece que, em Portugal, há razões fundamentadas para a desilusão do eleitorado em relação à classe política: um quarto de século de estagnação face ao crescimento de outros países recém-entrados na UE explica a reacção populista na Europa mediterrânea. A isso junta-se a retórica do primeiro-ministro e do Presidente da República sobre a excepcionalidade do povo português, para escamotear os problemas graves do País, tão perigosa quanto a retórica dos populistas. As elites políticas que bajulam o povo, apesar dos milhões de pobres, dos milhares de emigrados, da corrupção endémica, prestam um péssimo serviço à democracia portuguesa, porque rebaixam os níveis de exigência. Só o protesto expresso de forma firme, mas temperada e só a resposta dos moderados às inquietações dos eleitores, são alternativas eficazes à radicalização da insatisfação e aos políticos alucinados ou oportunistas.

O problema, hoje, deriva do facto de que o discurso radical, de protesto, de ruptura, já não está alojado dentro de um grande partido popular moderado, mas encontrou um empreendedor político disponível em transformá-lo no eixo central de um projecto em ascensão. Paulo Pinto Mascarenhas realça esta mudança na direita portuguesa: muitos dos temas abordados pelo Chega são familiares a muitos eleitores do PSD e do CDS, mas indigestos para as elites dirigentes dos dois partidos, impermeáveis a qualquer estilo anti-sistema. No geral, André Ventura é conhecido por estas elites de direita, desde os anos da faculdade, quer pelas suas capacidades intelectuais, quer pelas posições políticas assaz menos radicais daquelas expressas como líder populista. Contudo, há naquelas elites o receio de que a estratégia discursiva e performativa populista acarrete, amanhã, laivos autoritários com repercussões, principalmente, na conquista do poder e nas liberdades de expressão e de imprensa, vista a hostilidade do Chega em relação à comunicação social.

Nem todos os intelectuais liberal-conservadores, contudo, têm uma postura tão compreensiva. Carlos Guimarães Pinto, por exemplo, num *post* na rede social Facebook de Novembro de 2020, refere-se às críticas de André Ventura à subsidiodependência da comunidade cigana — divulgadas através das televisões — como uma «ignomínia moral» e o contrário da postura anti-sistema, porque centra a denúncia nas migalhas dos pobres, pondo-os uns contra os outros, e salvaguardando, assim, através dos instrumentos mediáticos controlados pela elite, os poderosos que saqueiam Portugal há anos. Eleito deputado pela IL nas legislativas de 2022, Carlos Guimarães Pinto traz para o parlamento estas acusações contra o Chega, numa das suas primeiras intervenções parlamentares, a 13 de Abril.

Na mesma linha intransigente de um Carlos Guimarães Pinto ou de uma Maria João Marques, posiciona-se Henrique Raposo, não a partir de uma perspectiva liberal progressista, mas da perspectiva católica, que já o tinha levado a insurgir-se contra o nacionalismo e o identitarismo nas páginas da revista *Atlântico*. Ainda em 2009, no seu livro *Um Mundo Sem Europeus*, Henrique Raposo tinha abordado a questão do Europeísmo, construído na negação dos Estados nacionais. Esta utopia alimenta, nos europeus, um sentimento de orfandade da Nação, sentida como entidade mais próxima, familiar, democrática, em comparação ao super-Estado tecnocrata e distante. Este desconforto dos europeus é aproveitado pelo populismo nacionalista, através de soluções simplistas e erradas, apresentadas em resposta a um problema genuíno. O anseio para o regresso das pátrias, após décadas de retórica de superação dos nacionalismos, pode tomar duas direcções: uma nacionalista chauvinista, fechada, à Charles Maurras e outra patriótica, liberal, à Alexis de Tocqueville. O nacionalismo não é o patriotismo. O nacionalismo é fechado, agressivo, enraizado na dicotomia «nós» contra «eles» e no princípio do *ius sanguinis*: todas características que levam sempre à rejeição do estrangeiro e às lideranças autoritárias. O patriotismo, pelo contrário, valoriza a pluralidade interna à Nação, o princípio inclusivo do *ius soli*, contra o tribalismo excludente. O nacionalista rejeita o contacto com o muçulmano porque considera impossível a convivência, ao passo que o patriota aceita esta convivência, alicerçada na integração no chão comum republicano. O patriota rejeita a ideia reaccionária de um passado homogéneo comunitário e valoriza os corpos intermédios que harmonizam as diversidades.[167] Definidos estes dois conceitos, para Raposo, o nacionalista não é um patriota, em razão do facto que não acredita na ideia republicana de pátria como construção, independente das determinantes de raça, de religião, de cultura.

[167] Henrique Raposo, *Expresso*, 10 de Fevereiro de 2017.

Este ponto de vista é comum aos intelectuais principalmente da corrente liberal. Carlos Guimarães Pinto, por exemplo, define de «patridiotas», todos os que contestam o carácter híbrido da identidade portuguesa: mistura secular e contínua de raças, etnias, culturas, religiões diferentes.[168] No livro *Linhas Direitas*, Adolfo Mesquita Nunes rejeita qualquer tipo de exaltação de características identitárias porque, voluntária ou involuntariamente, são sempre portadoras de uma «vocação excludente», tribalista, diferencialista, hierarquizante. A identidade como fonte de direitos e de deveres é, por sua natureza, discriminatória.[169]

Os intelectuais conservadores, pelo contrário, tendem a problematizar este universalismo, nas suas vertentes laica ou católica. Se a rejeição do nacionalismo chauvinista e biologista é ponto assente, comum a todo este meio intelectual, alguns deles demonstram maior sensibilidade para o reconhecimento e o peso das diferenças. Para Pedro Lomba, por exemplo, a Europa está com dificuldades em pensar «o outro», não só no processo de integração, mas também como termo de comparação e de relacionamento para definir a própria identidade. Já o debate sobre a integração da Turquia na UE tinha demonstrado este voluntarismo da Europa como projecto em contínua expansão, sem fronteiras físicas e culturais. Pelo contrário, Pedro Lomba acredita na existência de um modo de ser da Europa, cuja matriz cultural está claramente em decadência, devido à deterioração da demografia, da economia e da política. Uma decadência dificilmente resolvível através do princípio universalista, uma vez que os homens não abdicam tão facilmente das suas raízes culturais e identitárias. Para o antigo colaborador da *Atlântico*, a questão epocal da integração do «outro» na Europa alimenta, no espaço público, posições diferentes — algumas aceitáveis, outras inaceitáveis —, mas também uma tendência intolerável à censura em nome da correcção política. Esta censura está a reduzir ao silêncio cada vez mais gente, mesmo que defenda posições razoáveis sobre estes temas. A autocensura, por medo, obriga àquela

---

168 Carlos Guimarães Pinto, *Jornal de Negócios*, 14 de Dezembro de 2021.

169 Adolfo Mesquita Nunes, *A Identidade Não Pode Substituir a Dignidade da Pessoa Humana*, pp.378–381.

forma de conformismo já denunciado por Alexis de Tocqueville como degeneração da democracia e da liberdade. Todo o debate é minado pelo crescente teor ideológico que inviabiliza as análises baseadas em factos empíricos e raciocínios lógicos e fecha as pessoas nas suas câmaras de eco ideológicas, à procura só de interlocutores com a mesma posição.[170]

Para estes intelectuais, é evidente que a convivência multiétnica e multicultural acarreta consigo problemas e é por isso que a direita liberal deve ter a coragem de abordar o tema de forma patriótica, para o subtrair aos populistas nacionalistas. O silêncio sobre estas questões, por medo do politicamente correcto, perpetua o preconceito e favorece o desembocar das reacções aos problemas, no populismo. Os Estados Unidos são um bom exemplo de como a cultura securitária e repressiva face a certos problemas sociais — cavalgada na Europa pelos populistas de direita — seja um instrumento de poder, que funcionários públicos eleitos (políticos, juízes, xerifes, etc.) manejam para segurar o poder, instigando os humores populares difusos. Donald Trump não inventou os problemas. Aproveitou-se de problemas que já aí estavam.[171]

Henrique Raposo aplica estas considerações ao caso específico português e, de consequência, rejeita, na sua coluna no *Expresso*, qualquer hipótese de um cristão poder suportar um partido como o Chega. O colunista já tinha veiculado este pensamento aquando da primeira eleição de André Ventura a deputado em 2019. Naquela ocasião, Henrique Raposo apelou, no *Expresso*, para os cristãos não votarem no Chega, no futuro. Para o intelectual católico, o Chega é um partido de extrema-direita, razão pela qual é previsível que utilize a mesma estratégia dos congéneres europeus, para a captação do voto católico, instrumentalizando os temas do aborto e da eutanásia. Hungria, Polónia, Brasil, Estados Unidos da América já demonstram a permeabilidade dos cristãos à extrema-direita xenófoba, devido à agenda antiabortista. Esta permeabilidade não é aceitável, porque o Chega é um partido nacionalista, racista, hostil às minorias étnicas, ou

170 Pedro Lomba, entrevista de José Maria Pimentel, 10 de Outubro de 2019.

171 Henrique Raposo, *Expresso*, 25 de Junho de 2018.

seja, antitético ao espírito cristão que não estigmatiza grupos inteiros com base na origem étnica. Como qualquer populismo de direita, o Chega aproveita problemas reais, apresentando soluções inaceitáveis. Um católico não vê raças, nem etnias, mas seres humanos. Neste sentido, os problemas interétnicos da área metropolitana de Lisboa, por exemplo, resolvem-se deixando de se olhar para os indivíduos como membros de uma comunidade étnica, mas sim como pessoas, seres humanos, cidadãos da República.[172] Na mesma linha, para Francisco Mendes da Silva, André Ventura tem perfeita noção do peso relativo da agenda conservadora, mesmo entre os eleitores católicos que deseja conquistar. O líder do Chega sabe que o sentido de voto dos católicos não é determinado de forma tão consistente por temas morais como o aborto, a eutanásia, como demonstra a preferência maciça para o PSD mais que para o CDS. Por isso, Ventura aposta mais nos temas de protesto, antielitistas, como a corrupção, chamativos também para o eleitorado católico.

Por ocasião das eleições legislativas de 2022, Raposo volta ao assunto, analisando o debate entre o candidato do Chega, André Ventura, e o candidato do partido Livre, Rui Tavares. No geral, durante os debates de campanha, os analistas de direita avaliam a prestação do líder populista sempre de forma pior que a dos oponentes: estes últimos criticados apenas por não se esquivarem ao estilo fanfarrão do candidato do Chega.[173] O caso específico do debate com Rui Tavares, serve a Henrique Raposo para criticar a oposição do Chega ao princípio do *ius soli* puro da lei de nacionalidade, proposta pelo partido Livre. Para o comentador do *Expresso*, a recusa da nacionalidade portuguesa a quem nasça em Portugal, mesmo estando apenas de passagem, vai contra o direito natural — base do espírito cristão — à nacionalidade para qualquer ser humano, no lugar de nascimento. Para um católico, o *ius sanguinis* é um princípio pagão, mesmo quando defendido por um partido populista alegadamente inspirado pelo judeu-cristianismo. Na linha das suas intervenções na *Atlântico*, qualquer discurso de nacionalismo populista é um suicídio para a Nação que precisa da

[172] Henrique Raposo, *Renascença*, 31 de Outubro de 2019.

[173] Maria João Marques, *Público*, 5 de Janeiro de 2022.

imigração para resolver o problema demográfico.[174] O catolicismo relativiza o Estado e a Nação e desvaloriza os factores biológicos do sangue e da linhagem da tribo e da comunidade. Um cristão não pode ser nacionalista, porque o nacionalismo valoriza elementos empíricos que a mensagem cristã desvaloriza em nome do direito natural de todos os seres humanos, num sentido universalista.[175] Este é o ensinamento do Evangelho, proposto pelo Papa Francisco na encíclica Fratelli Tutti, de 2020, que enaltece a figura do bom samaritano — ou seja do mulato, cruzamento de judeus com os gentios — símbolo da universalidade contra os muros. Os católicos não podem votar na extrema-direita nacionalista, seja ela o Chega, o Vox, o PiS, Donald Trump, ou qualquer outro congénere. Jesus veio para quebrar os laços tribais de sangue e para trazer a mensagem universalista a todos os homens. Deus não se interessa pela biologia, mas pela transcendência do espírito. No catolicismo, sinónimo de universalismo, não há espaço para os nacionalismos e um católico português não pode votar no «paganismo nacionalista do Chega».[176]

Para Henrique Raposo, o inaceitável discurso racista insere-se no estilo taberneiro e irrespeitoso das instituições — comum a todos os populistas à Donald Trump —, totalmente alheio à direita liberal-conservadora. Os intelectuais liberal-conservadores rejeitam a linguagem e a atitude do Chega porque — como em todos os populismos de direita ou de esquerda — é institucionalmente grosseira e desrespeitosa das regras do espaço público. Uma característica que perpassa os líderes populistas: para Maria João Marques, o eventual desaparecimento de um Donald Trump não implica o desaparecimento do eleitorado impregnado de discurso errático, lobotomizado, de falta de maneiras, de boçalidade para com os adversários e com as minorias raciais e sexuais.[177] No caso português, todavia, não é consensual a eficácia da rudez populista junto dos eleitores: para Francisco Mendes da Silva, por exemplo, parte do eleitorado português de direita é conservador nos valores, mas

---

174 Henrique Raposo, *Expresso*, 5 de Janeiro de 2022.

175 Henrique Raposo, *Renascença*, 3 de Maio de 2019.

176 Henrique Raposo, *Expresso*, 7 de Outubro de 2020.

177 Maria João Marques, *Público*, 30 de Setembro de 2020.

também nos códigos de comportamento político, o que pode limitar bastante o Chega, se o partido insistir na estratégia discursiva grosseira.

O sucesso relativo do populismo de direita em Portugal é explicável, também, pela sensação generalizada, na área não socialista, da existência de uma hegemonia cultural incontrastada da esquerda, em contra-tendência face ao contexto ocidental onde as direitas marcam a agenda: na Europa de Leste, o impacto da direita conservadora é evidente; na Alemanha, a direita democrata-cristã domina; na França a direita intelectual é muito forte (o caso Michel Houellebecq é paradigmático); na América do Norte (Estados Unidos e Canadá) também. Fora de Portugal, a direita intelectual está em alta: nas Universidades, a esquerda ainda pode ter posições hegemónicas, mas, na sociedade civil, as ideias das direitas circulam abundantemente. De facto, também Henrique Raposo destaca as Universidades contemporâneas como o templo da ortodoxia, onde já não é possível pensar livremente, de forma heterodoxa, fora da caixa do politicamente correcto da esquerda intelectual. A ditadura da indignação permanente erige cordões sanitários contra os intelectuais conservadores mais assertivos como Ann Coulter ou Steve Bannon, mas também contra os conservadores clássicos, como Condoleezza Rice e Charles Murray. Uma ditadura intelectual de esquerda é muito mais perigosa em comparação a fenómenos contingentes como Donald Trump, porque está a formar gerações inteiras no pensamento dogmático. A Universidade, pelo contrário, deve ser um espaço aberto para o confronto com todas as dinâmicas sociais em acto e de algum relevo, inclusive com o populismo nacionalista.[178] Vindo do mundo académico, também Pedro Lomba realça o absurdo da grande preocupação com a extrema-direita, com o populismo de todas as cores, mas não com as ameaças, evidentes aos olhos de todos, em instituições que foram sendo ocupadas pelo totalitarismo político, quando originariamente deviam ser espaços livres e imunes às ortodoxias ideológicas. Se as universidades se tornarem definitivamente produtoras de ideologia, as pessoas deixarão de acreditar em qualquer coisa, não sabendo já o que é ciência e o que é propaganda. É evidente que a área da cultura, da investigação, do intelecto tem sempre

[178] Henrique Raposo, *Expresso*, 24 de Setembro de 2018.

contactos com a esfera do político, mas se a política prevalecer sobre o método científico e o conhecimento validado, o problema será grave. As ciências sociais das últimas duas décadas sofreram muito esta violência ideológica: hoje e cada vez mais, há um choque entre ideologias, no qual cada um tenta eliminar os ideólogos com ideias diferentes, numa lógica destruidora da própria Universidade. Nisso não há qualquer dinâmica democratizadora da Universidade, mas de afastamento da norma científica e de validação das ciências.[179]

Em Portugal, pelo contrário — segundo Miguel Morgado —, as esquerdas dominam nas Universidades e em muitos outros campos da sociedade civil, perante a quase ausência das direitas. Sempre que aparecem instituições privadas no campo da cultura, os intelectuais de esquerda colonizam-nas de imediato. As consequências vêem-se no tratamento dado pelos *media* portugueses a muita da direita europeia, apresentada como epifenómeno extremista. Este paroquialismo português combina com o superficialismo da própria direita nacional que, sob pressão, acolhe frequentemente a primeira novidade vinda de fora, sem o necessário trabalho de selecção apurada.

No geral, é bastante comum, entre os intelectuais liberal-conservadores, a ideia de que, no último quarto de século, a direita ganhou claramente o vocabulário económico, graças ao papel importante desempenhado pela Faculdade de Economia da Universidade Nova de Lisboa, por exemplo, mas abandonou, há muitos anos, o vocabulário cultural. Neste último campo, os avanços das esquerdas no combate cultural são notórios, como demonstra a permeabilidade da linguagem da Critical Race Theory no debate político ou nos meios de comunicação. Um certo equilíbrio é mantido apenas pela preponderância da esfera económica no debate político, o que limita a potencialidade ofensiva das esquerdas radicais, presas ainda aos velhos conceitos marxistas, da luta operária, da luta de classe e do antifascismo militante. A aposta nos novos instrumentos da correcção política e das identidades das minorias é, contudo, um sinal claro das potencialidades da nova linguagem utilizadas pelas esquerdas internacionais. Por esta razão, os intelectuais liberal-conservadores estão conscientes da necessidade de

[179] Pedro Lomba, entrevista de José Maria Pimentel, 10 de Outubro de 2019.

encontrar uma gramática alternativa e eficaz, também fora do campo da economia. O populismo de direita investe constantemente na exploração de linguagens alternativas, experimentando a sua eficácia no terreno, sem receio de recuar, quando a estratégia falha, e voltar a atacar com outras bandeiras e conceitos. A direita liberal-conservadora, pelo contrário, ainda hesita fora da área económica, demonstrando maior inquietação com a concorrência do populismo de direita que não com a falta de eficácia face à esquerda pós-materialista. Para os intelectuais liberais, as direitas estão a falhar em não ver que, no combate das ideias, Portugal não está a caminhar para um modelo de sociedade mais aberta e liberal, mas para um modelo de conflitualidade identitária. Os indicadores desta conflitualidade multiplicam-se: as campanhas sobre a descolonização da memória histórica, as políticas de discriminação positiva, a mobilização contra o racismo estrutural e institucional, as agendas das minorias étnicas e sexuais, com capacidade de modificar os conteúdos tradicionais dos *curricula* escolares do ensino público. Neste campo de confrontação, o populismo de direita desempenha um papel interessante de polarização que anima o debate e salienta as diferenças dentro das próprias direitas.

O aspecto negativo, segundo Vasco Rato, é que a repulsa em relação ao mensageiro está a matar a mensagem. Esta última, pelo contrário, deveria ser aproveitada pelos actores tradicionais das direitas, moldando-a de forma adequada. Neste sentido, Miguel Morgado lamenta o vício das direitas portuguesas e dos seus líderes, de se fecharem em concha e de olharem com uma certa preguiça e arrogância fenómenos sociais em ascensão. As direitas devem escutar o país, na sua heterogeneidade, com tendências e dinâmicas diferentes, e não como uma realidade homogénea, à maneira dos populistas. Insistir, por exemplo, em tratar os funcionários públicos como sendo a componente privilegiada do povo e até um bloco monolítico é um erro de perspectiva. Da mesma forma, ter medo de enfrentar a esquerda para não serem reprovados por ela é um favor feito aos populistas de direita. O meio liberal-conservador deve rejeitar a postura radical antiesquerda do populismo de direita, mas deve ter a coragem de abordar todos os temas, libertando-se da menoridade psicológica na qual foi relegada pelas esquerdas para se perpetuar no poder. Ao fazer isso, o centro-direita deve quebrar com a tradição de desempenhos governativos sempre aquém das expectativas.

O micro-reformismo do passado não é exemplo para o futuro. Os protagonistas das direitas devem proceder à refundação das ideias e da cultura política, para poderem marcar realmente a diferença e de forma desinibida, mesmo naquelas clivagens político-sociais até agora evitadas para fugir à censura da esquerda. As direitas liberal-conservadoras devem saber interpretar os problemas reais cavalgados pelo populismo de direita, rejeitando o estilo expressivo deste último. Um estilo indecente no debate político que, na verdade, não é de todo inédito, tendo sido usado, aliás, já por membros do governo, ou da oposição: as razões aduzidas para terminar com os debates parlamentares quinzenais, por exemplo, recalcam os argumentos dos inimigos das democracias parlamentares nos anos 1920 e 1930, na Europa. O centro-direita, pelo contrário, está a desperdiçar demasiadas energias à volta dos líderes partidários e das querelas para a sua eleição ou resistência face aos competidores internos e não está a prestar a devida atenção à composição sociológica das bases eleitorais dos seus partidos, deixando, assim, ao populismo de direita, o campo aberto para as conquistar. Em democracia, o que mais conta é o eleitorado, pois é ele que determina a vitória ou a derrota nas eleições. Em Portugal, já está mais que provada a existência de um eleitorado sociológica e politicamente de direita e que o PSD está progressivamente a perder com a teimosia da convergência ao centro, em aproximação ao PS.

A resistência do PSD em dar resposta aos sinais vindos do populismo de direita depende muito também da sua relação de dependência com a comunicação social. Segundo João Marques de Almeida, em Portugal os jornalistas com postura vincadamente de direita são poucos e não tão influentes, na generalidade da comunicação social, para poder suportar eficazmente, junto da opinião pública, uma viragem à direita de um partido político. Principalmente no meio lisboeta, muitos elementos de direita, internos aos partidos ou à comunicação social, sentem a forte pressão do meio de pertença e temem o rótulo de radicais com consequente marginalização. Este temor assenta na convicção errada de que para a esquerda — socialista ou radical — exista uma direita aceitável (a moderada) e uma direita não aceitável (a populista).

Na verdade, para a esquerda, a única direita aceitável é a direita que perde. A direita que ganha é toda ela inaceitável, de uma forma ou de outra. Fugir aos temas apontados pelo populismo de direita, por medo de ser confundido com ele, resulta apenas na integração das hostes do inimigo político, no momento da polarização, como aconteceu no 11 de Setembro de 2001 e na Guerra do Iraque de 2003, quando as direitas do «sim, mas...» se posicionaram, objectivamente, no campo das esquerdas.

Nas páginas do *Diário de Notícias*, Alberto Gonçalves critica os comentadores de direita temorosos de sofrerem os rótulos de reaccionários ou de neoliberais, impostos pelas esquerdas e por pedir constantemente licença ou perdão, sempre atentos a não ultrapassar as linhas vermelhas traçadas pelas esquerdas no discurso público.[180] Para Gonçalves, os comentadores de direita caracterizam-se por serem escassos, obsequiosos, calados, alinhados, frequentemente, com as causas progressistas em matéria de refugiados, migrações, agenda LGBT, aborto. Estes acabam por ser complacentes com o governo de esquerda e com os actores da esquerda radical, principalmente da área do Bloco de Esquerda, simpáticos para com os líderes responsáveis e moderados da direita, como Assunção Cristas na presidência do CDS ou Marcelo Rebelo de Sousa na Presidência da República. Este género de comentadores de direita está obcecado com a extrema-direita e com o populismo de direita, alertando sempre para os perigos para a democracia na Europa, mas nunca se preocupando com as dezenas de deputados estalinistas presentes no parlamento português. Ao fazer isso, este tipo de comentador de direita acaba por ser o «idiota útil», ao serviço tanto da esquerda, empenhada em segurar o poder, quanto dos *media*, interessados em manter um simulacro de pluralismo, enquanto sugam as subvenções do governo socialista.[181]

Em Portugal, a direita sofre da síndrome do inquilino a prazo, alimentado pela visão sectária e senhorial do regime da esquerda. A direita vive receosa de ultrapassar os limites admissíveis do discurso, determinados pela esquerda. Este desequilíbrio essencial perverte a discussão

---

[180] Alberto Gonçalves, *Diário de Notícias*, 17 de Abril de 2016.

[181] Alberto Gonçalves, *Observador*, 18 de Março de 2017.

pública e promove um estado de alucinação contínua. Exemplo desta colagem de rótulos é a acusação de representarem a direita populista, avançada por Daniel Oliveira, no *Expresso* de 1 de Outubro de 2018, contra Rui Ramos, João Miguel Tavares, Helena Matos (e com eles Pedro Passos Coelho), por culparem o Estado de ser um obstáculo ao mercado livre. O ataque ao Estado e às suas instituições é uma retórica demagógica, alicerçada na dicotomia entre uma alegada oligarquia corrupta socialista e o povo merecedor de instituições democráticas regeneradas. Esta retórica é perigosa para a própria democracia e para as liberdades civis. João Miguel Tavares rejeita a acusação porque o combate à corrupção, longe de ser sinónimo de populismo, representa o mínimo de decência perante o *statu quo* do regime socialista.[182] Aproveita a polémica para acusar directamente a esquerda, com a sua mania de tratar todos por populistas, de ter aberto as portas aos verdadeiros populistas. Por anos a fio, a esquerda apelidou de fascista tudo o que se movia à direita do espectro político. Entre 2011 e 2015, todas as direitas à volta de Pedro Passos Coelho foram fascistas: o grupo do *Observador* (Rui Ramos, José Manuel Fernandes, Helena Matos), Henrique Raposo no *Expresso* e na Rádio Renascença, João Miguel Tavares no *Público*, entre outros. Qualquer posição política de que a esquerda não goste é sinónimo de fascismo e de populismo.[183]

O rotulo de extrema-direita é, hoje, colado a temas que são, desde sempre, património do pensamento católico clássico, como a oposição ao casamento entre pessoas do mesmo sexo e a adopção por casais homossexuais. Hoje, qualquer problematização das alterações climáticas, do multiculturalismo, da difícil integração de minorias étnicas e religiosas, é considerada, pura e simplesmente, extremismo de direita. Já não é possível ser conservador ou nacionalista, pois automaticamente cai-se na extrema-direita, na xenofobia, no racismo. Milhões de eleitores dos partidos populistas são encurralados no gueto dos fascistas, com menosprezo total das suas razões de revolta.[184] A capacidade de análise e de articulação discursiva acerca das clivagens

---

[182] João Miguel Tavares, *Público*, 11 de Outubro de 2018.

[183] João Miguel Tavares, *Público*, 25 de Outubro de 2018.

[184] João Miguel Tavares, *Público*, 28 de Setembro de 2017.

contemporâneas faz com que os intelectuais liberal-conservadores não tenham dificuldade em separar as águas entre os líderes de direita.

Para Pedro Marques Lopes, a direita intelectual portuguesa, mesmo aquela actualmente mais afirmativa interna ao *Observador*, nunca alinhou com xenofobia, islamofobia, histeria antimigratória. Pelo contrário, sempre abordou com realismo assuntos delicados como o da demografia. Por isso, há uma linha clara que separa as análises sobre políticos como Nicolas Sarkozy ou Boris Johnson, por um lado, e Jair Bolsonaro, Donald Trump, Nigel Farage, por outro lado. Esta direita *Observador* é bem representada por Alberto Gonçalves, em nada conservador, mas liberal, tanto na economia como nos costumes, atento, contudo, à distinção entre os direitos individuais inalienáveis das minorias sexuais e étnicas e o aproveitamento deles, feito por parte de facções subversivas do movimento LGBT ou BLM, com as quais não alinha de todo.

Para João Miguel Tavares, os verdadeiros populistas (ou fascistas, como a esquerda gosta de os chamar) com o seu contorno de autoritarismo, de culto da violência, de ódio ao outro, de desprezo pelas minorias, de desrespeito dos contrapesos democráticos e de devoção aos messias, são alimentados pela própria esquerda, que se tornou uma força da conservação e de impedimento para qualquer reforma do *statu quo*, perante os problemas da modernidade. A esquerda é, hoje, uma força de defesa de conquistas passadas e de ofensiva nas batalhas pós-materialistas, deixando, assim, à direita radical o campo livre na capitalização das frustrações de largas faixas de eleitores.[185]

Os intelectuais liberais e conservadores dissecam, criticamente e em profundidade, as ideias e as atitudes do partido Chega, do seu líder e da sua base eleitoral, aplicando, ao caso português, as análises elaboradas nas últimas décadas sobre o populismo, não só de direita. Da mesma forma, aplicam as análises elaboradas acerca do centro-direita português, para esclarecer os pontos fortes e fracos do populismo nacional e as relações entre actores moderados e actores radicais.

No campo partidário, os analistas salientam a incapacidade de PSD e CDS, nesta terceira década dos anos 2000, de entender o

---

[185] João Miguel Tavares, *Público*, 25 de Outubro de 2018.

realinhamento eleitoral que aí vem, o que permite ao Chega conquistar algum eleitorado volátil de esquerda, mas principalmente os descontentes com a estratégia centrista e imobilista do centro-direita. No caso do CDS, isso já era evidente durante a presidência de Assunção Cristas, que, num artigo do *Público* de Novembro de 2016 — um ano antes do aparecimento do populismo de Ventura —, tinha apresentado a sua fórmula do «radicalismo do amor», para combater o populismo de direita. Baseada na tolerância, na concórdia e no consenso, de cariz democrata cristão, a fórmula não convence os intelectuais liberais, sensíveis ao pragmatismo politicamente eficaz, mais que ao pseudo-radicalismo confessional, um tanto romântico.[186]

O desnorte da direita *mainstream* face ao populismo é agravado, ao longo dos anos, pela fragilidade das lideranças partidárias. Tanto Rui Rio, quanto Francisco Rodrigues dos Santos — mas o discurso alarga-se a Pedro Santana Lopes e Paulo Portas, entre os históricos na reserva ou a Adolfo Mesquita Nunes e Miguel Morgado entre os jovens em ascensão — não têm a autoridade, transversalmente reconhecida, que os possa tornar alternativas carismáticas do campo moderado face ao populismo emergente. Fora dos grandes partidos, o sucesso da Iniciativa Liberal é limitado, perante o populismo, pelo carácter algo elitista, de partido de nicho, urbano, portanto pouco atractivo para a grande massa dos desiludidos e dos protestatários.

Dentro do PSD, em particular, os intelectuais de direita assumem, desde logo, posições muito críticas face à liderança de Rui Rio. Miguel Morgado, por exemplo, posiciona-se na oposição interna a Rui Rio, desde a sua eleição à presidência do partido, em Fevereiro de 2018. Não apoia a primeira tentativa de Luís Montenegro para o derrubar, em Janeiro de 2019, mas sim a de Paulo Rangel, em Janeiro de 2022. Ao longo destes cinco anos, a crítica de Morgado mantém-se sempre firme: o erro de Rui Rio é insistir na oposição moderada a António Costa, com o objectivo inicial de propor o PSD como parceiro de confiança para um renovado bloco central ou, pelo menos, para acordos pontuais de governação. Esta estratégia baseia-se na convicção da desagregação natural do poder socialista, o que permitirá ao líder do PSD ficar com

---

[186] João Miguel Tavares, *Público*, 24 de Novembro de 2016.

o poder, graças à imagem de político credível, perante o colapso dos incumbentes. Para Morgado, Rui Rio está totalmente enganado nesta análise, pois António Costa não é António Guterres: não vai ceder tão facilmente o poder, sendo mais provável a sua resistência à maneira de José Sócrates. O desinteresse total de Rui Rio para tornar o PSD o motor da federação das direitas faz com que, como líder, não represente uma alternativa à dominação socialista, uma solução para Portugal, que, dependente da União Europeia, como um doente covid ligado ao ventilador, não conseguiu ainda consolidar a independência económica, desde a adesão em 1986. Na opinião de Morgado, apontar o dedo a este fracasso da elite socialista seria até bastante fácil, visto não haver uma concorrência dura na direita sobre este tema: o populismo à portuguesa não levanta a bandeira da dependência nacional crónica de Bruxelas, preocupando-se mais com temas marginais como a comunidade cigana, a castração química dos pedófilos, os movimentos sociais anti-racistas.

Apesar das profundas modificações na geografia partidária do centro-direita com as eleições legislativas de 2022 — derrota do PSD, desaparecimento do CDS, consolidação de IL e Chega —, os intelectuais liberais continuam a acreditar que o PSD possa estancar o populismo de direita, desde que encontre uma liderança forte e capaz de interpretar o mau humor social, causa da volatilidade eleitoral. Segundo Vasco Rato, o centro-direita deveria aproveitar o trabalho feito pelo Chega, no sentido de identificar as novas clivagens e os novos estratos sociais sensíveis à nova linguagem, para actualizar a sua proposta política. Pelo contrário, o centro-direita — inclusive muitos antigos animadores da *Atlântico* — demonstram-se mais preocupados em desmarcar-se do populismo de direita, em vez de aproveitar a oportunidade da crise interna para se pôr em discussão. Para Rodrigo Moita de Deus, as direitas enfiaram-se no beco sem saída do politicamente correcto, das teorias de género, das discriminações positivas, todas importações postiças da esquerda americanizada. A direita já tinha perdido a bandeira da ecologia, na qual tinha uma tradição de liderança com figuras do calibre de Gonçalo Ribeiro Telles ou Carlos Pimenta, e agora não conseguiu produzir nada de interessante nos temas da inclusão, do racismo, apenas replicou os *slogans* da esquerda, já velhos de décadas.

As consequências políticas são evidentes: Adolfo Mesquita Nunes, Miguel Morgado e outros são protagonistas incontroversos na bolha televisiva e das redes sociais, mas não conseguem afirmar-se nas respectivas estruturas partidárias. Para o antigo animador do 31 d'Armada, muitos destes protagonistas intelectuais da bolha culpam o país de não os entender, comportando-se como os congéneres marxistas, convencidos de serem o farol do proletariado. A postura de comentador da bolha é agravada pelo facto de muitos intelectuais de direita dependerem do espaço público, que ocupam como funcionários em circuito fechado, dedicados à produção de conteúdos para os *media* e para as redes sociais, ou seja para uma audiência que pouco tem a ver com o país real. Por isso, deixaram-se embrulhar, alinhando em atitudes reaccionárias face ao populismo. Paradoxalmente, Adolfo Mesquita Nunes aponta exactamente a bolha das redes sociais como o veículo principal do sucesso da polarização negativa, populista, da época contemporânea, favorável aos políticos interessados em aprofundar as divisões sociais e a radicalização. Uma polarização com efeito também no campo moderado em que impera o descrédito do adversário interno, apelidado de brando, traidor, vendido ao inimigo, quando recusa a polarização negativa.[187] Trata-se, segundo Miguel Morgado, de fogo cruzado: é hábito das direitas dos últimos anos, trocar acusações de genuflexão perante a esquerda ou de cedência ao radicalismo populista de direita. Para o antigo assessor político de Passos Coelho, esta confrontação não faz qualquer sentido. Ambas as posturas existem — o anseio de reconhecimento pelas esquerdas, por um lado, e a reacção acéfala antiesquerda, por outro —, e isso acaba só por minar a necessária elaboração de uma oferta política consistente e atractiva para o eleitorado.

Neste contexto se insere o abaixo-assinado no jornal *Público*, de Novembro de 2020. O texto em si não destoa com o antigo espírito de clarificação político-identitária da revista *Atlântico*: assume a identidade liberal-conservadora e afasta desta tradição o populismo de direita, contrário à globalização e à sociedade aberta. Publicado

---

[187] Adolfo Mesquita Nunes, *A Radical Moderação em Tempos de Polarização*, 17 de Janeiro de 2021.

em concomitância com o livro de Adolfo Mesquita Nunes, *A Grande Escolha*, o manifesto visa também promover o dirigente centrista à presidência do CDS, para imprimir ao partido uma viragem liberal, diferente da conservadora do presidente incumbente, Francisco Rodrigues dos Santos, considerada subalterna ao populismo crescente e permeável a futuros entendimentos com o Chega, na esteira do acordo nos Açores de 2020. Acusado indirectamente por Rodrigues dos Santos de pertencer à direita que gosta dos salões do Bairro Alto e do Príncipe Real, Adolfo Mesquita Nunes reprova o erro político e estratégico da liderança centrista nos Açores por ser sinal, por um lado, de subvalorização da política do ódio, da mentira e do enxovalho dos centristas, típicos do Chega e, por outro lado, de resignação ao populismo como mal menor, tacticamente necessário. Para o intelectual liberal, esta estratégia é o suicídio político do CDS, cuja alternativa reformista anti-socialista morre ao aproximar-se ao populismo autoritário, não menos proteccionista e isolacionista que a tão odiada extrema esquerda.[188]

Para Marques de Almeida, a minoridade psicológica da direita em relação aos rótulos impostos pela esquerda tem também o efeito oposto de promover motes de reacção. Este efeito foi evidente na recepção do manifesto no *Público* de Novembro de 2020, porque muitas direitas interpretaram aquele ataque ao populismo como um grande «sim, mas...», pronunciado por intelectuais da casa que se posicionaram, assim, na fronteira porosa com a esquerda. Muitos deles foram próximos da antiga revista *Atlântico*, como Adolfo Mesquita Nunes, Henrique Raposo, Ana Margarida Craveiro, Pedro Norton, Henrique Burnay, Alexandre Homem Cristo, André Abrantes Amaral, Pedro Mexia, Francisco Mendes da Silva, Carlos do Carmo Carapinha.

Na verdade, Pedro Marques Lopes sublinha como o manifesto no *Público* não representa um bloco monolítico, mas núcleos de direitas diferentes, sendo até provável que vários deles se aproximem à direita aberturista face ao populismo, com o evoluir da situação.

Para Henrique Raposo, pelo contrário, o manifesto no *Público* não tem nada a ver com a porosidade com a esquerda, mas visa, em primeiro lugar, os actores da direita portuguesa que pensam aproveitar-se dos

---

[188] Adolfo Mesquita Nunes, *Observador*, 20 de Novembro de 2020.

radicais — assim como acontece na esquerda — sem se preocupar com as implicações para as regras da democracia liberal. Dentro desta lógica mais ampla, é legítimo ler o manifesto como uma crítica ao acordo dos Açores que cancelou as linhas vermelhas e equiparou, de facto, a legitimidade do voto no PSD ao voto no Chega. Para o colunista do *Expresso*, a extrema-direita difere do centro-direita muito mais que este último do centro-esquerda. Como homem de direita, Henrique Raposo sente-se muito mais próximo de intelectuais de esquerda, como Ricardo Araújo Pereira ou Sérgio Sousa Pinto, no combate destes contra os radicais de esquerda, do que dos seguidores de Steve Bannon aqui do burgo. Para o colunista do *Expresso*, o facto de as esquerdas demonizarem as direitas todas não legitima que se tome partido do Chega assim como se toma partido da direita moderada. O Chega não faz parte da foto de família da direita. O Chega é o MIRN do general Kaúlza de Arriaga. É a extrema-direita excluída pela Aliança Democrática, que integrou, pelo contrário, a direita socialista *a la* Vasco Pulido Valente, António Barreto, Francisco Sousa Tavares, José Medeiros Ferreira, Victor Cunha Rego. A direita liberal-conservadora é o Francisco Lucas Pires do reformismo constitucional de 1976 para frente, e não o Lucas Pires revolucionário dos anos 1960. A direita não deve replicar a estratégia amoral de António Costa, que usou BE e PCP para tirar do poder Pedro Passos Coelho. Um PSD que abra ao Chega suicida-se e já não serve como motor da federação das direitas. O PSD deve preocupar-se em formular respostas certas às demandas apresentadas pelos eleitores e às quais o iliberalismo do Chega fornece respostas erradas. O centro-direita deve dar as respostas liberal-conservadoras contra as respostas iliberais-populistas.[189] O raciocínio é o mesmo por Francisco Mendes da Silva, que aponta o dedo àquelas direitas que, embora não se reconhecendo plenamente nos líderes populistas, não alinham na rejeição pública dos políticos radicais, por considerá-la um favor à esquerda. Mendes da Silva recusa esta lógica do mal menor, porque sempre considerou a direita liberal a única viável, útil, duradoura, moralmente aceitável, o que o leva a crer que a verdadeira dádiva às esquerdas seja a permeabilidade entre direita moderada e direita iliberal.

[189] Henrique Raposo, *Expresso*, 16 de Outubro de 2020.

Os intelectuais inconformados com a direita «colaboracionista» apontam, em particular, três narrativas diferentes, todas inaceitáveis: a primeira apresenta o populismo como um fenómeno péssimo, mas indispensável para combater o fanatismo comunista e a corrupção socialista, não lhe aplicando o mesmo nível de exigência que o aplicado à esquerda radical. A segunda justifica o silêncio com a vontade de não oferecer palco mediático ao populismo, mas, ao fazer isso, copia as direitas norte-americanas que não suportaram a luta dos anti-trumpistas — progressistas, feministas, movimento negro — com a desculpa de não querer avantajar o presidente atacado. A terceira reclama o direito de eleitos e eleitores populistas a serem respeitados, não demonstrando, contudo, a mesma preocupação com a dignidade das minorias visadas pelos populistas de direita.[190]

A eficácia na polémica descomplexada contra a esquerda e a capacidade de captar faixas de eleitores perdidos ou nunca conquistados pela direita moderada, determinam o interesse de alguns dos fundadores da *Atlântico* para o populismo de direita, na perspectiva da aproximação entre todos os actores da área não socialista. A partir das páginas do *Observador*, por exemplo, João Marques de Almeida, Rui Ramos, Vasco Rato, não vêem nenhum escândalo no acordo escrito para o apoio externo do Chega ao governo PSD-CDS nos Açores. A frente aberturista, contudo, apresenta *nuances* diferentes. Miguel Morgado, por exemplo, teria preferido que o Presidente da República desse posse ao governo socialista e, perante a impossibilidade de uma maioria, passasse a bola à coligação PSD-CDS-PPM. O governo de centro-direita, por sua vez, deveria ter procurado o apoio da IL e do Chega só no parlamento regional, sem acordos escritos, ou seja, deveria ter encostado o Chega à parede da responsabilidade de chumbar a alternativa de poder ao socialismo. Desta forma, o Chega ter-se-ia encontrado cara a cara com o seu eleitorado, pagando, sem dúvida, a eventual opção extremista de inviabilizar o governo das direitas, em prol das esquerdas.

As vozes disponíveis à aproximação do centro-direita ao Chega não estão apenas limitadas aos intelectuais com maior projeção. Segundo Pedro Marques Lopes, aliás, elas representam o sentimento

---

[190] Maria João Marques, *Público*, 9 de Fevereiro de 2022.

generalizado nos meios liberal-conservadores, desejosos de ver novamente a direita no poder, no futuro próximo. Esta urgência explica porque o antipopulismo, expresso em 2016 perante a cena política internacional, tenha deixado lugar à predisposição para o diálogo com o populismo nacional a partir de 2019, perante o crescimento do Chega. Exemplo disso é a atitude do *think tank* liberal, o Movimento Europa e Liberdade (MEL), que passou, em apenas três anos, da exclusão de André Ventura da sua convenção, por querer manter de fora as alas extremas (BE, PCP, Chega), ao convite do líder do Chega num dos painéis, até ao seu discurso da tribuna em 2021. Este *think tank* liberal torna-se, assim, alvo dos intelectuais mais vincadamente antipopulistas: Maria João Marques, por exemplo, salienta a estrutura patriarcal do *think tank*, focado nos temas económicos e obcecado com a denúncia do marxismo cultural, da ideologia de género, da correcção política, todas características que tornam o MEL «uma direita sectária, cinzenta, a piscar o olho aos temas trumpistas», nos antípodas das direitas civilizadas europeias que, há muito tempo, falam de cultura, sexismo, racismo, sociedades inclusivas, problemas da habitação.[191]

A lógica açoriana dos aberturistas estende-se ao campo nacional: os partidos de centro-direita não devem recear a aproximação táctica ao Chega, uma vez que a prioridade é desalojar a esquerda do poder, a todos os níveis. A direita moderada deve encarar o populismo de direita como uma ameaça à democracia muito menor que a ameaça representada pela esquerda radical. A direita não deve alinhar com a narrativa do perigo autoritário, neo-salazarista ou neonazi. No Chega, não há qualquer facção organizada da velha extrema-direita, com consistência e influência. Em Portugal, o populismo de direita é uma convergência de bases centristas e sociais-democratas, insatisfeitas com a moderação dos dirigentes do PSD e do CDS. O próprio André Ventura provém do PSD e o seu empreendedorismo político deveu-se ao bloqueio interno por parte dos vértices sociais-democratas — o que demonstra a escassa capacidade de análise desta cúpula partidária —, ou seja, nem sequer é comparável com líderes oriundos de partidos radicais, como Matteo Salvini e Marine Le Pen.

[191] Maria João Marques, *Público*, 28 de Abril de 2021.

A mensagem dos aberturistas aos partidos de centro-direita é de não ceder ao preconceito de uma direita populista perigosa para a democracia liberal, contraposta a uma esquerda radical considerada «indispensável à democracia».[192] Para João Miguel Tavares, a imagem apelativa da esquerda radical nos *media* deve-se à capacidade de aplicar o seu populismo a finalidades nobres, humanistas, bondosas e de sonegar, assim, o lastro de horrores provocados pela edificação do mundo melhor comunista. Populistas de esquerda e de direita, principalmente os que estão no governo em vários países, demonstram ter pouca consideração para com os pilares da democracia liberal, nomeadamente pelo respeito do voto universal, da separação de poderes, do sistema de pesos e contrapesos, da liberdade de associação e de expressão, da propriedade privada, do mercado livre, da alternância pacífica dos governos. Para um liberal, este é o pano de fundo indiscutível, a partir do qual cada um assume posições de direita ou de esquerda, mas sempre dentro deste paradigma demoliberal. A esquerda iliberal não aceita isso quando apoia regimes ditatoriais como na Venezuela, quando apelida Lula da Silva de preso político, quando defende grupos terroristas como o ETA. Não há razão, portanto, para não a considerar ameaçadora tanto quanto a direita iliberal.[193] Neste sentido, a partir da frente irredutível, Henrique Raposo considera alguns dos ingredientes do populismo de esquerda em Portugal — desconfiança face ao parlamentarismo, crítica à democracia liberal, antieuropeísmo e ódio à NATO — convergentes com o recuo dos Estados Unidos da cena internacional, promovido pelo isolacionismo de Donald Trump.[194]

Para Miguel Morgado, há uma normalização mediática de partidos potencialmente subversivos como o Bloco de Esquerda ou o estalinista PCP, cujo ódio para com as instituições burguesas liberais é sonegado apenas por razões tácticas. Para Morgado, a normalização da esquerda radical é facilitada pela crescente hegemonia cultural da ala esquerda do PS, interessada em derrotar os socialistas que, desde os anos 1970, abraçaram a ideologia liberal, na versão da terceira via, à sombra do

---

[192] Pedro Marques Lopes, *Diário de Notícias*, 5 de Setembro de 2020.

[193] João Miguel Tavares, *Público*, 18 de Agosto de 2018.

[194] Henrique Raposo, *Expresso*, 24 de Janeiro de 2018.

pensamento de John Rawls e das experiências governativas de Tony Blair e de Bill Clinton. O intuito é consolidar definitivamente o eixo PS-PCP-BE, para constituir um bloco hegemónico de esquerda.

A partir do acordo na região autónoma dos Açores, João Miguel Tavares torna-se um dos expoentes da direita liberal mais activos na desmontagem do cordão sanitário ao Chega, pretendido pela esquerda toda e pela direita liberal-conservadora mais antipopulista. Para o colunista do *Público*, a política é realismo e pragmatismo, é luta para a conquista do poder. Não é actividade para meninos de coro, nem para utopistas à procura de partidos ou líderes ou dirigentes com os quais se identificar a cem por cento. A política é um jogo pelo poder, regrado pela Constituição. Portanto, se o Chega é constitucional, é legítimo que concorra ao poder e que os seus eleitores acedam ao poder, tanto quanto os eleitores do PSD, BE, PCP e os demais. Os eleitores do Chega estão a crescer porque cresce a revolta dos portugueses, economicamente estagnados há duas décadas e com os filhos obrigados a emigrar. Este grito de protesto deve ser ouvido. Diferentemente dos signatários do abaixo-assinado do *Público*, Tavares acredita que, por quão lamentável possa ser o político Ventura, os seus eleitores não são obrigatoriamente deploráveis. O voto de protesto deles é legítimo, como é legítimo que este voto participe de um governo de coligação com o PSD e o CDS. Na esquerda, o líder do PS, António Costa, fez ruir o muro histórico que separa os socialistas da esquerda radical de BE e PCP. Em 2015, o acordo PS-PCP-BE da Geringonça criou também um precedente para as direitas. Na direita, o PSD e o CDS não têm obrigação de erguer um muro que os separa dos nacional-populistas. Pensar que isso não pode ou não deve acontecer é ingenuidade ou má-fé oportunista.[195] No panorama político português, existem hoje coligações — factuais ou potenciais, tanto na direita como na esquerda — entre partidos liberais e partidos iliberais. A Geringonça é a coligação entre o liberal PS e os iliberais BE e PCP. Excluir o iliberal Chega das fórmulas de direita tem o único resultado de perpetuar o PS no poder, com os seus eventuais parceiros iliberais.[196] Ou seja, em Portugal existe, hoje, um bloco à

[195] João Miguel Tavares, *Público*, 12 de Novembro de 2020.

[196] João Miguel Tavares, *Público*, 28 de Novembro de 2020.

esquerda (PS, PCP, BE) e um bloco à direita (PSD, CDS, IL, Chega). Quem conquistar mais votos, governa. Se um bloco decide não se coligar, não irá governar só e exclusivamente por sua responsabilidade. Um ano antes das legislativas de 2022, o colunista do *Público* afirma claramente que o Chega, com a sua bancada parlamentar reforçada, terá o mesmo direito e legitimidade de BE e PCP para participar no governo.[197]

Miguel Morgado tem uma posição algo diferente, embora nunca expresse *conventio ad excludendum* face ao populismo de direita. Para o intelectual conservador, o princípio da ruptura do consenso com o PS e a estratégia deste último de aproximação oportunista à esquerda radical de BE e PCP, reforça a necessidade da federação das direitas à volta dos pressupostos mínimos do europeísmo e do reformismo. O problema é o Chega ter-se posto, por sua vontade, fora desta federação, ultrapassando, na campanha presidencial de 2021, várias linhas vermelhas incontornáveis para a federação. Promover-se como o candidato a Presidente dos «portugueses de bem» e não de todos os portugueses, por exemplo, é assumir, voluntariamente, uma postura anticonstitucional. Minar a viabilização do governo dos Açores, radicalizando as pretensões, também torna o Chega um parceiro pouco fiável para um projecto futuro de largo alcance. Nada impede, contudo, que modificações futuras da estratégia discursiva e da identidade do partido, o tornem, de facto, um interlocutor viável da federação das direitas.

Para João Miguel Tavares, a aproximação táctica entre as direitas é ainda mais necessária num momento histórico no qual as novas direitas no parlamento — a liberal e a populista — representam, em conjunto, quase 13% do eleitorado, ou seja, se tornaram actores incontornáveis para os tradicionais PSD e CDS, em vista de uma alternativa ao PS que não passe pelo centrão controlado pelos socialistas. A nova configuração partidária parece não ser conjuntural, como foi o PRD em meados da década de 1980, mas estrutural de médio prazo. O equilíbrio de forças na direita mudou definitivamente. Já não são suficientes as mudanças de líderes nos dois partidos históricos, mesmo que isso tenha algum impacto em termos eleitorais. O PS já demonstrou segurar o

---

[197] João Miguel Tavares, *Público*, 31 de Outubro de 2020.

centro e penetrar na área à sua esquerda. O PSD, pelo contrário, mantém o centro, mas perde cada vez mais à sua direita, o que o obriga a conviver com ela no presente e no futuro, sem que isso queira dizer abraçar a sua agenda política toda, principalmente a populista.[198] Paradoxalmente, a eficácia centrista da Geringonça é reconhecida também por um opositor ferranho de qualquer acordo à direita com os populistas: Francisco Mendes da Silva explica o centrismo não como uma ideologia, mas como um processo finalizado à procura do consenso, para alargar a base de suporte de decisões políticas, e que, por isso, não exclui *a priori* acordos com o populismo, seja ele de esquerda ou de direita. Segundo Mendes da Silva, de facto, a Geringonça foi uma operação centrista, que permitiu uma fórmula governativa de esquerda, sem que o país tivesse virado à esquerda, graças à incorporação de dois partidos radicais, cuja agenda mais extrema (a saída da NATO e a nacionalização de empresas) ficou fora do consenso alcançado.

Para João Miguel Tavares, o PSD deve refutar a narrativa imposta pela esquerda segundo a qual o radicalismo de direita ameaça a democracia por dizer o que pensa, ao passo que o de esquerda não, porque fala por metáforas, mesmo nas declarações mais iliberais. A coligação com o Chega é uma necessidade pragmática para a conquista do poder e para contrariar a chantagem moral da esquerda, por mais que se deteste o populismo de direita.[199] A chantagem moral denunciada abrange também os cidadãos que decidem candidatar-se pelos partidos populistas de direita, escrutinados de uma forma muito diferente em comparação àqueles candidatos nos partidos de esquerda radical. Pilar da democracia liberal é também o respeito pela militância partidária, inclusive a radical, que não se coaduna com o vilipêndio contínuo, que, aliás, já demonstrou produzir o efeito contrário ao desejado.[200] João Miguel Tavares mantém a mesma posição após a eleição de doze deputados do Chega nas legislativas de 2022, criticando a forma como são tratados, na comunicação social, os eleitos do partido, ao

[198] João Miguel Tavares, *Público*, 6 de Abril de 2021.

[199] João Miguel Tavares, *Público*, 28 de Novembro de 2020.

[200] João Miguel Tavares, *Público*, 18 de Março de 2021.

apresentarem agendas pessoais até diferentes da do líder Ventura.[201] A legitimidade de o Chega aceder ao poder é afirmada também por Rui Ramos, independentemente do facto de a Geringonça ter criado o precedente com o BE e o PCP. Para o historiador, o Chega não é um partido antidemocrático, nem uma ameaça à democracia, pois reconhece o regime surgido com o 25 de Abril e almeja reformar profundamente o sistema — a tal IV República — não através da violência, mas das regras do jogo constitucional. A ameaça à democracia é, pelo contrário, a direita instalada repudiar qualquer entendimento com os novos protagonistas desta área política — IL e Chega — liquidando, assim, a alternância no poder, saudável em qualquer democracia que não queira a colonização do Estado por uma única força política.[202]

Os intelectuais liberal-conservadores estão conscientes, contudo, também das implicações negativas para o centro-direita, derivantes da consolidação do Chega. Para João Marques de Almeida, os socialistas vêem favoravelmente o crescimento do Chega, porque o partido de André Ventura erode o eleitorado de direita afecto ao PSD e ao CDS e coloca estes dois partidos na posição difícil de aceitar ou recusar alianças pré ou pós-eleitorais com os populistas, com impacto na coesão interna dos seus quadros dirigentes. A situação é agravada pela natureza das leis eleitorais: a nível autárquico, a regra britânica do *first pass the post* faz com que a derrota do candidato de centro-direita, devido à erosão eleitoral do Chega, não possa ser resolvida por uma segunda volta, como em França ou nas presidenciais portuguesas. Em eleições importantes como as autárquicas de Lisboa ou as presidenciais, é mais provável que os socialistas desenvolvam uma campanha eleitoral mais dura contra o centro-direita que contra a direita radical, tocando na tecla do antineoliberalismo mais que do antipopulismo. No caso dos Açores, por exemplo, a perda do poder por parte dos socialistas agudizou os ataques contra o PSD — inclusive por parte do primeiro-ministro António Costa — com a acusação de terem ultrapassado a linha vermelha da aliança com os radicais. Por isso, o crescimento de partidos nacional-populistas impõe, antes ou depois, que a direita

---

[201] João Miguel Tavares, *Público*, 5 de Fevereiro de 2022.

[202] Rui Ramos, *Observador*, 13 de Novembro de 2020.

moderada se entenda com eles, inclusive em alianças pré-eleitorais, quando não são viáveis estratégias de apoio externo, como no caso dos Açores em 2020. Para os intelectuais liberais, a questão não é a direita moderada estar a normalizar a radical, mas estar a perpetuar os socialistas no poder através do preconceito do cordão sanitário que impossibilita, à partida, qualquer alternativa de direita. Não há qualquer obrigação de um governo de direita incluir os ultras, pelo menos que o sentido de voto dos eleitores não indique claramente esta preferência, assim como aconteceu na esquerda com o apoio das bases, socialista e de esquerda radical, ao acordo entre os três partidos da Geringonça por duas legislaturas.

Na mesma linha, Alberto Gonçalves, em entrevista ao *Sol*, reconhece não haver qualquer problema numa eventual participação de André Ventura num governo de direita, não sendo o partido Chega perigoso para a democracia, como quer impor a propaganda de esquerda. A obsessão com as minorias, o securitarismo, o nacionalismo, fazem do Chega um partido com uma agenda bastante irrelevante face aos problemas estruturais do país. Mas censurar as opiniões de líderes políticos e de eleitores só porque não se gosta delas é antidemocrático e considerar perigosa a direita radical quando se admite governar com a esquerda radical é um absurdo.[203]

A democracia liberal demonstra a sua força e maturidade exactamente ao permitir a margem de manobra aos populistas e ao reconhecer a legitimidade desta área política de protesto. Neste sentido, João Miguel Tavares não concorda com aqueles liberais para os quais não existe qualquer terreno comum com os iliberais. O sistema político já demonstrou amplamente a sua incapacidade de auto-reforma e os cordões sanitários por ele exigidos dificultam apenas a alternância saudável entre direita e esquerda, perpetuando o *statu quo*. A democracia liberal deve saber absorver os seus extremos e alargar, assim, o espectro da opinião e do pluralismo presente no jogo político. Esta operação não torna menos indecentes as propostas dos populistas de direita, mas permite ao sistema transformá-las em válvulas de escape para as tensões irresolvidas internas ao próprio regime. A linha

[203] Luís Claro, *Sol*, 21 de Março de 2021.

vermelha inultrapassável é determinada pela Constituição: a crítica radical torna-se ilegítima quando deixa de respeitar as regras do jogo democrático, o Estado de direito e a separação dos poderes. No caso norte-americano, por exemplo, a linha vermelha não é ultrapassada pelas declarações bombásticas de Trump, nas redes sociais, mas pela recusa em aceitar o resultado eleitoral com a vitória de Joe Biden. Da mesma forma, numa democracia liberal, as bandeiras de André Ventura (castração química, prisão perpétua, quarta república) são legítimas — por mais parvas que sejam, numa óptica liberal — até não contrariarem, directa e repetidamente, as normas constitucionais, como a não discriminação de cidadão por sexo, religião, raça, credo político. A proposta de confinamento sanitário dos cidadãos de etnia cigana e o apelo à ditadura dos portugueses de bem, por exemplo, ultrapassam a linha vermelha.[204] Rodrigo Moita de Deus é ainda mais contundente neste ponto da não excepcionalidade do Chega com as suas bandeiras populistas: muitos dos intelectuais de direita não se escandalizam com os temas alegadamente anti-sistema cavalgados pelo partido de André Ventura (subsidiodependência, reforma da constituição, quarta república, presidencialismo) pela simples razão que estes temas foram sempre património dos partidos centristas. Os congressos do PSD sempre foram palcos de debates sobre as reformas constitucionais. O PSD de Pedro Santana Lopes sempre falou do esgotamento da terceira república e da alternativa presidencialista. O CDS de Paulo Portas cresceu a falar da subsidiodependência montada pelos socialistas. A agenda de André Ventura, portanto, não inova nada na direita portuguesa e não representa, de todo, um programa fascista, mas demonstra apenas como PSD e CDS perderam a capacidade de debater temas sensíveis, agora aproveitados pelo populismo.

A abertura táctica ao populismo de direita expõe estes intelectuais à ofensiva dos colegas de esquerda. No artigo do *Expresso*, «Um cesto de deploráveis», Luís Aguiar Conraria indica João Miguel Tavares como o elemento de ponta da direita favorável ao entendimento com o Chega. O colunista do *Público* replica que a sua análise da aliança com o Chega não deriva de simpatia, mas da consciência da inevitabilidade.

---

[204] João Miguel Tavares, *Público*, 21 de Janeiro de 2021.

André Ventura pode ser um «demagogo e troca-tintas», hábil a explorar um nicho de mercado para o seu projecto de poder, mas o seu capital político, superior a 10% nas presidenciais, não significa que 10% da população portuguesa seja constituída por deploráveis com os quais é ilegítimo encontrar um entendimento político.[205] O meio milhão de eleitores populistas de direita não são fascistas, salazaristas, xenófobos e racistas, mas revoltados com o sistema. Por isso há dois caminhos: por um lado, considerar estes cidadãos deploráveis, como gosta de fazer a esquerda, e tratá-los com desdém, cercas sanitárias e até tentativas de ilegalização — reacção, aliás, bastante infantil e ineficaz porque não entende que aquele eleitorado não gosta do *statu quo* mais do que gosta do Chega — ou, por outro lado, tentar perceber as suas razões e apresentar soluções melhores que as dos populistas.[206] As elites intelectuais, artísticas, jornalísticas, académicas, teimam em não perceber a ineficácia das suas cruzadas contra o populismo de direita, porque continuam convencidas da sua missão de esclarecer o povo, embora o povo vote populista também por detestar a sobranceria das elites esclarecidas, em perene postura de moralização da sociedade. Os líderes populistas estão em antítese às virtudes conservadoras e cristãs, mas servem como megafone do ódio às elites e ao sistema. É uma forma — segundo a análise de João Miguel Tavares — de empoderamento dos antielitistas radicais, para usar um conceito tão querido pelos intelectuais de esquerda.[207]

A recusa do duplo *standard* nos entendimentos parlamentares com o populismo de direita assenta também na convicção da equiparação entre radicalismo do Chega e do BE-PCP, sempre rejeitada por muitos jornalistas e analistas políticos. Para João Miguel Tavares, os dois pólos radicais apresentam propostas abjectas e algumas aceitáveis. O próprio, por exemplo, alinha com a esquerda radical no tema do casamento entre pessoas do mesmo sexo, mas também partilha da crítica do populismo de direita contra a partidocracia instalada. Por outro lado, a defesa de regimes autocráticos socialistas, do passado e

---

[205] João Miguel Tavares, *Público*, 12 de Janeiro de 2021.

[206] João Miguel Tavares, *Público*, 26 de Janeiro de 2021.

[207] João Miguel Tavares, *Público*, 29 de Outubro de 2018.

do presente, não é menos repulsiva que a proposta de castração química dos pedófilos, esta última, até, fruto de oportunismo eleitoralista e não de ortodoxia ideológica.[208]

Não há aqui uma contradição, segundo João Miguel Tavares, entre detestar o Chega e a liderança de Rui Rio no PSD, por um lado, e promover o acordo PSD-Chega, por outro. Em política, o «abjecto» e o «legítimo» não se excluem. Em democracia, a ideia da exclusão de partidos constitucionais da corrida ao poder é problemática porque muito pouco democrática e até tendencialmente totalitária. Em democracia, detestar um actor ou uma ideia política não pode nem deve coincidir com o querer eliminá-las da cena política.[209] João Miguel Tavares denuncia, assim, a lógica totalitária que permeia a esquerda. Emblemáticas desta lógica são as intervenções de Rui Tavares, aplaudidas por Ana Gomes e Fernando Medina, os três na primeira linha nas tentativas de ilegalização do partido de André Ventura. O presidente do partido Livre, em particular, acusa a direita colaboracionista com o Chega de desempenhar o mesmo papel dos conservadores franceses de 1940 perante a ascensão dos nazis alemães. Para João Miguel Tavares esta clássica *reductio ad hitlerum* é uma tontice típica de um país que, desde o 25 de Abril de 1974, inventa os fascistas de serviço, úteis à esquerda. Enquanto o Chega respeitar as regras democráticas e constitucionais, ninguém lhe pode impedir nada e é bom que seja assim pela qualidade da democracia, mais consciente das suas falhas, aproveitadas pelo populismo de direita.[210]

A análise de João Miguel Tavares, de Rui Ramos e dos demais aberturistas está totalmente nos antípodas da de outros nomes de ponta da geração *Atlântico*, como Henrique Raposo, Maria João Marques, Francisco Mendes da Silva, Pedro Marques Lopes. Para Henrique Raposo, a análise da Geringonça é um elemento fracturante entre os intelectuais liberal-conservadores. Todos eles ficaram tocados pelo roubo maquiavélico, por parte do PS em articulação com BE e PCP, da vitória da coligação Portugal à Frente (PAF), em 2015, após os anos

[208] João Miguel Tavares, *Público*, 7 de Novembro de 2020.

[209] João Miguel Tavares, *Público*, 12 de Novembro de 2020.

[210] João Miguel Tavares, *Público*, 24 de Novembro de 2020.

dificílimos do governo da Troika. O ressentimento da direita ajudou a consolidação do Chega, a partir da sua entrada no parlamento em 2019. Para Raposo, o erro de uma parte dos intelectuais desta área é ter aceitado de facto o populismo de direita como companheiro de ressabiamento, ao passo que a direita deveria ter ultrapassado este estado psicológico, punhado não só contra a esquerda, mas no seu próprio campo contra o radicalismo oportunista de André Ventura, facilmente liquidável por um PSD combativo.

Esta posição é partilhada também por Maria João Marques, segundo a qual a direita moderada dificilmente pode rever-se, hoje, no PSD e no CDS. A ala passista do PSD continua obcecada com o alegado golpe parlamentar de esquerda em 2015, o que a tornou mais propensa à aproximação ao Chega e à IL, num sentido revanchista. Esta ala social-democrata confia na polarização como atalho para o regresso ao poder, em vez de se preocupar em modernizar a sua oferta política, integrando a crítica ao hipercapitalismo, as reivindicações para a justiça social, a atenção para as políticas climáticas e para os direitos das minorias. Só assim poderá evitar o círculo vicioso, em acto desde o governo Guterres de 2002, do regresso constante dos socialistas ao poder, sempre que o problema das contas públicas fique temporariamente resolvido, ainda por cima com a capacidade demonstrada pelo governo socialista Costa-Centeno de as controlar, sem necessidade da austeridade de direita.[211]

Para Pedro Marques Lopes, a aliança eventual entre o PSD e o Chega vai eternizar o PS no poder, porque amplas faixas do eleitorado social-democrata nunca aceitarão a aproximação do partido ao populismo de direita. No PSD há, sem dúvida, quadros e eleitores disponíveis e até desejosos de ver concretizada esta hipótese, mas não em número suficiente para equilibrar a concomitante hemorragia de eleitores centristas revoltados com isso, pelo menos que não intervenham factores exógenos relevantes, como uma grave crise económica. Para o comentador residente do Eixo do Mal, a alegada viragem à esquerda do PS com a Geringonça não é justificação aceitável para se promover um bloco de direita-populismo. O PS não é, nem nunca será

[211] Maria João Marques, *Público*, 10 de Fevereiro de 2021.

um partido de esquerda tradicional e as alianças com o PCP e o BE sempre serão conjunturais, até com muito pouco agrado em relação aos bloquistas. No âmbito destas alianças conjunturais, o PCP nem sequer é um problema, sendo um parceiro de confiança, estável, conservador na sua estratégia, cuja cassete habitual sobre as ditaduras comunistas não representa qualquer perigo para a democracia. Aliás, graças ao PCP, Portugal evitou populismos de esquerda ou mobilizações violentas nas ruas. Apesar de o PCP ser um partido em lento declínio, PS e PSD têm-no como parceiro de diálogo a nível nacional ou autárquico e isso porque sabem que o cerne da democracia portuguesa é o centrão. Por isso, levantar o espantalho da Geringonça ou da esquerdização do PS para promover um bloco de direita é uma estratégia de curto respiro. O problema, para Marques Lopes, é ver o crescente sucesso da hipótese «bloco das direitas» entre os intelectuais liberal-conservadores que, na sua opinião, não entendem quanto a maioria sociológica do país seja profundamente centrista e virada para a esquerda, ou seja, representada por uma saudável alternância à Tomasi de Lampedusa: mudanças que mantenham intacto o centrão, garantindo, assim, o acesso também do PSD ao poder. A rejeição de qualquer hipótese de aliança com o populismo reside também na importância — destacada por Francisco Mendes da Silva — de estancar o crescimento do Chega e de não facilitar minimamente a consolidação nos dois dígitos eleitorais: o Chega nos 5% não é a mesma coisa do Chega nos 15%. Neste sentido, não vale o precedente italiano da abertura de Silvio Berlusconi aos neofascistas do MSI, porque, nos anos 1990, a direita radical italiana estava em processo de moderação, tendo, aliás, conquistado por isso o interesse de Paulo Portas e dos jovens à sua volta no CDS.

Estas análises são partilhadas pelo recém-eleito deputado liberal Carlos Guimarães Pinto, segundo o qual o facto de o PSD ter dado a ideia, na campanha eleitoral de 2022, de uma possível aproximação ao Chega, foi um erro moral e estratégico desastroso. Isso ajudou o PS a conquistar a maioria absoluta. Guimarães Pinto reivindica esta posição também após as eleições de 2022, embora o seu antipopulismo radical lhe tenha causado algum ostracismo no próprio meio liberal.[212]

[212] Carlos Guimarães Pinto, entrevista de Vítor Gonçalves, 16 de Fevereiro de 2022.

A perspectiva não é só estratégica, mas também ideológica. Henrique Raposo recorda a sua polémica com Rui Ramos e Maria João Avillez, na altura da carta-manifesto do *Público*, para explicar as razões políticas da sua contrariedade a qualquer aproximação ao Chega como alternativa à mexicanização socialista de Portugal. A razão reside no facto de que Raposo olha para o Chega da mesma forma como olha para o BE e para o PCP. Os três partidos radicais são igualmente perigosos.Criticou asperamente a Geringonça por aproveitar os radicais para um projecto de poder, razão pela qual não há justificação para aceitar, agora, os radicais de direita para um projecto de contrapoder. Nas suas palavras, «não é por este vento que está a soprar que eu vou pôr a minha vela para apanhá-lo».[213] Ou seja, aceitar o Chega é trair intelectualmente tudo o que andou a escrever nas últimas duas décadas.

Apesar dos diferendos entre aberturistas e irredutíveis acerca da aproximação ao Chega, todos estes intelectuais convergem — também aqui com *nuances* diferentes — na rejeição da inconstitucionalização do Chega e da *reductio ad hitlerum* do populismo de direita.

Para Maria João Marques, por exemplo, uma sociedade civilizada não deve dar espaço a todas as ideias, porque existem princípios básicos que não podem ser postos em discussão, principalmente no que diz respeito aos direitos, liberdades e garantias. Contudo, o Chega não deve ser submetido a processo constitucional, porque a eventualidade do Tribunal Constitucional o declarar «não fascista» e, portanto, legal, representaria um enorme trunfo para o partido. O risco é alto. As bacoradas do Chega, xenófobas, racistas, machistas e atentatórias da dignidade humana, não são suficientes para o partido ser declarado fascista, sendo estas alarvidades, aliás, comuns a vários dirigentes políticos da direita não populista. Os próprios dirigentes do Chega têm noção disso e declaram-se abertamente antifascistas, para proteger a sua agenda de extrema-direita reaccionária.[214] A posição da comentadora do *Público* é ditada pelo pragmatismo de não oferecer qualquer vantagem de vitimização ao populismo de direita, ao passo que outros intelectuais se demonstram mais sensíveis aos apelos à

[213] Entrevista a Henrique Raposo, 15 de Abril de 2021.

[214] Maria João Marques, *Público*, 17 de Fevereiro de 2021.

liberdade de expressão. Miguel Morgado, por exemplo, aproveita a apetência da esquerda para a repressão constitucional do populismo de direita para frisar o perigo real corrido por direitos que considerávamos adquiridos, como o de expressão, hoje cada vez mais ameaçados. Esta deriva iliberal é evidente na obsessão com a monitorização e com a denúncia do discurso, principalmente nas redes sociais. As democracias ocidentais não são o faroeste: existem instituições judiciais prepostas à segurança nacional. Não é aceitável a intervenção do governo para higienizar o chamado discurso de ódio. Ele, aliás, na sua qualidade de deputado, testemunhou o discurso de ódio dentro do parlamento português, quando ainda não existia aí nenhum partido de extrema-direita. A defesa do estalinismo pelo PCP, por exemplo, é apologia do ódio e da violência, mas também sinal de liberdade de expressão, numa democracia madura. Os mecanismos para assegurar os limites desta liberdade existem e são autónomos face à esfera política que, principalmente nas suas forças governativas, não deve imiscuir-se neste poder de controlo e repressão. Apelar aos valores democráticos para tapar a boca a cidadãos e a políticos é uma forma de nova inquisição, nos antípodas da essência da democracia liberal: a salvaguarda da diversidade de opinião e de expressão, contra qualquer tentação homogeneizadora. A repressão irreflectida do populismo é ineficaz, porque um fenómeno desta natureza pode tranquilamente ressurgir, no dia seguinte, com outros semblantes. Do ponto de vista legal, o populismo de direita pode ser contrastado de formas muito mais eficazes. João Miguel Tavares salienta, por exemplo, a acção judicial, exitosa, promovida contra André Ventura e o partido Chega pela advogada Leonor Caldeira, com base no crime específico de ofensa da honra da família Coxi, visada pelo líder populista durante a campanha presidencial de 2021. Trata-se de um caso emblemático de derrota da demagogia populista, através das regras do Estado de direito.[215]

No que diz respeito à *reductio ad hitlerum* promovida pela esquerda, trata-se de um fenómeno global, introduzido também em Portugal. João Miguel Tavares polemiza com o paralelismo entre Donald Trump e Adolf Hitler, traçado pela historiadora Irene Flunser Pimentel em

---

[215] João Miguel Tavares, *Público*, 27 de Maio de 2021.

entrevista à imprensa. Para o colunista do *Público*, o paralelismo é banal, errado e inútil. Donald Trump tem características muito próprias, suficientemente más para não ser preciso incomodar a memória de Hitler para as combater. A mobilização dos liberais norte-americanos, aliás, demonstra a boa capacidade de reacção, ao passo que a elite jornalístico-académica europeia se limita a demonizar, recorrendo a um passado longínquo, em vez de compreender o presente, nomeadamente a capacidade de o populismo de direita capitalizar os receios difusos face à globalização. A Europa perde, assim, a oportunidade de se tornar uma referência na resposta ao populismo, com propostas adequadas e lúcidas, não demonizadoras de milhões de eleitores preocupados com as mazelas da contemporaneidade.[216]

Por outro lado, Adolfo Mesquita Nunes reconhece o absurdo de os republicanos americanos serem equiparados a Hitler, o Thatcherismo ao nazismo, ou Pedro Passos Coelho a Salazar, embora isso não legitime o apoio aos Trumps, aos Bolsonaros e aos demais populistas de direita como reacção à ofensiva das esquerdas.[217] Também Pedro Mexia rejeita a comparabilidade entre um «demagogo, desonesto, autoritário, xenófobo» como Donald Trump e um genocida como Adolf Hitler. A incomparabilidade não impede de dizer que Trump não é um presidente normal e que não deve ser normalizado.[218] Na mesma linha, Henrique Raposo lamenta o hábito dos *media* e dos intelectuais de abordar o populismo contemporâneo como réplica dos fascismos da primeira metade do século XX ou como simples reacção racista à imigração, pondo, assim, no mesmo saco todos os que não renunciam a discutir, de forma madura, os problemas reais de integração dos migrantes e da tribalização das sociedades ocidentais.[219]

A pluralidade e complexidade das análises dos intelectuais liberais e conservadores em relação ao populismo de direita ajudam os seus próprios produtores a delinear alguns cenários futuros. O fundador da revista *Atlântico*, Vasco Rato, está convencido de que a direita

---

[216] João Miguel Tavares, *Público*, 2 de Fevereiro de 2017.

[217] Adolfo Mesquita Nunes, *Diário de Notícias*, 28 de Outubro de 2018.

[218] Pedro Mexia, Expresso, 9 de Fevereiro de 2017.

[219] Henrique Raposo, *Expresso*, 10 de Setembro de 2018.

intelectual que convergiu, pontualmente, mas significativamente, nas primeiras duas décadas do século XXI, irá divergir cada vez mais no próximo futuro, exactamente por causa dos diferentes matizes da sensibilidade antipopulista. O passado comum na trincheira do 11 de Setembro e da Guerra do Iraque, a convergência na oposição anti-socialista aos governos de António Costa ou os projectos pluralistas como o Movimento 5.7, já não são suficientes para cimentar as fileiras. Ademais, segundo Alberto Gonçalves, o não aparecimento, em breve trecho, de um líder capaz de federar as direitas civilizadas — como o foi Pedro Passos Coelho — fará com que o populismo de direita possa conquistar até 15% do eleitorado: uma percentagem importante, mas, ao mesmo tempo, garantia da permanência dos socialistas no poder por longos anos. Miguel Morgado partilha a improbabilidade do regresso de Passos Coelho: o antigo primeiro-ministro nunca autorizou ninguém a falar em seu nome, embora continue com muita influência no PSD e com um capital político solidíssimo entre as direitas, apesar da campanha de ódio das esquerdas. Para João Marques de Almeida, a direita deve reinventar um novo Passos pós-Troika para potenciar as características evidentes deste líder ainda apetecível porque relativamente jovem, com boa intuição política, carisma, capacidade federativa entre as direitas e competitividade face às lideranças alternativas dos últimos anos. A concretização da hipótese do regresso seria, segundo Pedro Marques Lopes, a garantia da inclusão definitiva do Chega nas fórmulas governativas futuras.

Qualquer outro líder social-democrata poderá, eventualmente, excluir o Chega das coligações pré-eleitorais, mas já é difícil manter o partido populista fora de qualquer fórmula governativa pós-eleitoral. Os futuros dirigentes do centro-direita não renunciarão ao poder, em nome do cordão sanitário traçado por uma parte das direitas intelectuais. As declarações de hoje dos políticos de centro-direita serão amanhã facilmente contornadas, perante a oportunidade do regresso ao governo. Disso, Vasco Rato não tem dúvidas. Antes das eleições legislativas de 2022, já considerava fundamental testar eleitoralmente o populismo de direita, de forma ao centro-direita ter a noção clara da capacidade de consolidação desta nova área política ou, pelo contrário, do carácter conjuntural do fenómeno personalista André Ventura, forte, mas circunscrito. A conflitualidade interna do Chega e os muitos dissidentes saídos do partido, no biénio 2019–2022, levantam ainda muitos pontos de interrogação entre os intelectuais liberal-conservadores.

Outro ponto de interrogação é a possível evolução futura do partido populista, caso se atenue o cordão sanitário até aqui erguido pelos concorrentes da área não socialista ou caso se concretize a sua inclusão em fórmulas governativas, facilitada pela crise actual do CDS e pela margem limitada de crescimento da IL. Neste sentido, questiona-se o efeito moderador, normalizador e de institucionalização do Chega produzido pela sua plena integração no centro-direita. Os aberturistas priorizam o perigo da permanência do PS no poder e, por isso, apostam na integração do Chega, balizada, contudo, nas regras da democracia liberal. Os cépticos avançam com o exemplo da Geringonça para resfriar entusiasmos: a integração da esquerda radical no governo não moderou o BE e o PCP, mas deu maior destaque às componentes mais à esquerda internas ao PS, tornando-o, hoje, um partido muito mais ideológico do que o PS de José Sócrates. E a perspectiva a partir da base eleitoral não é menos desmoralizadora: Carlos Guimarães Pinto salienta a dificuldade em fazer filtrar as ideias liberais na sociedade portuguesa, tanto que, na sua opinião, os desiludidos com o «populismo socialista», quando não se radicalizem ainda mais à esquerda, irão aderir ao «populismo nacionalista», com o seu cardápio simplista de «inveja, ressentimento e vontade de controlar a vida do outro», mais facilmente que não à complexidade da receita liberal.[220]

Entre os intelectuais com visão pessimista, destaca-se Maria João Marques. A colunista do *Público* alerta para a formação, no centro-direita, de uma componente cada vez mais virada à direita e composta pelos sociais-democratas passistas, hoje fotocópia objectiva da Iniciativa Liberal, com a sua agenda económica reaganiana. Na comunicação social, esta direita social-democrata reivindica por completo o legado de Passos Coelho, inclusive a sua atitude face ao populismo emergente, no seio do partido, nas autárquicas de 2017. A estratégia de direitização do PSD desembocará naturalmente na aproximação ao Chega e na marginalização de todos os grandes temas

---

[220] Carlos Guimarães Pinto, *A Força das Ideias: História de Uma Eleição*, p. 205.

da cidadania: as políticas de inclusão, a promoção dos direitos e das oportunidades das mulheres — a voz das feministas sociais-democratas está, hoje, silenciada — a melhoria da representatividade, a promoção da cultura. Este PSD — hoje reduzido a «um partido tecnocrático, sem alma, sem rasgo, uma folha de cálculo» — garantiu a maioria absoluta ao PS em 2022 e não parece arredar caminho, pois os candidatos à sucessão de Rui Rio não estão a demonstrar-se disponíveis para a única estratégia de salvação: rasgar a história das últimas duas décadas do partido.[221] Maria João Marques não tem muitas ilusões acerca deste processo de renovação. Para ela é evidente a aceleração da normalização do populismo nas direitas portuguesas. Os muitos intelectuais liberais e conservadores empenhados nesse processo já o tinham estado na altura da presidência de Donald Trump. O branqueamento do populismo nacional e estrangeiro por parte de colegas que ela considerava próximos e decentes não é ingénuo, nem inocente. Há dados mais do que suficientes, e há muito tempo, para se ter a noção exacta da ameaça da extrema-direita à democracia. O facto de os aberturistas não declararem os seus planos de forma tão determinada como os irredutíveis no sentido oposto, deve-se ao cuidado dos primeiros para «manter a pertença à sociedade civilizada e polida enquanto age[m] para abrir as portas ao mundo das cavernas».[222]

No meio liberal e conservador português, os ingredientes já apuraram tempo suficiente para alimentar a polarização de análises e opiniões acerca de um fenómeno — o populismo de direita — alimentado, la fora e cá dentro, também pela reacção intelectual ao seu avanço.

---

[221] Maria João Marques, *Público*, 2 de Fevereiro de 2022.

[222] Maria João Marques, *Público*, 9 de Fevereiro de 2022.

Em jeito de conclusão

Esta caminhada através do meio intelectual liberal e conservador, ou melhor, de uma elite interna a este meio, empenhada na primeira linha da comunicação social portuguesa, teve o intuito de caracterizar a sua abordagem ao populismo, no contexto da conjuntura política nacional e internacional. O estímulo vinha da sensação de que a atenção superficial por mim prestada às análises destes intelectuais sobre o populismo, pelo menos desde a eleição de Donald Trump em 2016, tivesse gerado uma imagem errada de uma direita homogénea e compacta, com alguma relevância na formação da opinião pública. A investigação confirmou os alertas neste sentido, recolhidos na fase exploratória. A elite seleccionada vivenciou — e ainda vivencia — duas dinâmicas paralelas, diferentes: por um lado, habita um espaço relativamente homogéneo — a tal bolha — por percursos de vida e de formação intelectual e por aspirações de promoção pessoal e de intervenção no espaço público; por outro lado, diversifica-se, dentro deste espaço, devido ao progressivo apuramento de posições acerca de temas nacionais recentes e relevantes, nomeadamente o agravar da crise da direita partidária, a inédita fórmula governativa de esquerda e, principalmente, a consolidação do populismo de direita. Embora as duas dinâmicas sejam vivenciadas muito a nível individual, é possível falar, por um lado, de uma elite mediático-intelectual composta por pessoas das duas gerações nascidas e crescidas entre os anos 1960 e os anos 1980 e, por outro lado, da formação, no interior desta elite, de duas frentes quanto à relação entre a direita moderada e o populismo de direita, a nível nacional, mais que internacional. A explicação da postura geral desta elite e das *nuances* em relação ao populismo, reside em, pelo menos, cinco factores: a identidade política da elite; a sua identidade sociocultural; a relação da elite com o sistema político-mediático da Terceira República portuguesa; o propósito da elite na sua intervenção no espaço público, nomeadamente em relação à polarização direita-esquerda; a perspectiva futura da elite em relação ao seu campo de pertença de direita e as consequentes escolhas táctico-estratégicas.

No que diz respeito à identidade política, a elite foi referida, ao longo do texto, com o qualificativo de «liberal-conservadora». Embora o termo seja pouco rigoroso em termos de história das ideias, a definição funciona, neste caso específico, por duas razões. Por um lado, insere esta elite no processo de convergência entre conservadorismo e liberalismo, que, principalmente a partir de 1945, traça as linhas mestras da área política anti-socialista, adepta da democracia representativa, pluralista, parlamentar e da economia capitalista de mercado livre. Por outro, salienta os dois ingredientes que determinam o posicionamento da elite em relação ao populismo: a primazia do indivíduo, enquanto pessoa humana, titular de dignidade, inalienável por direito natural, perante o Estado, perante as maiorias ou perante os comunitarismos (o ingrediente liberal); a rejeição, em nome do reformismo ponderado, da ruptura revolucionária, baseada em discursos regeneradores e messiânicos, propostos por movimentos multitudinários ou por líderes carismáticos (o ingrediente conservador). Embora cada intelectual se inscreva, com mais afinco, numa ou noutra das duas tradições de pensamento político, os dois ingredientes estão presentes no conjunto desta elite.

No que diz respeito à identidade sociocultural, a matriz liberal-conservadora orienta a intervenção da elite no espaço público, menos pelo gosto da polarização política — central em todos os motes populistas — e mais pelo desejo de renovação cultural do espaço de pertença. Esta elite nasceu para o espaço público, empurrada pelo gosto para a cultura, bastante comum nas elites portuguesas da modernidade, mas que, na época contemporânea, se caracteriza pela substituição da matriz francófona, típica das gerações anteriores, pela matriz anglo-saxónica, própria das chamadas novas direitas. Uma passagem relevante, porque generalizada a todas as dimensões culturais — ensaística, música, cinema —, e também porque funcional à formatação na lógica da globalização e da aceleração internética, na passagem do milénio. Embora esta elite conheça e aprecie a cultura nacional, as suas referências de formação são, frequentemente, estrangeiras e sempre de cariz cosmopolita, avessas ao paroquialismo, ao nacionalismo, ao identitarismo. Isso sobressai muito nos percursos de formação académica em instituições internacionais prestigiosas e nos hábitos de leitura da imprensa culta internacional, arautos da sociedade aberta e do mundo global. Esta característica cultural tem também uma correspondência social: na maioria dos casos, os intelectuais liberal-conservadores provêm das classes médias, burguesas e urbanas. Mesmo quando nascidos em classes mais baixas ou em cidades da província, tendem a transferir-se para Lisboa, à procura, por um lado, da sede dos centros de decisão política, mediática, das profissões liberais que contam e, por outro lado, de uma das capitais do Ocidente globalizado, janela para o cosmopolitismo, mais que para o Portugal profundo do chamado país dualista. Nas últimas duas décadas do século XX e nas primeiras duas do século XXI, este conjunto de fontes de formação e de aspirações de elevação social é o património sociocultural que esta elite deseja consolidar em Portugal, para modernizar a área não socialista portuguesa e, através dela, contribuir à convergência europeia e ocidental do país. Tudo o que se move em contra-tendência face a estas directrizes modernizadoras, vindo da esquerda ou da direita, é rejeitado como sinónimo de voluntarismo, de utopismo, de saudosismo, de autoritarismo, de entrincheiramento defensivo e anacrónico perante os desafios da contemporaneidade e até de inteligência com os inimigos, políticos e culturais, do Ocidente.

No que diz respeito à relação com o regime, esta elite é totalmente alheia a qualquer veleidade anti-sistema. Nas duas gerações analisadas não há qualquer sinal de contestação radical da legitimidade do *statu quo* político. Há, pelo contrário, o interesse destes intelectuais em se aproximarem ao sistema, para o integrar, tanto nos partidos do arco da governação, como nos *media mainstream*, com o intuito de contribuir para a rectificação de linhas políticas e culturais responsabilizadas pelo desempenho insatisfatório da democracia portuguesa. Por mais cáustica que possa ser a crítica avançada aos partidos tradicionais na governação ou à comunicação social na relação com o poder e o seu escrutínio, os intelectuais liberal-conservadores trabalharam, nas últimas duas décadas, para integrar o sistema, aos mais altos níveis, com uma taxa de sucesso assinalável desde o começo dos anos 2000. A procurada integração no sistema e a experiência dele resultante, tiveram impacto tanto no estilo da intervenção pública — uma combinação entre a maturação intelectual e a moderação institucional — como nas relações interpessoais. Não há, pelo contrário, qualquer caminho de radicalização anti-sistema, inclusive aquando da cooptação inédita da esquerda radical no arco da governação. Este factor explica a impermeabilidade da elite a qualquer proposta política anti-sistema. Mesmo que não seja de cariz revolucionário ou subversivo, mas apenas de radicalismo reformista, a estratégia discursiva do «dar cabo do sistema», da liquidação da Terceira República, da refundação constitucional de uma Quarta República, etc., não desperta qualquer interesse nestes intelectuais, por duas razões, pelo menos: por um lado, porque cresceram apegados a um sistema político fundado na derrota das veleidades revolucionárias — o PREC, responsabilizado pelo atraso do país — e na marginalização dos seus protagonistas, anestesiados dentro da Geringonça; por outro lado, porque se acostumaram, dentro da direita *mainstream*, à retórica do reformismo regenerador, cujo oportunismo e inconsequência são só confirmadas, na visão dos próprios, pelas encenações tribunícias exacerbadas, típicas dos populismos. Em nenhuma das intervenções públicas desta elite transparece o mínimo crédito por projectos palingenésicos, de qualquer ordem e grau, tanto no estrangeiro, como na pátria.

No que diz respeito ao propósito da elite na sua intervenção no espaço público, na análise interessa a relação com os dois campos vastos da política nacional: o socialista e o não socialista. Em relação ao campo não socialista, as duas gerações de intelectuais procuram a morte do pai putativo: a direita autoritária salazarista. Não há, nestes intelectuais, qualquer interesse em contribuir para a evolução do salazarismo ou do neo-salazarismo para o pós-salazarismo, pela simples razão de que não se reconhecem minimamente herdeiros daquela linhagem histórica e doutrinária. Nesta matéria, o objectivo é, só e exclusivamente, a rejeição da falsa identificação da direita contemporânea portuguesa com o autoritarismo derrubado em 1974 – identificação executada pelas esquerdas para menorizar psicologicamente o adversário, em democracia. Estes intelectuais denunciam como erro deplorável a subalternidade das direitas portuguesas à narrativa das esquerdas e valorizam a oposição eficaz à narrativa esquerdista como um legado precioso para o combate cultural. Um legado que merece ser defendido perante os danos à imagem causados pelo revivalismo autoritário, caceteiro, desbocado, salazarento, alegadamente promovido pelo populismo anti-sistema e de protesto. Este cuidado ressalta também nos intelectuais com maior pendor académico, disponíveis para a intervenção pública sobre o fenómeno populista, num sentido analítico mais que polémico.

Em relação ao campo socialista — principalmente o radical — a postura é dúplice. Por um lado, as duas gerações analisadas destacam-se pela vontade de ampliar a frente de confrontação a todas as dimensões do combate cultural e não apenas às da História e da Economia. A ampliação inclui as clivagens pós-modernas, nas quais a direita, irresponsavelmente, deixou a esquerda radical medrar e recuperar, imperturbada, do trauma histórico-ideológico da queda do Comunismo. A perda de qualquer complexo de menoridade moral face às esquerdas, combinada com a morte do pai putativo salazarista, traduz-se na devolução ao remetente das acusações de autoritarismo, de reaccionarismo, de populismo, à luz das evidências empíricas do suporte actual dos radicais a regimes iliberais, a frentes antiocidentais e a fórmulas anticapitalistas anacrónicas. Por outro lado, os intelectuais, principalmente os da segunda geração, procuram um certo reconhecimento intelectual por parte dos coetâneos da frente oposta. Possivelmente devido ao esmorecer da crispação política da transição e à facilidade de interação graças à revolução informática, estes intelectuais mais novos preferem marcar as diferenças através da dialética, do raciocínio lógico, do pensamento estruturado, mais que através da chacota e do impropério. Mesmo nos temas mais contundentes e nos momentos de ofensiva dura vinda da contraparte, estes intelectuais não apreciam o estilo maniqueísta dos radicalismos, tanto de esquerda como de direita, considerados formas de moralismo hipócrita, principalmente quando aplicado na política.

Finalmente, no que diz respeito à perspectiva futura, a impermeabilidade face ao populismo adquire matizes mais carregados quando se passa do plano internacional ao nacional. A recente consolidação parlamentar do populismo de direita em Portugal aprofundou as falhas já abertas no meio intelectual durante a importante experiência geracional do governo das direitas, entre 2011 e 2015. O diferendo não é de ordem cultural sobre a interpretação da natureza do populismo de direita à portuguesa — tratado, no fundo, com a mesma displicência que o populismo internacional — mas de ordem táctica, acerca da inclusão ou da exclusão do populismo de direita, com relevância eleitoral, na estratégia do meio liberal-conservador para desalojar a esquerda do poder e do governo da nação. O diferendo táctico não tem a ver com a identidade mais liberal ou mais conservadora dos intervenientes no debate, nem com a pertença à esfera dos partidos ou à do comentário político. Mais determinante é a dimensão geracional: a rejeição de qualquer entendimento com o populismo nacional aparece com maior frequência na segunda geração. A primeira geração parece priorizar o resultado prático da conquista do poder, ao passo que a segunda parece mais apegada à respeitabilidade da direita, procurada desde os primórdios da sua intervenção pública. Curiosamente, tanto os aberturistas como os irredutíveis convergem na necessidade de a direita moderada integrar na sua agenda algumas das clivagens e das reformas estruturais exploradas pelo populismo. O carácter meramente funcional ao combate pelo poder contra a esquerda torna a fractura no meio intelectual liberal-conservador dependente apenas das sortes do populismo nacional de direita. Se o partido Chega — ou outro congénere qualquer com relevância futura — continuar o seu processo de consolidação na vida política, a nível nacional e local, a fractura aprofundar-se-á, com vantagem, possivelmente, para os aberturistas. Se, pelo contrário, o populismo de direita vier a perder força parlamentar, a fractura irá absorver-se naturalmente, por desaparecer do debate político. De facto, excepção feita às geometrias variáveis das maiorias governativas, nenhum dos intelectuais liberais e conservadores considera o populismo de direita uma mais valia no combate cultural contra as esquerdas que motivou o já longo percurso da sua intervenção no espaço público.

Fontes

Entrevistas

Entrevista a Alberto Gonçalves, 3 de Maio de 2021.
Entrevista a Francisco Mendes da Silva, 12 de Janeiro de 2022.
Entrevista a Henrique Raposo, 15 de Abril de 2021.
Entrevista a João Marques de Almeida, 5 de Março de 2021.
Entrevista a João Pereira Coutinho, 20 de Abril de 2021.
Entrevista a Luciano Amaral, 2 de Abril de 2021.
Entrevista a Paulo Pinto Mascarenhas, 1 de Março de 2021.
Entrevista a Pedro Marques Lopes, 28 de Abril de 2021.
Entrevista a Rodrigo Moita de Deus, 15 de Abril de 2021.
Entrevista a Vasco Rato, 17 de Março de 2021.

Fontes jornalísticas citadas

Almeida, João Marques de, «A convergência dos radicalismos», *Atlântico*, n.º 18, Setembro de 2006, pp. 26–28.

Almeida, João Marques de, «O nacionalismo internacionalista», *Atlântico*, n.º 16, Julho de 2006, p. 13.

Almeida, João Marques de, «Legitimidade pós-revolucionária», *Atlântico*, n.º 14, Maio de 2006, p. 10.

Almeida, João Marques, «Centro e Populismo», *Atlântico*, n.º 1, 31 de Março de 2005, pp. 8–9.

Alves, André Azevedo, «A religião e o espaço público», *Atlântico*, n.º 29, Agosto de 2007, p. 33.

Amaral, Luciano, «O fim dele e da História», *Atlântico*, n.º 18, Setembro de 2006, p. 11.
Bonifácio, Maria de Fátima, «Xenofobia», *Atlântico*, n.º 16, Julho de 2006, p. 10.
Burnay, Henrique, «O Eixo liberal», *Atlântico*, n.º 10, 29 de Dezembro de 2005, pp. 42–44.
Claro, Luís, «Alberto Gonçalves: "Salvo raríssimas exceções, não convivo com políticos. Deus me livre"», *Sol*, 21 de Março de 2021.
Coutinho, João Pereira, «A outra "Geração de 70"», *Sábado*, 17 de Fevereiro de 2018.
Coutinho, João Pereira, «Retrato de família», *Atlântico*, n.º 18, Setembro de 2006, p. 19.
Coutinho, João Pereira, «Manual de conservação», *Atlântico*, n.º 16, Julho de 2006, p. 55.
Fernandes, José Pedro Teixeira, «O Multicuturalismo como ideologia e política pública», *Atlântico*, n.º 10, 29 de Dezembro de 2005, pp. 37–39.
Garoupa, Nuno, «A Constituição e os males portugueses», *Atlântico*, n.º 16, Julho de 2006, pp. 24–25.
Garoupa, Nuno, «Amor e ódio entre as direitas ibéricas», *Atlântico*, n.º 14, Maio de 2006, p. 31.
Garoupa, Nuno, «Pouco centro, muita esquerda e muita direita», *Atlântico*, n.º 11, 31 de Janeiro de 2006, p. 30.
Gonçalves, Alberto, «O comentador de "direita": uma profissão de futuro», *Observador*, 18 de Março de 2017.
Gonçalves, Alberto, «Aos comentadores de "direita"», *Diário de Notícias*, 17 de Abril de 2016.
Lima, Bernardo Pires de, «Populismo raivoso», *Atlântico*, n.º 29, Agosto de 2007, p. 63.
Lima, Bernardo Pires de, «O precedente turco», *Atlântico*, n.º 28, Julho de 2007, p. 34.
Lima, Bernardo Pires de, «Contágio Inglês? Conservadores e Liberais precisam-se», *Atlântico*, n.º 10, 29 de Dezembro de 2005, pp. 45–47.
Lima, Bernardo Pires de, «Silvio Berlusconi, um produto de Itália», *Atlântico*, n.º 8, 24 de Novembro de 2005, pp. 46–49.
Lomba, Pedro, «Sim, sejamos populistas», *Público*, 19 de Outubro de 2010.
Lomba, Pedro, «O homem populista», *Diário de Notícias*, 30 de Outubro de 2008.
Lomba, Pedro, «Imigração interna», *Atlântico*, n.º 16, Julho de 2006, p. 23.
Lomba, Pedro, «Homens sem classe», *Atlântico*, n.º 11, Fevereiro de 2006, p. 23.
Lopes, Pedro Marques, «O PCP é indispensável à democracia», *Diário de Notícias*, 5 de Setembro de 2020.
Luz, João, «Entrevista. Pedro Mexia, crítico literário e cronista», *Hoje Macau*, 24 de Fevereiro de 2017.
Marques, Maria João, «Manual de promoção e normalização do Chega», *Público*, 9 de Fevereiro de 2022.
Marques, Maria João, «O que resta à direita?», *Público*, 2 de Fevereiro de 2022.
Marques, Maria João, «Quero alguém que saiba debater com o demagogo sem maneiras», *Público*, 5 de Janeiro de 2022.
Marques, Maria João, «E as mulheres muçulmanas na Europa? Ajudamos?», *Público*, 25 de Agosto de 2021.
Marques, Maria João, «A direita quer ter passado mas não quer ter futuro», *Público*, 2 de Junho de 2021.
Marques, Maria João, «Movimento Europa e Liberdade e tudo o que a direita não precisa», *Público*, 28 de Abril de 2021.

Marques, Maria João, «A armadilha de querer ilegalizar o Chega», *Público*, 17 de Fevereiro de 2021.
Marques, Maria João, «A direita está em cacos», *Público*, 10 de Fevereiro de 2021.
Marques, Maria João, «Ventura é pechisbeque político», *Público*, 13 de Janeiro de 2021.
Marques, Maria João, «O que resta à direita?», Público, 2 de Fevereiro de 2022.
Marques, Maria João, «A culpa da extrema-direita não é da esquerda. É dos convertidos e facilitadores de direita», *Público*, 18 de Novembro de 2020.
Marques, Maria João, «Trump pode perder, mas os seus eleitores ficam», *Público*, 30 de Setembro de 2020.
Marques, Maria João, «PSD: escolher o Chega em vez do centro», *Público*, 12 de Agosto de 2020.
Marques, Maria João, «Trump e esse país distópico chamado Estados Unidos», *Público*, 15 de Julho de 2020.
Marques, Maria João, «Desconfinar o juízo à direita», *Público*, 20 de Maio de 2020.
Mascarenhas, Paulo Pinto, «Compromisso Atlântico», *Atlântico*, n.º 18, Setembro de 2006, p. 2.
Mascarenhas, Paulo Pinto, «A crise das direitas», *Atlântico*, n.º 14, Maio de 2006, p. 1.
Mexia, Pedro, «Trump nunca», *Expresso Semanário*, 31 de Outubro de 2020.
Mexia, Pedro, «Conceitos do político», *Expresso Semanário*, 10 de Outubro de 2020.
Mexia, Pedro, «Primeiro como farsa», *Expresso Semanário*, 19 de Setembro de 2020.
Mexia, Pedro, «O nome e a coisa», *Expresso Semanário*, 15 de Junho de 2019.
Mexia, Pedro, «Rumor civil», *Expresso Semanário*, 16 de Fevereiro de 2019.
Mexia, Pedro, «Republicanos», *Expresso Semanário*, 25 de Agosto de 2018.
Mexia, Pedro, «Génio estável», *Expresso Semanário*, 13 de Janeiro de 2018.
Mexia, Pedro, «A coisa», *Expresso Semanário*, 10 de Junho de 2017.
Mexia, Pedro, «Lamento ver gente à direita achar que tudo isto é normal», *Expresso*, 9 de Fevereiro de 2017.
Mexia, Pedro, «Arizona», *Expresso Semanário*, 8 de Outubro de 2016.
Norton, Pedro, «Referendum Europeu. Uma reflexão politicamente incorecta», *Atlântico*, n.º 29, Agosto de 2007, p. 16–17.
Nunes, Adolfo Mesquita, «O governo que poderia ter sido (e o presente que se deu)», *Observador*, 20 de Novembro de 2020.
Nunes, Adolfo Mesquita *et al.*, «Abaixo assinado: A clareza que defendemos», *Público*, 10 de Novembro de 2020.
Nunes, Adolfo Mesquita, «Para combater os populistas temos que banir a superioridade moral na política», *Diário de Notícias*, 28 de Outubro de 2018.
Nunes, Adolfo Mesquita, «Uma questão de liberdade», *Atlântico*, n.º 18, Setembro de 2006, pp. 44–46.
Nunes, Adolfo Mesquita e Amaral, André Abrantes, «Os católicos e o Estado laico», *Atlântico*, n.º 26, Maio de 2007, pp. 26–29.
Pinto, Carlos Guimarães, «Os patridiotas», *Jornal de Negócios*, 14 de Dezembro de 2021.
Ramos, Rui, «Nós os da lista negra», *Observador*, 13 de Novembro de 2020.
Ramos, Rui, «O que aprendi com Tintim», *Atlântico*, n.º 28, Julho de 2007, pp. 18–19.
Ramos, Rui, «25 de Abril à direita», *Atlântico*, n.º 25, Abril de 2007, pp. 14–15.
Ramos, Rui, «Sobre direitas moles e duras», *Atlântico*, n.º 18, Setembro de 2006, p. 10.

Ramos, Rui, «O principio e o fim do Cavaquismo», *Atlântico*, n.º 4, 30 de Junho de 2005, pp. 28–32.
Ramos, Rui e Carrapatoso, António, «O Compromisso Portugal pode dar o salto», *Atlântico*, n.º 18, Setembro de 2006, pp. 20–25.
Raposo, Henrique, «Rui Tavares levou Ventura às cordas e fez KO (as notas e análises dos comentadores Expresso)», *Expresso*, 5 de Janeiro de 2022.
Raposo, Henrique, «Nós, os que estão onde sempre estiveram», *Expresso*, 16 de Outubro de 2020.
Raposo, Henrique, «Se és católico, não podes votar no Chega (ou no Trump)», *Expresso*, 7 de Outubro de 2020.
Raposo, Henrique, «Nem um voto cristão no Chega», *Renascença*, 31 de Outubro de 2019.
Raposo, Henrique, «Catolicismo: uma arma contra o nacionalismo», *Renascença*, 3 de Maio de 2019.
Raposo, Henrique, «Centro-direita vs. extrema-direita», *Expresso*, 15 de Novembro de 2018.
Raposo, Henrique, «Sem comunidades, resta o "populismo"», *Expresso*, 17 de Outubro de 2018.
Raposo, Henrique, «A ditadura intelectual da esquerda», *Expresso*, 24 de Setembro de 2018.
Raposo, Henrique, «Bataclan, Londres, Munique, Nice, etc., etc.», *Expresso*, 10 de Setembro de 2018.
Raposo, Henrique, «Boris Johnson é como o primeiro Tsipras», *Expresso*, 10 de Julho de 2018.
Raposo, Henrique, «Podemos falar de emigração como adultos?», *Expresso*, 25 de Junho de 2018.
Raposo, Henrique, «A falácia da "islamofobia" destruiu a esquerda. Destruirá a Europa», *Expresso*, 7 de Junho de 2018.
Raposo, Henrique, «Ângulo morto: a violência na Suécia», *Expresso*, 9 de Fevereiro de 2018.
Raposo, Henrique, «De Reagan a Trump: o facciocismo da esquerda», *Expresso*, 31 de Janeiro de 2018.
Raposo, Henrique, «Populismo: Portugal em contramão», *Expresso*, 24 de Janeiro de 2018.
Raposo, Henrique, «Será que o "trumpismo" europeu é estrutural enquanto o americano é conjuntural?», *Expresso*, 16 de Janeiro de 2018.
Raposo, Henrique, «Loures», *Expresso Semanário*, 22 de Julho de 2017
Raposo, Henrique, «Nem Ventura, nem politicamente correto», *Expresso*, 19 de Julho de 2017.
Raposo, Henrique, «Le Pen veste vermelho», *Expresso*, 2 de Março de 2017.
Raposo, Henrique, «Patriotismo não é nacionalismo», *Expresso*, 10 de Fevereiro de 2017.
Raposo, Henrique, «A ignorância eurocêntrica sobre Trump», *Expresso*, 8 de Fevereiro de 2017.
Raposo, Henrique, «Patriota», *Expresso*, 29 de Novembro de 2016
Raposo, Henrique, «As criadas: Trump no meio de nós», *Expresso*, 23 de Novembro de 2016.

Raposo, Henrique, «Fillon, a melhor notícia do ano», *Expresso*, 21 de Novembro de 2016.
Raposo, Henrique, «Trump nasce de um excesso de democracia», *Expresso*, 27 de Abril de 2016.
Raposo, Henrique, «Habituem-se: Mundo pós-europeu», *Expresso*, 9 de Junho de 2008.
Raposo, Henrique, «A memória e o gasoduto esquecido», *Atlântico*, n.º 29, Agosto de 2007, p. 63.
Raposo, Henrique, «A Turquia é fixe: 10 Actos», *Atlântico*, n.º 28, Julho de 2007, p. 34.
Raposo, Henrique, «O racismo silencioso», *Atlântico*, n.º 16, Julho de 2006, pp. 53–54.
Raposo, Henrique, «A fraude ideológica», *Atlântico*, n.º 8, 24 de Novembro de 2005, pp. 40–44.
Rato, Vasco, «A alma da Turquia», *Atlântico*, n.º 27, Junho de 2007, p. 30.
Rato, Vasco, «Os filhos de Rolão Preto», *Atlântico*, n.º 16, Julho de 2006, p. 14.
Rato, Vasco, «Calculo que também sei», *Atlântico*, n.º 13, Abril de 2006, p. 13.
Rato, Vasco, «Os Novos Populismos», *Atlântico*, n.º 11, 31 de Janeiro de 2006, p. 24.
Redacção, «Memorando do Atlântico para Líder Liberal-conservado», *Atlântico*, n.º 24, Março de 2007, p. 45.
Redacção, «Pedro Lomba. O governo tenta continuar e desenvolver o espírito do 25 de Abril original», *Jornal i*, 4 de Abril de 2014.
Ribeiro, Anabela Mota, «Há um traço brutal neste governo: incompetência», *Jornal de Negócios*, 3 de Outubro de 2014.
Tavares, João Miguel, «A insuportável superioridade moral em relação ao Chega», *Público*, 5 de Fevereiro de 2022.
Tavares, João Miguel, «11 de Setembro de 2001: o dia que politizou uma Geração», *Público*, 11 de Setembro de 2021.
Tavares, João Miguel, «A forma certa de combater Ventura e outros demagogos», *Público*, 27 de Maio de 2021.
Tavares, João Miguel, «Nova direita, velha direita e o caminho das borboletas», *Público*, 6 de Abril de 2021.
Tavares, João Miguel, «A diabolização pavloviana do Chega é uma burrice», *Público*, 18 de Março de 2021.
Tavares, João Miguel, «Meio milhão de pessoas zangadas», *Público*, 26 de Janeiro de 2021.
Tavares, João Miguel, «Do batom vermelho às linhas vermelhas», *Público*, 21 de Janeiro de 2021.
Tavares, João Miguel, «Esclareça-se: a minha simpatia por André Ventura é zero», *Público*, 12 de Janeiro de 2021.
Tavares, João Miguel, «À direita, tudo é literal. À esquerda, tudo é metáfora», *Público*, 28 de Novembro de 2020.
Tavares, João Miguel, «Má sorte ter sido facho», *Público*, 24 de Novembro de 2020.
Tavares, João Miguel, «O que falta a Portugal? Um radicalismo de centro», *Público*, 19 de Novembro de 2020.
Tavares, João Miguel, «Nós, os vencidos da direita liberal», *Público*, 17 de Novembro de 2020.
Tavares, João Miguel, «PSD e Chega: o muro quando cai é para os dois lados», *Público*, 12 de Novembro de 2020.
Tavares, João Miguel, «Lições das eleições americanas para Portugal», *Público*, 10 de Novembro de 2020.

Tavares, João Miguel, «Acerca da defesa de coisas abjectas», *Público*, 7 de Novembro de 2020.
Tavares, João Miguel, «É isto um presidente americano?», *Público*, 5 de Novembro de 2020.
Tavares, João Miguel, «O dia em que vamos dizer adeus a Donald Trump», *Público*, 3 de Novembro de 2020.
Tavares, João Miguel, «O Chega tem toda a legitimidade para se coligar», *Público*, 31 de Outubro de 2020.
Tavares, João Miguel, «Quantos Donald Trump existem em Portugal?», 29 de Setembro de 2020.
Tavares, João Miguel, «A saudação fascista de André Ventura», 30 de Junho de 2020.
Tavares, João Miguel, «Combater a esquerda não justifica apoiar imbecis», *Público*, 4 de Junho de 2020.
Tavares, João Miguel, «Duas ou três coisas que a direita precisa de ouvir», *Público*, 12 de Maio de 2020.
Tavares, João Miguel, «O Chega inverteu, e André Ventura gosta mais assim», *Público*, 7 de Dezembro de 2019.
Tavares, João Miguel, «Reeleger Trump seria uma obscenidade», *Público*, 23 de Novembro de 2019.
Tavares, João Miguel, «Boris Johnson e o poder da palavra», *Público*, 27 de Julho de 2019.
Tavares, João Miguel, «Nós, as elites, não percebemos nada de nada», *Público*, 29 de Outubro de 2018.
Tavares, João Miguel, «A esquerda chamou os fascistas; os fascistas vieram», *Público*, 25 de Outubro de 2018.
Tavares, João Miguel, «Corrupção e populismo segundo Daniel Oliveira», *Público*, 11 de Outubro de 2018.
Tavares, João Miguel, «Bolsonaro: um fascista é um fascista», *Público*, 6 de Outubro de 2018.
Tavares, João Miguel, «O irmão português de Marine Le Pen», *Público*, 18 de Agosto de 2018.
Tavares, João Miguel, «Trump está a ajudar o mundo a ser melhor», *Público*, 23 de Janeiro de 2018.
Tavares, João Miguel, «Receita para pôr a extrema-direita a crescer», 28 de Setembro de 2017.
Tavares, João Miguel, «Como trumpificar um país», *Público*, 26 de Agosto de 2017.
Tavares, João Miguel, «Donald Trump e Adolf Hitler», *Público*, 2 de Fevereiro de 2017.
Tavares, João Miguel, «Donald Trump: não o tratem como um idiota», *Público*, 21 de Janeiro de 2017.
Tavares, João Miguel, «Assunção Cristas e o radicalismo do amor», *Público*, 24 de Novembro de 2016.
Tavares, João Miguel, «Trump e a nostalgia do que nunca existiu», *Público*, 8 de Novembro de 2016.
Tavares, Rui, «E se a direita anticolaboracionista tomar partido?», *Público*, 20 de Novembro de 2020.
Tunhas, Paulo, «Deus e o resto», *Atlântico*, n.º 28, Julho de 2007, p. 35.

Sarmento, António e Madeira, João, «Pedro Lomba: Só perdi amigos quando entrei na política», *Jornal Económico*, 3 de Fevereiro de 2017.
Silva, Francisco Mendes da, «Sarkozy disse muita coisa de direita», *Atlântico*, n.º 28, Julho de 2007, p. 70.
Silva, Francisco Mendes da, «Portugal DC (Depois de Cavaco)», *Atlântico*, n.º 11, Fevereiro de 2006, pp. 20–22.
Zúquete, José Pedro, «A Direita quase invisível», *Atlântico*, n.º 5, 28 de Julho de 2005, p. 20.

Depoimentos online

Cavaco, Tiago e Vieira, António, «Rui Ramos e Miguel Pinheiro do Observador no Fim-de-Semana Cheio na Lapa», 2018. Disponível em https://www.youtube.com/watch?v=iK5-unBMHPI
Comissão política JSD, «Formação. Os desafios da Social-Democracia», 21 de Dezembro de 2020. Disponível em: https://www.facebook.com/juventudesocialdemocrata/videos/715852015705641
Costa, Octávio Rebelo da e Rosas, Jorge Costa, «Miguel Morgado em Bancada Parlamentar T01/E03», 6 de Março de 2021. Disponível em https://www.youtube.com/watch?v=H5W8R9CMPFg
Gonçalves, Vítor, «RTP 3, Grande Entrevista Carlos Guimarães Pinto, Ep. 7», 16 de Fevereiro de 2022. Disponível em https://www.rtp.pt/play/p9766/e599435/grande-entrevista
Marques, Maria João, «Ser ou não ser inteligente», Blogue Atlântico, 16 de Novembro de 2008. Disponível em: https://atlantico.blogs.sapo.pt/2306358.html#comentarios
Nabinho, Miguel, «Que país é este – Entrevista com Miguel Morgado», 17 de Julho de 2020. Disponível em: https://www.youtube.com/watch?v=H7-hkguMcqo
Nunes, Adolfo Mesquita, «A radical moderação em tempos de polarização», 17 de Janeiro de 2021. Disponível em: https://www.facebook.com/watch/live/?ref=watch_permalink&v=2699603820305486
Pimentel, José Maria, «Podcast 45 Graus – Pedro Lomba, O peso crescente da ideologia», 10 de Outubro de 2019. Disponível em: https://www.publico.pt/2019/10/10/politica/noticia/pedro-lomba-peso-crescente-ideologia-1889589
Pires, Samuel de Paiva, *post* Facebook de 11 de Novembro de 2020. Disponível em: https://www.facebook.com/samuelppires/posts/10157452369436366
Ribeiro, Anabela Mota, «Os Filhos da Madrugada: Adolfo Mesquita Nunes, Ep. 18», 25 de Agosto de 2021. Disponível em: https://www.rtp.pt/play/p8721/e564290/os-filhos-da-madrugada

Bibliografia citada

Almeida, João Marques de e Rato, Vasco, *A Encruzilhada*, Bertrand, Lisboa, 2004.
Amaral, Luciano, «Onde está a ameaça à Democracia», *in* Morgado, Miguel e Ramos, Rui (coord.), *Linhas Direitas. Cultura e Política à Direita*, Dom Quixote, Alfragide, 2019, pp. 228–230.

Applebaum, Anne, *Twilight of Democracy: The Failure of Politics and the Parting of Friends*, Allen Lane, Londres, 2020.

Araújo, António, *Da Direita à Esquerda. Cultura e Sociedade em Portugal, dos anos 80 à Actualidade*, Saída de Emergência, Porto Salvo, 2016.

Aron, Raymond, *The Committed Observer: Interviews with Jean-Louis Missika and Dominique Wolton*, Regnery Publishing, Washington, 1983.

Bat Ye'Or, *Eurabia: The Euro-Arab Axis*, Fairleigh Dickinson University Press, Vancouver, 2005.

Berlin, Isaiah, *Against the Current: Essays in the History of Ideas*, Pimlico, Londres, 1979.

Browne, Anthony, *Retreat of Reason: Political Correctness & the Corruption of Public Debate in Modern Britain*, Coronet Books, Londres, 2006.

Coelho, Pedro Passos, *Mudar*, Bertrand, Lisboa, 2010.

Costa, Filipe Santos e Valente, Liliana, *O Independente. A Máquina de Triturar Políticos*, Matéria-Prima, Lisboa, 2015.

Costa, Sérgio Barreto, *A Blogosfera Portuguesa: da Coluna Infame ao Acaso de Uma Era*, FFMS, Lisboa, 2021.

Gil, Fernando, Tunhas, Paulo e Cohn, Danièle, *Impasses*, Europa-América, Mem Martins, 2003.

Grupo de Ofir e Pires, Francisco Lucas, *No Caminho da Sociedade Aberta: Objectivo 92*, Grupo do PPE, Lisboa, 1988.

Hayek, Friedrich, «Why I Am Not a Conservative», *in* Hayek, Friedrich, *The Constitution of Liberty*, The University of Chicago Press, Chicago,1960.

Iribarne, Fraga, *Espanha: Caminhos da Democracia*, Braga Editora, Braga, 1977.

Marchi, Riccardo, *A Nova Direita Anti-Sistema. O Caso do Chega*, Edições 70, Lisboa, 2020.

Mascarenhas, Paulo Pinto (org.), *O Acidental*, Huguin, Lisboa, 2005.

Morgado, Miguel, *O Conservadorismo do Futuro e Outros Ensaios*, Edições 70, Lisboa, 2017.

Nunes, Adolfo Mesquita, *A Grande Escolha. Mundo Global ou Países fechados*, Dom Quixote, Alfragide, 2020.

Nunes, Adolfo Mesquita, «A Identidade não pode substituir a Dignidade da Pessoa Humana», *in* Morgado, Miguel e Ramos, Rui (coord.), *Linhas Direitas. Cultura e Política à Direita*, Dom Quixote, Alfragide, 2019, pp. 378–381.

Oakeshott, Michael, *On Being Conservative*, s.e., 1956.

Pinto, Carlos Guimarães, *A Força das Ideias: História de Uma Eleição*, Aletheia, Lisboa, 2019.

Anónimo, *O Meu Pipi. Diário*, Oficina do Livro, Lisboa, 2003.

Pinto, Jaime Nogueira, *A Direita e as Direitas*, Difel, Carnaxide, 1996.

Raposo, Henrique, *Alentejo Prometido*, FFMS, Lisboa, 2016.

Raposo, Henrique, *História Politicamente Incorrecta de Portugal Contemporâneo*, Guerra e Paz, Lisboa, 2013.

Raposo, Henrique, *Um Mundo Sem Europeus*, Guerra & Paz, Lisboa, 2009.

Republican National Committee, *Growth and Opportunity Project*, s. e., 2013.

Scruton, Roger, *O Ocidente e o Resto*, Guerra & Paz, Lisboa, 2006.

Zúquete, José Pedro, *Populismo. Lá Fora e Cá Dentro*, FFMS, Lisboa, 2022.

posteriores), do Estado de Mato Grosso, que institui o Fundo de Transporte e Habitação (FETHAB), pugnando pela *declaração de inconstitucionalidade do normativo, com tutela de urgência*. Brasília, 12 fev. 2020.

SCAFF, Fernando Facury. Reintegra: direito, incentivo ou benefício fiscal? *Conjur*, São Paulo, 01 mar. 2022. Disponível em: https://www.conjur.com.br/2022-mar-01/contas-vista-reintegra-direito-incentivo-ou-beneficio-fiscal. Acesso em: 03 nov. 2023.

SCHOUERI, Luís Eduardo. Discriminação de competências e competência residual. *In:* SHOUERI, Luis Eduardo; ZILVETI, Fernando Aurelio (coord.). *Direito tributário:* estudos em homenagem a Brandão Machado. São Paulo: Dialética, 1998. p. 82-115.

TORRES, Heleno Taveira. *Parecer jurídico sobre inconstitucionalidades do Fundo Especial de Transporte e Habitação ("FETHAB"), previsto na Lei do Estado de Mato Grosso nº 7.263 de 27/03/2000 ("Lei nº 7.263/2000") e suas alterações posteriores*. São Paulo, 11 dez. 2019.

TORRES, Heleno Taveira. Imunidades e incentivos fiscais do ICMS não podem ser tributados: o caso do Fethab. *Conjur*, São Paulo, 04 mar. 2020.

WAMBIER, Teresa Arruda Alvim. *Primeiros comentários ao novo Código de Processo Civil:* artigo por artigo. São Paulo: Revista dos Tribunais, 2015.